太极思维

理论研究

文叁　编

线装書局

图书在版编目（CIP）数据

太极思维.理论研究 / 文叁著. — 北京 ：线装书局，2018.8（2019.4）
ISBN 978-7-5120-3325-2

Ⅰ. ①太… Ⅱ. ①文… Ⅲ. ①太极－研究－中国 Ⅳ. ①B221.5

中国版本图书馆CIP数据核字(2018)第178029号

太极思维:理论研究

作　　者：文　叁
责任编辑：和　谐
出版发行：线装书局
　　地　址：北京市丰台区方庄日月天地大厦B座17层（100078）
　　电　话：010-58077126（发行部）010-58076938（总编室）
　　网　址：www.zgxzsj.com
经　　销：新华书店
印　　制：浙江天台海帮印务有限公司
开　　本：710mm×1000mm　1/16
印　　张　12.25
字　　数　147千字
版　　次　2019年4月第1版第2次印刷
定　　价　197.00元（全2册）

——目　录——

太极思维是结构思维，也是空间思维，具有整体性、系统性和形象性的特征。太极思维提出了“秩序、交换、平衡”的核心架构，建立了基础模型和能量转化模型，使“易有太极，是生两仪，两仪生四象，四象生八卦”的传统理论概括有了新义，充分体现了太极思维在文化上的创新。

中国特色社会主义文化大发展大繁荣，中华民族伟大复兴，没有优秀传统文化的继承和弘扬是不可想象的。我送文叁先生一联：三千年前文王拘而演周易，三千年后文叁继而演太极；横批：映古辉今。文叁先生的书和讲演充满正能量，展示“正品”，使人向上向善，很有力度，很有风度。毫无疑问，不是只有“负货”才有买家、负能量才有力量，“正品”更有买家、正能量更有力量。

《太极思维》提出的六个字——秩序、交换、平衡，实际上是中国先秦哲学思想的应用和实践。所谓秩序，就是社会规则，法律、制度、规定、习俗等，每个人都要讲规则，同时还要相互学习借鉴，取长补短，这就是社会交换。这种交换更多的是体现差异性，有了差异，就需要调整社会各种关系，达到新的平衡。“秩序、交换、平衡”六个字，形成了社会关系的运转链条，循环往复，推动社会前进。

为什么偏偏是中国人创造了中华大一统的奇迹？这与中华文化的传统有关，与中华民族的思维方式有关。我们今天研究探讨太极思维与中华文化的关系，就是力图揭示一个民族的思维方式在什么程度上影响到这个民族文化的发生发展及其特点的形成，只有在了解、理解并怀有一种同情和敬意的基础上，才能做好传统文化的创造性转化和创新性发展的工作，才能真正实现中华文化的复兴。

序　一

思维品质决定人生幸福
思想深度决定事业长度

万卷诗书吟不尽，一图太极道自然。

古今中外社会精英习惯应用的规律性思考，在中华传统文化中叫“太极思维”。

2014 年，集中体现中华民族精神特征和中华文化创新成果的“太极思维理论体系”应运而生。随之，太极思维研究院正式创立。

太极思维研究院，是一个为了不断推进中华传统文化的创造性转化和创新性发展，均衡改善人们思考问题的系统性、深刻性、批判性和独创性，增强人们应用太极思维的灵活性、敏捷性，提升思维品质而成立的学术性团体，我们积极辅助人们实现追寻真理、完善自我、享受幸福的人生目标。

2016 年，我们创刊《太极思维研究》旨在广泛传播文化精髓“太极思维”，普及科学思维方式，辅助社会大众提高分析现象和解决问题的能力，从而帮助他们更好地经营事业、驾驭人生。

生命因思考而高远！

《太极思维研究》是一个开放的思想平台，我们诚邀社会各界人士共同探讨文化精髓“太极思维”在个人思考、家庭生活、社会工作和人生幸福等方面的应用和研究。

人生是挫折与顺利同在、给予和索取平衡。我们期待人人能够熟练运用太极思维进行科学分析、客观判断、规范行事，从而逐渐消除人类的矛盾、冲突、混乱与战争……

2016年元月

文叁于上海财经大学人文学院

序　二

遵循秩序，主动交换，把握平衡

“太极”是中华文化的核心理念，其最大价值是思维价值。太极的结构——阴阳，揭示了事物的本质和事物间规律性的联系。

太极思维理论体系的建立，是对人类规律性思考的系统呈现。古今中外的仁人志士都注重规律性思考——太极思维。

有了规律性思考，面对问题我们就能更加冷静和自省；

有了规律性思考，面对工作我们就能更加客观和科学；

有了规律性思考，面对人生我们就能更加理性和从容。

当今世界，技术进步，社会发展，然而人们观念碰撞加剧、心灵困惑增加，各种矛盾频发……为了拉近思想距离，为了把握生命规律，为了促进世界和平，从提升思维品质入手是行之有效的必由之路。实践证明太极思维是迅速提升思维品质的有效方法。

化繁为简，太极思维可以凝练为一句话：秩序交换以平衡，左上中下右循环。

具体到工作和生活也就是：遵循秩序、主动交换、把握平衡。

2017 年元月

文叁于北京中华文化学院

大道精芒匿千年，又见微光凿壁间。
秩序交换平衡以，左上中下右循环。
同声相应华夏地，同气相求万众篇。
片纸载道犹可以，欲说天机几人前？

——张春秋

太极思维的实践，开辟了一个全新的科学评价自我的领域，它是一种思维模式，一种评价体系，更是一种行为准则，一种实现路径。

——傅　平

第一篇 大 音

太极思维是结构思维，也是空间思维，具有整体性、系统性和形象性的特征。太极思维提出了“秩序、交换、平衡”的核心架构，建立了基础模型和能量转化模型，使“易有太极，是生两仪，两仪生四象，四象生八卦”的传统理论概括有了新义，充分体现了太极思维在文化上的创新。

弘扬太极思维精华，推动中华传统文化的转化和创新

李道湘（南开大学哲学博士）

各位领导，各位专家、学者，大家早上好！

由中央社会主义学院中华文化研究中心和上海科技文化人才研究院太极思维研究院联合举办的太极思维与中华文化研讨会，经过大家的努力，今天在我们学院正式开幕。我受我们中华文化学院副院长黄易宇的委托，代表中华文化学院向参加今天研讨会的各位领导和专家、学者表示衷心的问候和感谢！

现在请允许我就会议情况向大家做些说明。

第一，关于中央社会主义学院和中华文化学院。大家进来时会看到有两个门挂有两块牌子，一个是中央社会主义学院，另一个是中华文化学院。我们称之为“一个实体、两块牌子”。中央社会主义学院成立于 1956 年 10 月，明年是我们 60 周年大庆，现任院长是人大副委员长严隽琪，党组书记、第一副院长是叶小文。中央社会主义学院在国家政治生活中占有重要地位。中华文化学院主要是面向港澳台海外同胞开展中华文化的教育、培育、学习、研究和交流。

第二，关于召开这次研讨会的缘起，就是为什么要开这次研讨会。文叁院长来我院参观访问时，看到了中华文化学院校牌，非常亲切。

其间我和文叁院长深入交流，发现相互之间有很多共同点，希望能合作开展活动。文叁院长回去后不久就提议联合举办以“太极思维与中华文化”为主题的学术研讨会，随后就积极运作。时间虽短，但我们今天成功地举办了此次学术研讨会，这是大家共同努力的结果，也得到了今天在座的各位专家和学者的大力支持。

第三，关于研讨的主题。会议的主题确定为“太极思维与中华文化”，这个题目实际上大家既熟悉又陌生。太极、太极思维，与周易密切相关，谁都知道一点，但真正了解太极、太极思维的人并不多，作为中华文化的精髓更少有人能了解它的意义和价值。我们希望通过这次研讨能发掘其思想精华，为努力实现中华传统文化的创造性转化和创新性发展做一点工作。

文叁院长在太极思维研究方面积数年努力，拒绝了外界的各种诱惑，专心于自己的学问，长期固守这块学术领地，这是十分难得的。文叁院长具有一种使命感，一定要把太极思维传播出去，把中华文化的思想精华传播出去，让更多的人了解，让更多的人从中获益。

今天，有这么多人到会，说明这支队伍正在壮大。请大家畅所欲言，弘扬太极思维精华，共同推动中华传统文化的转化和创新。

文化精髓 太极思维

文叁（太极思维理论体系创立者、太极思维研究院院长）

花开思沃土，根深催叶壮。

今天是 2015 年 5 月 30 日，很荣幸我能在中央社会主义学院（中华文化学院）和在座的各位专家、学者一起分享今天的主题：文化精髓太极思维。

一、中华传统文化的主要特点

太极是中华民族的宇宙观，是《周易》的核心思想。太极思维是中华传统文化的精髓，也是人类社会的文化精髓，所以我们首先来谈谈文化。

知识是点，文化是面；知识改造自然、丰富生活，文化规范思想、提升境界。

现在各行各业都有文化节，有家具文化节、旅游文化节、美食文化节、花卉文化节，还有电影文化节、音乐文化节、红酒文化节。各民族也都有自己的文化节，壮族文化节、羌族文化节等。为什么会有这么多文化节？因为任何一个优秀的文化，它最终都要借用物质形式来表达。同样，任何一件物品，任何一种形式，任何一个活动，本身也都是文化。文化表现有三个层面：器物、制度和理念。

文化的内涵是什么？是理念。理念是文化的核心，文化的灵魂。理念越科学，传播越久远；理念生活化，人们受益多。

文化的载体是什么？是器物。无论手工制品、工业产品，还是天然物品，作为文化载体，它们都凝聚了人的灵气，反映了人的内涵，体现了人的志向。

文化的保障是什么？是制度。日常生活中，制度表现为礼仪规范；公司和工厂里，制度表现为管理流程；社会活动中，制度表现为法律法规。

器物是文化的载体，理念是文化的内涵，而制度则是文化的保障。人生行为体现文化修养。因此，我们无论从器物着手、制度着手，还是从理念着手，都可以把一个人的文化品行，把一个组织的文化品位，把一个国家的文化品格分析出来。生活中有一句话叫“三岁看大，七岁看老”，也就是行为观人。

我们人人都是文化人，人与人的文化差别在哪？主要在于理念，即文化内涵。人与人之间的文化深浅，平日里表现为对行为、对事件、对作品的关注是否能把文化的器物、理念和制度三个层面都考虑周全。不符合规律的思考就片面，符合规律的思考才正确。伟人与常人相比多了一个思考的头脑。

不同的民族有不同的文化，文化有多样性、地域性、民族性和时代性的特征。为什么我们中华文化源远流长，为什么我们中华民族能绵延不绝一直走来？主要源于中华民族与生俱来的精神特征——规律性思考，即太极思维。中华民族的规律性思考表现为：表达思想注重结构、强调空间。这种结构性表达和空间性表达在《大学》《中庸》《论语》《孟子》《诗经》《尚书》《礼记》《周易》《春秋》《道德经》《千字文》《增广贤文》《弟子规》等，我们的文化经典里体现得特别明显。我们日常应用的成语就是最好的例证：花好月圆、秋高气爽、左右逢源、源远流长、外强中干、良莠不齐、是非分明等。

今天，复兴传统文化，是为了呼唤道德回归，是为了净化社会风气不得已而为之。《大学》《中庸》《论语》《孟子》《诗经》《尚书》《礼记》《周易》《春秋》《道德经》等传统经典已经全面反映了中华民族的宇宙认识和思想高度，但为什么讲述传统文化，大家应用较多的经典教材却是清代形成的《弟子规》呢？不仅因为它的形成年代较近，语言通俗，便于理解，还因为它讲的是日常现象，容易把握。《弟子规》是中华优秀传统文化的继承与发展，讲的是先哲们深邃思想和宇宙认识在现实生产生活中的实际应用，作者在领悟古圣先贤的思想精髓后紧密结合了具体生活。父母呼，应勿缓；父母命，行勿懒；父母教，须敬听；父母责，须顺承；冬则温，夏则清；晨则省，昏则定。

一件有历史的作品叫文物，一本写有历史的书籍叫文献，一位有修养的个人叫有文化。个人有无文化，取决于它的观念和行为是否符合规律。对于个人来说，文化，就是他当下的思想观念和行为方式。

我们来看一个例子，看这几句话：阐发最新的学说，陶冶理想的人格，创造健全的社会。这是个校训。是谁写的呢？胡景翼将军。胡景翼将军的父亲是位商人，但不是普通商人，是文化商人，他注重学习，崇文重教，所以他才培养出这样优秀的儿子。胡景翼将军从小就受到四书五经等国学经典的熏陶，在后来的革命生涯中仍不忘研习国学经典。1920 年的 7 月，胡景翼将军 28 岁时创立了立诚中学，廖仲恺、于佑任等国民党元老都是这个立诚中学的董事，孙中山先生书写校名。开国元勋习仲勋先生是这所中学的著名校友。习老又继承了中华民族的优良传统，培养出今天我们敬爱的习近平主席。

“阐发最新的学说，陶冶理想的人格，创造健全的社会。”民国时期铁骨铮铮的将军沐浴经典对祖国都有这样博大的文化情怀，那么今天和平时期的我们应该怎样？当然是应自强不息，承前启后。

国学经典是先哲的生命智慧，对我们而言，吸收的是思想，转化的是思维。将前人的思想，通过学习和消化，变成自己科学的思维方式。有了科学的思维，才有规范的行为；有了规范的行为，才能创造健全的社会。面对人生，面对问题，我们应该熟练运用规律性思考，即太极思维。

现在我们来分享传统经典里的一些精彩表达。

孝经里面的“居上不骄，高而不危；制节谨度，满而不溢。高而不危，所以长守贵也；满而不溢，所以长守富也”。

“居上不骄、高而不危”强调权利，侧重从政态度。“制节谨度、满而不溢”强调金钱，侧重从商态度。我们有了居上不骄、高而不危的前提，所以才能享受后面的长守贵也，有了前面的制节谨度、满而不溢，才有了后面的长守富也。这里面表达了什么？既表达了一个前后关系，还表达了一种因果关系，放在一起就是表达了前因后果。前因后果的本质是秩序，秩序是基础。只有高而不危的时候才能长守尊贵，只有满而不溢的时候才能长守富裕。这里面蕴含的就是一个秩序。

“见小曰明，守柔曰强。”(《道德经》)“小”和“明”“柔”与“强”是相反的概念，“见小曰明，守柔曰强”。这个正反两面的结构性表达，是强调从细节处见真知，是老子对社会的深刻认识。对一个事物或一个现象的完整表达都有一个基本结构是我们中华民族独有的思维特征。思想的结构性表达，我们的前辈早已内化于心，外化于行，已经成为习惯。

中华民族独有的思维特征结构性表达在一句话里面怎么体现呢？就是用性质相对、形状相对、色彩相对等现象的正反两面来表述，都是对称性的描述。虽然我们的客观世界是体，但我们的视觉是面，所以从面的两端来表达，就给我们呈现体的感受。

“夫慈，以战则胜，以守则固。天降救之，以慈卫之。战则胜，守则固。”慈祥的过程是什么呢？是理解，是给予，是关怀。有了“慈祥在先”这样一个信念，才能做到给予和关怀，进而做到战则胜，守则固。“战则胜，守则固”首先是我们的内心需求，最后外在的现象符合内心的需求，实际上就是平衡。“夫慈…… 战则胜，守则固。”整个表述体现了三个自然概念：秩序、交换、平衡。慈在先，有了付诸行动和努力的过程，才有“战则胜”和“守则固”的结果，这种结果是我们内心的期待，从自然规律的角度是一种平衡。所以中华文化经典的每一句都蕴含了自然规律：秩序、交换和平衡。

“合抱之木，生于毫末；九层之台，起于累土；千里之行，始于足下。”每一段表达都是有先有后，有因有果，最后达到目的，就是平衡。“大丈夫处其厚，不处其薄；居其实，不居其华”，厚与薄、实与华是正反两个概念组成的完整结构。孔子在写《周易》注解的过程中就对事物的基本结构阴阳，也就是“正反两端”有一个感悟，给它一个整体的概念——太极。太极——最基本的结构，简而言之，阴阳。“天之道，不争而善胜，不言而善应，不召而自来，绰然而善谋。天之道，损有余而补不足。人之道则不然，损不足以奉有余。”天之道实际上是指规律。按照规律来说我们居在上位，应该关心和爱护下位。人之道则不然，是指不按照规律行事，总是让贫穷供奉富足。在这里天道与人道两种表现组成一个结构，一个是按照规律行事，一个是不按照规律行事；天之道是按规律走，人之道则是不按照规律走。完整的结构有正反，正反就是阴阳，阴阳构成太极。

喜欢用结构性表达是中华民族的精神特征。比如，我们居家要强调处理好左邻右舍的关系；干事业需要左膀右臂的帮助；我和你们交流必须专注，不能左顾右盼；我们的先辈为了民族独立和民族解放南征北战；我们做事情必须做到表里如一，否则事情的结果会造成南辕北辙。我们今天开这个太极思维与中华文化研讨会实际上在做什么？在做一个承前启后的工作，把我们中华优秀传统文化进行创造性转化和创新性发展。

传统文化复兴中《弟子规》是大家用得较普遍的一个教本。《弟子规》的总选说，“弟子规，圣人训；首孝悌，次谨信；泛爱众，而亲仁；有余力，则学文。”首孝悌，“孝”是孝顺父母，讲上下关系；“悌”是照顾好兄弟姐妹，照顾好社会上的朋友，强调的是左右关系。次谨信，“谨”是严谨，强调的是做事。人和事之间，人是主体，事是客体，是上下关系。“信”是信誉，就是对我做的事情社会给我的评价，是左右关系。泛爱众，而亲仁，就是内心看待大家人格平等，人格上的平等，是左右关系。而亲仁，要亲近有品德的人，亲近贤能、尊师重道，那就是上下关系。《弟子规》总叙是对我们传统文化经典中心思想的概括性表达。用太极的基本结构阴阳来分解，就是告诉我们，无论在家庭还是在社会，无论是做事还是做人，整体来说就有两种关系：上下关系、左右关系。中华优秀传统文化的所有经典讲的就是如何处理上下关系，如何处理左右关系。

上下关系和左右关系如何正确处理？怎样才能“格物、致知、诚意、正心、修身、齐家、治国、平天下”？这里有一个秩序。这句经典告诉我们，人生有认知自然的秩序、完善自我的秩序、享受幸福的秩序。这句话告诉我们：研究事物，把握规律在第一位。但如何去研究事物，具体怎么做才能做到格物致知？还得讲求方法。先哲的深刻认识和深邃思想需要用科学的思维方法进行转化。

《大学》里还有另一句话："物有本末，事有终始，知所先后，则近道矣。"事物从头到尾的本末我们容易看见，但事情从始到终的步骤我们难以把握。所以我们做人做事，能够把先后的顺序做好，就等于把握了规律。这个先后是自然秩序。我们人为的精心安排与事物客观的发展轨迹吻合，就是遵循规律，懂得先后，接近天道。

大家常听到一个哲学问题。我是谁？我从哪里来？我往哪里去？事实上这个提问还缺两句话：什么制约我？我能干什么？

通过刚才的解析，我们明白传统文化经典讲述了两种关系：上下关系、左右关系，上下是相生的，左右是制约的。我从哪里来，我往哪里去，是生发。我是谁，我是文叁，从本能来说从父母那里来，往子女那里去。什么制约我呢？环境制约我，从本能来说是疾病制约我。我能干什么？做有浓厚兴趣且力所能及的事情。这个结构性表达实际上就回答了我们传统文化经典里很多本质性的问题，同时也为古今中外的哲学家、思想家的经典表达构建出一个完整模型。而这个模型源于能量转化的基本结构，也就是太极思维的基本结构，是用中华民族的宇宙观，《周易》的核心思想"太极"来构建的。只有中华民族的宇宙观，《周易》的核心思想"太极"，才能够完整地表述事物的发展规律，表述事物的本质和事物间规律性的联系。

二、"太极"和"太极思维"

今天我和大家主要分享的是四个字的名称：太极思维；五个字的步骤：左上中下右；六个字的核心：秩序、交换、平衡。

我们首先来温习一下太极的历史与发展。

太极，中华民族的宇宙观。

太极的基本结构是阴阳，而阴阳的创立者是中华民族的人文始祖伏羲。所以8000年前上古时期阴阳的创立之时就是太极的应用之始。但太极这个概念首先由孔子提出，孔子是在写《周易》注解《易传》的过程中提炼的，“易有太极，是生两仪，两仪生四相，四相生八卦。”《周易》的作者是周文王，周文王是在伏羲阴阳八卦的基础上演义的八八六十四卦。周文王生于公元前1152年，孔子生于公元前551年。回望历史，太极思想从起初的内容(阴阳)到后来的概念(太极)，前人经历了漫长的探索：从阴阳到《周易》，用了大约5000年，从《周易》到“太极”，又用了约600年。

如何让社会大众都能理解和应用“太极”呢?

历代的仁人志士一直都在不懈地努力，努力把这个概念形象化，形象便于理解。今天被大家广泛认知和普遍接受的太极图案是直到宋朝才固定下来的，由道家学士陈抟（871年）创作，陈抟的学生周敦颐还对太极图写了注解《太极图说》。这样，从春秋时期太极概念的诞生到宋朝时期太极图案的固定，再次经历了1400多年的历史。太极是我们中华民族万物全息的宇宙认识和自强不息的精神追求，当抽象的概念与形象的图案达到了协调统一时，体现中华民族文化核心的太极思想就已经完备。

太极思想完备之后，继续发展，由传教士带到西方，在科学方面形成了二进制（18世纪，德国的哲学家数学家莱布尼茨），变成数学语言。二进制创立之后又过了240多年，从科学转化成技术，1946年2月15日诞生第一台数字计算机（美国宾夕法尼亚大学莫尔实验室）。今天的网络世界、今天的即时通信、今天的3D打印等高科技是把太极的阴阳变成二进制的0、1，再把二进制的0、1变成计算机语言才能实现的成果。另外，在哲学方面从德国的康德到黑格尔，再从黑格尔到马克思，形成了马克思主义的唯物辩证法：对立统一规律。马克思主义是中国共产党的思想武器。马克思主义 1848 年 2 月诞生，中国共产党 1921 年 7 月成立，这中间又经历大半个世纪。所以，真理——指导人类发展的伟大思想从雏形到成熟，再到应用，最后到普及，需要经历漫长的智慧积累来日臻完善。

中华民族之所以从远古一直走来，绵延不绝，没有间断，就是因为我们的祖先在对宇宙本源的把握上已经抓住了本质，掌握了事物间规律性的联系。最初用图形一横（—）和两小横（– –）来表达，也就是阴爻、阳爻。这是人类历史上最早表达普遍规律的模型，也是文字。人类今天和将来的一切活动，无论是自然科学还是社会科学，依然需要阴和阳，仍然应用 0 和 1，即思维结构中的正和反。

从本质上讲，中华民族的文明史就是太极思想的应用史。

中华民族因为有了这个太极思想的阴阳结构作指导，历史上曾经创造了无与伦比的文明，指南针、火药、造纸术、活字印刷等。遗憾的是，一直以来虽然人们都在运用太极进行思想，但是缺少统一的理论指导，没有太极思维理论体系。人们在研究中华文化经典，特别是《周易》和《道德经》之后对自己的工作和生活都有一些具体指导，但是在相互交流的时候，又不能准确系统地阐释。如何将中华传统文化中的深邃思想和宇宙认知，逐渐从认识论细化到方法论，进行普及和弘扬，就成为一个亟须解决的课题。今天我们在座的各位，都肩负着传承中华优秀传统文化的使命，肩负着将优秀传统文化创造性转化和创新性发展的使命。

2014 年 12 月创立的太极思维理论体系,把中华民族的深邃思想、人类社会的文化精髓从认识论细化到方法论，这样人人都可以从对太极思想的感性认识出发，掌握太极思想精髓，应用太极思想精髓，指导现实生活。

中华民族的精神特征是注重结构、强调整体、追求统一。中华民族的宇宙观——太极（太极思想的简称）必将通过人类社会的伟大实践太极思维,继续创造更加灿烂的文明!

什么是太极思维？2014年以前一直没有一个统一的认识，没有一个完整的定义。太极是一个概念，思维是一个概念。太极是中国的、古代的，思维是西方的，相对太极来说是近代的。太极思维实际上是古今中外人类智慧的结晶。太极思维具体怎么表述呢？就是用太极阴阳对事物和现象进行结构解析，阐释能量转化的自然规律，从而揭示事物的本质和事物间规律性的联系。所以，太极思维是结构思维也是空间思维，是中华民族的精神特征。

记得2013年的秋天，在南京和原全国人大法律工作委员会副主任委员洪虎先生交流的时候，前辈说到现代文明有三大标志：物质、能量和信息。我把“太极思维”的定义写给前辈看。前辈看了这个定义后很满意，因为我们的概念表述里既有物质和能量，又有信息，包含了现代文明的三大标志。

前段时间，我和易学家杨郁先生以及今天到会的中科院理化所赵震声所长和国家纳米中心刘洪海书记在一起交流和研究传统文化，我深受启发：建立在自然科学之上的人文科学具有广泛的兼容性和实用性，更加易于普及和传播。今天我们一起研讨太极思维与中华文化，虽然属于人文科学，但是也涉及自然科学的逻辑与实证，也是在探讨自然科学和社会科学的融合。南怀瑾先生从中年就在追求儒、释、道和哲学、科学的融合，追求让人类走出对唯心与唯物的迷惑，同时开拓出人类当走的大道，开拓出新的经济和社会发展模式，使人类走出靠贪婪、消耗、掠夺追求所谓经济发展和个人幸福的迷途。

去年10月20日，我在凤凰网看到一篇关于同济大学文化批评研究所所长朱大可先生接受凤凰网采访的报道。凤凰网问朱先生一个问题，说中华文化在当今还能够再次受到世界的接纳和膜拜吗？朱大可先生回答说，中华文化要想受到世界的接纳和膜拜，必须具备四大特征：第一，要具备独立、自由和批判现实的人文精神；第二，要具备独特、杰出的创新和创意特征；第三，必须能够传递人类共同的价值理念，并拒绝种族主义信念；第四，要向人类的未来开放，反映人类共同的追求。对照朱大可先生说的四个特征，我觉得我们的太极思维理论体系具备这些条件，并且给出了很好的解决方案，同时也很好地回答了历代仁人志士努力将中华文化创造性转化和创新性发展的问题。

三、太极思维的价值

太极思维能干什么呢？太极思维能够分析现象、解决问题和指导行为。

太极思维能够分析现象。比如，我们用太极思维来分析，来解析一下社会主义核心价值观。社会主义核心价值观前四个词是：富强、民主、文明、和谐，这是我们追求的目标。如果这样的目标实现了，我们的内心就是愉悦的，也就是现象和我们的认知是吻合的。这种吻合实际上就是一种平衡。富强、民主、文明、和谐是我们不同的感知，从不同侧面的一种评价，这四个词的背后有一个共性的规律支撑，就是平衡。接下来的自由、平等、公正和法治强调的是我们工作和生活要遵循的原则，保障我们劳动要有收获，付出要有结果，长幼要有序，做到上慈下孝，做到天清地浊、天动地静，做到左大右小，做到同声相应、同气相求。实际上这里侧重交换过程。最后是爱国、敬业、诚信、友善，用太极思维来解析，站在社会的层面我们要爱国，站在单位的层面我们要敬业，站在生活的层面我们要诚信，站在思考的层面我们要友善。诚信是对行为的评价，友善是对思想的指导。社会主义核心价值观也是从外到内，从大到小，从远到近的一种表述。用太极思维对社会主义核心价值观进行解析，其实质就是讲平衡、交换和秩序。秩序是基础，交换是过程，平衡是目标。秩序，整齐而有条理，就是有先后，不颠倒；交换，伴随着变化而存在，贯穿运动的始终；平衡是我们现在的状态，更是我们的目标追求。

用太极思维来解析两句诗词。这个诗词是怎么来的呢？南怀瑾先生的弟子张耀伟先生在他和南老创办的道然大学堂的一次人文讲座引用的，“焚琴煮鹤从来有，惜玉怜香几个知”。我们用太极思维进行赏析，“焚琴煮鹤”表示野蛮，“惜玉怜香”是表示文明，“从来有”表示多，“几个知”是表述少。而野蛮和文明是人类行为的两端，这两种容易感知的现象恰如其分地呈现了人类行为的基本结构，所以给我们以美感，对我们有启迪。经典诗句之所以优美，在于他的表达是意料之外，又在情理之中，是具象存在的景和抽象认识的情有机的结合，结果体现了太极思想的阴阳，而过程是运用了太极思维的秩序、交换、平衡。中华文化的所有经典，诗词歌赋，都具备这样的特征，就是结果体现了太极思想，过程应用了太极思维。比如“横看成岭侧成峰，远近高低各不同；不识庐山真面目，只缘身在此山中”；又如“柳笛穿林过，渔歌踏浪来”等，都体现了太极思想，运用了太极思维。

太极思维能够解决问题。千万不要既想当官又想发财，当官发财两条道。这句话用太极思维怎么解析呢？官员是建章立制，维护秩序，是管理社会的，当官属于政治。发财是什么呢，发财是组织商品生产，从事物品流通，让产品升值，满足人们的精神需求和物质需求，属于经济。国家运行有四个维度：政治、文化、生态和经济。用太极思维对国家运行进行结构解析，就把政治当官、经济发财各自在什么位置、各自是什么责任，解释清晰了。政治在左边，文化在上边，国家在中间，生态在下边，经济在右边，整个的基本秩序是左上中下右，这是基本循环。下个循环从哪儿开始，右再回到左。所以经济要服从和服务于政治安排，经济要在政治的管理之下进行活动，这是一个前提，是秩序。

太极思维能够指导人生行为。去年 5 月 25 日我在西安，晚上 9 点多去散步，街上人已经不多了，有一个大姐在卖水果。虽然我并不想吃水果，但出于尊重她的劳动，我就拿十元钱买一点水果。灯光不是很亮，她称了三次，生怕称不够。我的本意是想给她一次机会，第一次看称时我就说，行了。她说不行，一定要足称。她就很认真地称了三次，给了满称。我的感觉一般十元钱买不到多少水果，那天晚上买了这么多，我感到很意外，同时心里很温暖。我就跟卖水果的大姐说，您的孩子很省心。她说是啊，我的孩子很省心，你怎么知道的呢。我是运用太极思维进行分析的。怎么分析的呢？有一句话叫父母积德福泽子孙。父母品德决定子女的前程。

事实上，人就生活在三个环境里：内心、家庭和社会。她在社会上创造的成果最后是为家庭服务的。社会存在上下关系和左右关系。我买水果这个过程，她是主动的，占上，我是被动的，占下，上下关系。她能够很讲良心，对下级做到公平，那么回到家里，她的下级子女就很省心。每个人的烦恼和幸福的总量是一定的，你在社会上给予人更多的公正公平，实际上是帮别人分担烦恼，同时也不制造烦恼，在家里对应的部位就同样能够懂得事理，减少烦恼。

人生历程就是一个能量转化的过程，人身能量是在和外界交往的过程中发生增减。喜怒哀乐是我们自身能量增减的表现形式。我们的情绪变化实际上就是与外界进行能量转换的过程，是过程的外在体现。所以通过太极思维分析就能知道，她在社会上做生意很公正，对客户讲良心，她的子女就很省心，这是一个规律，这是可以分解推理出来的。

我们每年有三八红旗手、五一劳动模范，每年中央电视台有感动中国人物，单位有对先进工作者的表彰。这些表彰是在不同的环境里，由不同的机构来评选，同时也有不同的标准。这些被表彰的人岗位很普通，但他们为什么会受到表彰？客观地讲他们有共性，就是他们的品德，就是他们做事遵循了秩序，主动地交换，把握了平衡，所以成了我们的楷模。他们除了在工作中做出成绩之外，更多的是他们的品德成为我们的榜样。所以，当我们对事物的认识符合规律的时候，我们内心就很幸福，无论我们在什么位置，只要我们的主观认识符合客观存在，只要我们的自我评价吻合我们现在的实际状态，人生就很幸福。所以我有一句感悟：此刻无论起点在哪儿，只要我们做到遵循秩序，主动交换和把握平衡，就能够保证下一个起点更高。

有副对联：车行万里欢欢喜喜，人走八方顺顺当当。我看到这副对联很温暖，很幸福。大家看这个车很普通，也很旧，这个车的主人生活状态还是很普通的，但是他的内心是喜悦的，因为他的自我评价，他的人生态度吻合他的状态，他的自我评价很客观。所以我有一句感悟：如何才算是成功？端正的心态、成功的状态，也就是宠辱不惊，心平气和。人无论处在什么状态，只要我们的心态是端正的，此刻就是幸福的。幸福是人生目标，更是生命体验。幸福是一段持久的愉快心情，幸福是一种自我评价。幸福是我们的身体、心灵、家庭和事业四个方面的有序运行，是能量自然转化的一种表现形式，从而所产生的一种心理感受，所以“幸福”这个概念是我们对一段时间的一个综合评价，不是对某件事情的寄托。在某件事情上的寄托叫快乐，不是幸福。幸福是个大概念，是对一段时光的描述，是一段生活的综合感受。

为什么说太极思维是幸福本源？运用太极思维对人生和事物进行结构解析，我们明白了思维品质决定人生幸福。学习是为了明理，工作是为了幸福，连在一起就是学习明理，工作幸福。明理之后才有道德，幸福是道德的目标，诚信是道德的体现，修养是道德的内涵，而思维却是道德的基础。思维品质包括认识问题的深刻性、系统性、独创性、敏捷性、灵活性和批判性。所以，只有思维品质优良，考虑问题抓住事物本质和事物间规律性的联系，人生才会更加幸福。

万卷诗书吟不尽，一图太极道自然。

谢谢大家。太极思维，生命永恒！

溯源：太极和易经
致用：公平和正义

周喜峰

一、分配难题

古希腊哲学家亚里士多德提出分配笛子的难题：现有一支最好的笛子，应该如何分配？谁应该分配到这支最好的笛子？分配笛子的标准是什么？可否把最好的笛子分配给出价最高的人？可否分配给贵族和王室？可否分配给最漂亮和最帅的人？可否摇奖分配？

首先要解决的问题是，分配的标准是什么？

亚里士多德认为，以道德观念设定的标准适用于分配笛子，以别的标准来判断是否公正就意味着不公正。亚里士多德认为，笛子应分配给最好的吹笛手。

美国当代政治哲学家罗尔斯认为:（1）反对把分配公平、地位、阶级、收入和财富归为道德问题;（2）如果把公正与道德联系在一起，就会限制人们的自由。

亚里士多德“分配与道德相联系”的观点应被多数人接受，如果认为亚里士多德的观点正确，那么，分配应与什么道德相联系？则需审视中外几种主要道德观。

英国功利主义哲学家边沁认为，追求快乐和幸福、避免痛苦和不幸支配着人类的一般行为。它既是人的天性，同样也是人道德行为的真正动机和目的。判断某一行为是否合乎道德，根本的评价判断标准只能是该行为最终产生的功利（有益于增加幸福和快乐的实际效果）。

德国古典哲学创始人康德认为，行为的道德价值要以动机来评价，而且只能以动机来评价，人的同一行为可以有不同的甚至完全相反的动机，一种行为只有是出于责任，以责任为动机，才有道德价值，由于责任是先天的理性观念。所以，它是一切价值的唯一源泉，责任是服从客观普遍原则的行为必要性。

儒家道德观：（1）忠，乃是人对天地、真理、信仰、职守、国家及他人等都至公无私，始终如一，尽心竭力履行分内义务之美德。（2）孝，指的是孝敬父母、尊重长辈、友爱兄弟及关爱幼者的伦理行为，这是“修身、齐家、治国、平天下”之基础。（3）节，气节是重要的做人理念，表现为坚持真理和正义，在任何环境中都不屈服的顽强精神。（4）义，是古人非常重视的一种道德修养和人格境界，包括道义、正义、理义、公义等道德原则。

显然，上述几种道德观都不能解决分配难题。因此，有必要探索新道德观。

二、和谐价值，和谐道德

中华文化的精髓是和谐。和谐虽然难以度量，但和谐程度的变化很容易通过对比而确定，对“是否和谐”的判断很容易通过观察客观现实而实现。如：（1）环境污染、生态灾难是人与自然之间不和谐。（2）贫富差距巨大、经济危机是人与人之间不和谐。（3）损害身心健康是人自身不和谐。

因此，可定义和谐价值：价值是和谐关系的“总和”。

和谐价值的内涵包括：（1）由于不同的人对价值求和的方式不同，导致各人价值观不同。（2）价值取向应是各种正价值（和谐程度增加）的总和，而不应是各种正价值的排斥。（3）和谐价值是主观与客观和谐关系的统一体。（4）局部的和谐创造局部的正价值，同时也可能产生整体的负价值（和谐程度减少）。（5）经济学价值论重点探索人与人之间关系中的价值，而没能从整体上探讨人与自然之间、人与人之间、人自身三者关系中的价值。（6）可以证明，一定条件下，和谐价值可转化为劳动价值，由此可揭示马克思阶级斗争学说的局限性。

进而，可定义和谐道德：促进和推动人与自然之间、人与人之间、人自身和谐的行为和观念。

和谐道德具有两个鲜明特征：（1）由于对是否和谐的判断很容易通过观察客观现实而实现，即：和谐道德是以观察客观现实的“结果”作为判断依据，因此，和谐道德是一种“实证”道德。（2）由于和谐道德是实证道德，对“某一事物是否符合和谐道德”的判断很容易被社会全体成员判定，因此，和谐道德可被建议成为统一的道德标准。

根据和谐道德，不仅可揭示西方道德的局限性，而且还可揭示儒学道德的局限性。

从道德标准的视角来看，世界混乱的原因在于全世界道德标准不统一，就如秦始皇统一中国前度量衡不统一。如果和谐道德能被接受成为道德标准，由于人与自然之间、人与人之间、人自身三者关系包含人类社会一切关系，又由于三维和谐关系方向已合并成为一维和谐关系方向，因此，观察和思考社会发展的难题就会变得非常简单，即社会发展只存在两种方向：向和谐迈进或远离和谐。人类社会的历史就是迈向和谐与远离和谐之间的往复运动过程。那么，不断迈向和谐的结果又是怎样的呢？那就是特殊形式定额消费控制方案。

三、定额消费控制方案

定额消费控制方案的定义：在市场经济条件下，所有资金使用受控的社会改革方案。需说明，这是古今中外成功社会实践的总结。

进而，扩大理论的适用范围。特殊形式定额消费控制方案的定义：（1）对于个人的消费进行限制，并规定个人的消费金额。不管个人拥有多少财富，每个人的消费金额是相同的。（2）对于个人的住房面积进行限制，并规定个人的住房面积。不管个人拥有多少财富，每个人的住房面积是相同的。（3）对于个人的水电煤消费进行限制，并规定个人的水电煤消费量，不管个人拥有多少财富，每个人的水电煤消费量是相同的。

举例说明：一个穷人每月工资 1000 元并且没有存款，一个富人有一百万元，如果国家规定每人每月可消费 2000 元，那么，这个穷人现在每月只能消费 1000 元，而这个富人现在每月也只能消费 2000 元，这个富人多余的钱只能用于创办公益事业、企业和开展一切有利于社会的各种活动。

特殊形式定额消费控制方案具有两个鲜明特征：（1）特殊形式定额消费控制方案是古今中外成功社会实践的总结和理论推广。（2）特殊形式定额消费控制方案体现人与自然之间、人与人之间、人自身三者的和谐，体现社会最和谐的状态。

由此可破解分配笛子的难题：假如国家规定每人每月消费额度为 2000 元，而笛子制作者可能会把笛子的销售价格定在 6000 元。（1）对于最好的吹笛手来说（他可能就是最希望得到笛子的人），他可能省吃俭用 3 个多月，几乎把 4 个月消费额度中绝大部分额度都用于购买笛子。（2）对富人来说，他们可能不会吹笛子，也可能不会省吃俭用去购买笛子；如果他们想购买笛子，这就需要通过与最好的吹笛手公平竞争而得到笛子。（3）对于笛子制作者来说，6000 元可能已是最高的价格，这样他的贪婪之心也不会太高，而且他也不会去制作奢侈品类的高价笛子。如果他卖掉一支笛子，他就可以维持 3 个月的生活。

因此，我们可得出如下结论：公平是最和谐社会的分配方式，正义是趋向于和谐的精神力量。

四、平衡逻辑

特殊形式定额消费控制方案中包含平衡逻辑。

根据太极思想，整个主客观世界具有一分为二、合而为一、阴阳平衡、三位一体的本质。

平衡逻辑可表述为：一分为二、合而为一、阴阳平衡、三位一体，或表述为：“阴、阳、既阴既阳”三位一体。

平衡逻辑与特殊形式定额消费控制方案的关系：在实行特殊形式定额消费控制方案的情况下，人们工作既为公又为私，为公与为私已实现“一分为二，合而为一”的“阴阳平衡”，“为公、为私、既为公既为私”形成“三位一体”。

特殊形式定额消费控制方案符合老子名言：“道生一，一生二，二生三，三生万物。”

“一”对应于货币产生前原始共产主义社会。“二”对应于货币产生后“为公”与“为私”这一对阴阳的争斗。“三”对应于实行特殊形式定额消费控制方案后“为公、为私、既为公既为私”三位一体，“万物”对应于全方位和谐社会。

把平衡逻辑应用于哲学基本问题和物理学领域，可得出如下论断：

（1）真理的平衡逻辑表述：“存在、意识、既存在既意识”三位一体。（2）理论与实践关系的平衡逻辑表述：“理论、实践、既理论既实践”三位一体。（3）物质与精神关系的平衡逻辑表述：“物质、精神、既物质既精神”三位一体。（4）空间与时间的平衡逻辑表述：“空间、时间、既空间既时间”三位一体。（5）质量与时空关系的平衡逻辑表述：“质量、时空、既质量既时空”三位一体。（6）绝对时空与与相对时空关系的平衡逻辑表述：“绝对时空、相对时空、既绝对时空既相对时空”三位一体。（7）对称性与非对称性的平衡逻辑表述：“对称性、非对称性、既对称性既非对称性”三位一体。

经论证可得出如下结论：物理规律是低层次的自然规律，而平衡逻辑是较高层次的自然规律。

举例说明：（1）狭义相对论是对牛顿时空理论的修正，狭义相对论成功的关键在于把空间与时间耦合起来，形成“空间、时间、既空间既时间”三位一体。（2）广义相对论，引力的存在并没有表现为相互作用，而表现为时空的弯曲，它通过改变测地线来改变自由质点的运动方式。广义相对论成功的关键在于把质量与时空耦合起来，形成“质量、时空、既质量既时空”三位一体。

平衡逻辑不仅体现在定额消费控制方案中，而且还体现在物理学中，因此，可建立新认识论。

五、太极认识论

辩证唯物主义认识论是能动的反映论。毛主席在《实践论》中指出：“通过实践而发现真理，又通过实践而证实真理和发展真理。从感性认识而能动地发展到理性认识，又从理性认识而能动地指导革命实践，改造主观世界和客观世界。”

上述精辟论述中，实践与认识的关系是“一分为二，合而为一”的关系。如果认为物质与精神是“一分为二，合而为一”的关系，并认为理性认识形式上是具有“一分为二，合而为一”关系的平衡逻辑与形式逻辑的结合，那么辩证唯物主义认识论便可改造成为太极认识论。

太极认识论可表述为：通过实践或通过思辨或通过实践与思辨相结合而发现真理，又通过实践而证实真理，又通过实践或通过思辨或通过实践与思辨相结合而发展真理。从感性认识而发展到由平衡逻辑与形式逻辑相结合而进行推理的理性认识，又从理性认识而指导实践，改造主观世界和客观世界。

太极认识论的观点：（1）不仅通过实践，而且通过思辨也可发现真理。（2）实践是检验真理的唯一标准。（3）理性认识中推理所依据的逻辑是平衡逻辑与形式逻辑的结合。

审视孔子、孟子、老子、墨子、荀子、程朱学派、王阳明、牟宗三、培根、笛卡尔、康德的认识路线，可得出如下结论：太极认识论融合古今中外认识论，太极认识论终结新儒家良知坎陷认识论。

太极认识论得到太极子物理学的实证。

熊承堃先生和刘良俊先生创立太极子物理学，在《太极子物理学初论——基本粒子及其物理建构的探讨》中假设：宇宙中一切亚原子粒子都是由太极子组成的，太极子由正太极子和负太极子组成，各种粒子由太极子的多少和太极子的排列方式决定。太极子物理模型构造了三种粒子：电子、质子和中子，由此计算出如下惊人的结果：

（1）太阳系中太极子气总质量占整个太阳系总质量之比为94%，这个结果与近代天文学的观察值相符。因此，可以认为，太极子气可能就是人们正在寻找的暗物质的基本构成。

（2）太极子作用量的计算值：1.04146 × 10^−27 erg s。

众所周知，普朗克常数的数值：1.05457 × 10^−27 erg s。

氢原子半径：0.79 × 10^−12 cm，电子半径：2.8178 × 10^−13 cm，太极子半径：8.0 × 10^−20 cm。

古希腊哲学家提出原子论后，人们经过了两千多年才从实验中发现了原子，太极子是如此之小，目前根本不可能在实验中被检测，而太极子物理学的正确性已得到实验的证实。因此，可得出如下结论：不仅通过实践，而且通过思辨也可发现真理，实践是检验真理的唯一标准。

太极子由正太极子和负太极子组成，这体现了自然平衡律和与自然平衡律相关联的平衡逻辑。太极子物理学中使用了大量物理学中的定律、定理和计算公式，物理学中的逻辑当然是形式逻辑。因此，太极子物理学成功证明了：理性认识中推理所依据的逻辑是平衡逻辑与形式逻辑的结合。

六、和谐信仰

信仰可分为：原始信仰、宗教信仰、哲学信仰、政治信仰。

和谐信仰可表述为：原来没有地球后来有了，原来没有人类后来有了，原来没有儒学后来有了，原来没有科学后来有了，原来没有左派后来有了，原来没有民主后来有了。那么，信仰如何与“原来的原来”相联系？信仰就是价值。由于价值一经发现就不会消亡，对信仰的要求就必然是所有价值的融合！

和谐信仰可用平衡逻辑表述：纵观人类历史，从物质与精神的关系来看，几乎所有信仰（原始信仰、宗教信仰、哲学信仰和政治信仰）都属于“一分为二”的信仰。宇宙中物质与精神之间波澜起伏的相互转化述说着宇宙的历史和未来。从宇宙的视角来看，人类显得渺小而卑微，与宇宙和谐相处才是人类的出路。人类消亡对宇宙不会产生任何影响，所以人类不仅需要“一分为二”的信仰，更需要“阴阳平衡”的信仰，更需要“合而为一”的信仰。而和谐就是“阴阳平衡”与“合而为一”的统一。因此，人类更需要和谐的信仰，更需要全方位（人与自然之间、人与人之间、人自身）和谐的信仰。

和谐信仰与特殊形式定额消费控制方案的关系：在实行特殊形式定额消费控制方案的情况下，所有制是名义上私有制、本质上公有制，从逻辑的角度更能阐明这种所有制的本质。这种所有制运行同时基于两种逻辑，即平衡逻辑和形式逻辑，平衡逻辑与自然平衡律相关联，自然平衡律体现在货币使用受控，形式逻辑体现在市场经济条件中。在实行特殊形式定额消费控制方案的情况下，平衡逻辑与形式逻辑已“合而为一”。

和谐信仰既是自然信仰，又是政治信仰，也是哲学信仰。

七、易经逻辑

根据如下论据：

1. 定额消费、和谐价值（道德）、平衡逻辑、太极认识论、和谐信仰，这五个观点已融会贯通。在实施特殊形式定额消费控制方案的过程中，将引导社会成员从追求金钱和享受、转变为奉献社会、实现个人创造力和人生价值。可以认证，在此过程中所有价值都将被融合，真正实现了价值的和谐，而价值的融合就是和谐信仰。特殊形式定额消费控制方案中逻辑是平衡逻辑与形式逻辑的“合而为一”。定额消费控制方案是古今中外成功社会实践的总结，而特殊形式定额消费控制方案是理论推广，正确与否将经受实践的检验。这符合太极认识论。

2. 社会发展和自然探索（物理学）都遵循相同的平衡逻辑规律。

3. 古老“四相原理”的启示。在矛与盾的关系中导入四相原理，得出如下的关系：矛、盾、既矛既盾、非矛非盾。当我们看事物和分析事物的时候，第一步找矛；第二步找盾；第三步将矛盾二元对立关系纳入一个同一化范畴之中，并形成该范畴自身自相矛盾的“既矛既盾”叠加态；第四步找“非矛非盾”形态。上述表述对应的阴阳关系为：阴、阳、既阴既阳、非阴非阳。平衡逻辑就是前三项“阴、阳、既阴既阳”（不包括“非阴非阳”）。

4. 可以认证，平衡逻辑“一分为二、合而为一、阴阳平衡、三位一体”包含辩证法三大定律（对立统一，量变质变，否定之否定）。

5. 审视八卦图和六十四卦图，对应两卦之间（如乾坤）都是“一分为二、合而为一”的关系。而“一分为二、合而为一”就是平衡逻辑的主要内容。

因此，可得出如下结论：（1）自然规律是易经逻辑。（2）易经逻辑由平衡逻辑构成。（3）不清楚平衡逻辑如何构成易经逻辑，应与“非阴非阳”有关。

八、结语

从价值的视角来看，当今世界存在两大阵营：和谐价值阵营和极端价值阵营。科学、民主、自由、人权、形式逻辑、唯物论等都属于极端价值阵营。极端价值对人类社会的危害性并未被人们充分认识。

价值一经发现就不会消亡。不同价值之间的斗争将毁灭地球和人类，价值的和谐才是人类社会光明的未来。通过实施特殊形式定额消费控制方案，将使价值的和谐成为可能。

人类思维的发展和多元化对世界具有普惠价值

康明安
（上海海洋大学副教授、上海市高校音乐教学研究会副会长）

摘要：对人类多元思维智慧的阐述、比较、讨论、探求和发掘，一般意义上来说可能会在世界范围内产生一定的普惠价值，至少可以说人类所创造出来的种种思维的智慧和结晶都是全人类的共同财富，她可以让我们人类彼此间相互借鉴彼此沟通，且在更深入理解的基础上达成一种共识，即在全球化加速发展的道路上寻求共存的繁荣。人类的思维在其主导上，是以生命意识结构为根基，以概念意识为方式，以逻辑能动为架构，以生活体验为准绳和以世界物质为对象所进行的一种观念、思想和知识造就的精神活动。

关键词：人类 思维 多元 普惠

引言

人类的思维不是纯大脑的机能，也不是人脑的天生即有。而其主导上，是以生命意识结构为根基，以概念意识为方式，以逻辑能动为架构，以生活体验为准绳和以世界物质为对象所进行的一种观念、思想和知识造就的精神活动。

一、人类的意识是从生命意识的文化性进化中生成和发展出来的

1.1 地球上的生命意识的自主性行为，在其生物性和文化性的进化中，出现了三种类型的意识方式，即反应意识方式、知性意识方式和概念意识方式。这三种不同的意识方式，造就了三种不同的生命体自主性行为、事物样式和生存方式。

在地球生命意识的发展史中，首先出现的是反应意识，这种反应意识就是生命体触觉反应的自主性行为。这种生命体触觉反应的自主性行为的开端是简单的和单元的，这种行为我们今天仍然可以在大自然的低等生物世界中看到。

在漫长的生命史的延续和发展中，种种生存的、环境的主客互为关系的变动，缓慢地作用于生命体，使得生命体逐步从简单的、单元的触觉反应走向了多元的触觉反应和多元触觉反应的合成。以此互为，生命体亦进化地生成和发展出了各种感觉器官，以及多元感觉合成处理的神经系统和脑的中枢，并进而使得生命体的意识方式从单元的触觉反应意识，进化到了多元触觉合成判断的知性意识。

这样的知性意识就是高等动物世界的多元触觉合成判断，也就是说，在高等动物世界中，动物的自主性行为是通过多元触觉的合成，即视觉、听觉、嗅觉、味觉、体觉、性觉等的神经传递和脑的中枢合成处理而集成的，并由此对意识对象作出形象、位置、速度、大小、距离、安全、危险、发情等的判断，并由这些判断作出生命体的自主性行为和情感。

1.2 人类反应意识和知性意识从总体上来说，两者都是生物性的进化生成。由于生存方式和环境所在的种种主客互为关系的不同，低等生物和高等动物在它们各自的生命意识进化中，其获得的反应意识和知性意识具有种种不同的差异和发展程度，甚至很大的差异和发展程度的不同。此外，有些生物和动物在生命意识的生物性进化中则生成了某些我们至今尚不了解的特异的触觉反应和与此相关的反应意识和知性意识。如有新的发现报道，鸟类的眼部可能在空中飞翔时能够直观地“看见”地球的磁场，因而具有循照地球的磁场迁移而不迷失方向的能力，当然是否这样还需进一步地探索确认。

1.3 很多学者认为：在反应意识和知性意识的生物性进化的成果上，人类这个物种则以其独特的生活方式，以及很可能主要是对狩猎和采集到的食物进行分配的方式，从偶然到经常地生成出了一种对食物分配进行指称和记号的涂画、刻画和打结等，并由此发展出了一种指称的和记号的符号制作，并将喉咙里的生物性叫唤同这种指称和记号的符号结合，逐步地产生了一种声音和符号结合的语言，以后又在漫长的经验历史中进一步发展出了一种声音和符号结合的文字。美国学者理查德·基利在写作《人类的起源》时，不谋而合地注意到哈佛大学格林·艾萨克在1978年提出的一个观点，这个观点把重点从作为塑造人类行为动因的狩猎，转移到协作地获取和分享食物上来。在艾萨克看来：“采取食物分享有利于发展语言、社会互助和智慧。”基利对此很赞同地认为：“食物分享假说是在那些用于解释是什么力量使得早期人类通向现代人类之途的学说中最可信的。正是食物分配所需要的指称和记号，在经验历史的源头，从偶然到必然地促成了人类的符号制作，使得人类喉咙里发出的声音和符号结合，生成出了人类的语言和文字。

1.4 综上所论，以符号指称和记号为源头的，声音和符号的结合，先是生成了人类的语言，后是生成了人类的文字。特别是语言的生成亦在互为关系中促进了人类的喉和大脑的进化：一方面使得人类的喉在喉咙里的位置下降而扩大了音室，能够产生更多细节分明清晰的发音。对此，基利在他的《人类的起源》第七章（语言的艺术）中提出了两个很好的例证：一是所有哺乳动物声道中的喉位于喉咙的高处，这是一种容许呼吸和吞咽同时进行的结构，但限制了咽部空间能够发出的声音范围。人类的喉在喉咙的位置低，这是独一无二的。结果人类不能同时呼吸和吞咽而不噎住，但他们能发出范围很大的声音；二是人类婴儿出生时像典型的哺乳动物一样，喉位于喉咙的高处，能同时呼吸和饮水，这是给他们喂奶时必须的。大约 18 个月以后，婴儿的喉开始向下部移位。在小孩长到 14 岁的时候，喉达到成年人的位置。这两个例证共同地说明了一种语言生成和喉进化互为促进的关系。另一方面则使得人类大脑和大脑皮层逐渐生成出了一种语言处理的功能区和脑组织，如位于左颞叶附近凸出的布罗卡区等。这里亦是一种语言生成和脑进化的互为促进关系。

1.5 以符号的制作和指称为源头，声音和符号结合的文化性的进化，在漫长的历史年代浸润和一代又一代传承的积累中，最终使得人类的声道和大脑组织以及人类的意识活动慢慢地习惯于以符号系统为中介，以语言和文字为通式，对反应意识和知性意识所获得的经验直观的事物样式进行符号的制作、指称、记号、规定、组合和建构，进行思和想，进行彼此共晓的交流和表达，进行精神活动和物态的利用改变，从而使得人类这个物种发展出了一种人类的独一无二的意识方式，即概念意识方式。而对于人类之外的生物世界和动物世界的生命体来说，由于缺少了以符号为源头的，声音和符号结合的文化性进化环节，因而它们没有能够和人类一样从反应意识、知性意识发展到概念意识。

二、人类的概念意识有着符号性和逻辑性的两个基本特点

2.1 概念意识与反应意识和知性意识的最大不同是，反应意识和知性意识是经验直观地依据生命体的触觉反应和多元触觉的合成判断而生成事物样式的，在这中间无须其他中介环节。而概念意识则不同，概念意识是依靠一套符号系统，以符号为中介地对反应意识和知性意识所提供的经验直观的事物样式，进行符号方式的指称、记号和规定的，从而生成一种符号方式的事物样式，并进而在符号定义的概念嬗变中，由符号方式的事物样式嬗变为概念方式的事物样式。（如当我们用“山”“树”“河流”等语言的或文字的符号来指称、记号、规定所有被称之为“山”“树”“河流”等由反应意识和知性意识所提供的经验直观对象时，这样的“山”“树”“河流”等的指称、记号和规定，就在我们的头脑中造就了一种符号方式的事物样式，并在符号定义的概念嬗变中成为一种概念方式的事物样式。）

2.2 人类的概念意识活动始终是以符号为中介的，是和符号方式和符号性状密切相关的。大凡符号具有五种基本性状。

（1）符号的制作性。符号是人类的文化制作，我们通过早期人类的涂画、刻画和打结等符号制作可以看到，这些符号的制作既是一种精神的制作，又是一种物态的制作。也就是说人类的符号文化制作，

从一开始就既包含了它的符号指称的精神制作，又包含了它的符号载体的物态制作。今天我们不能以为这样的一个起点没有什么不起眼的，然而就是这样的不起眼的开端，却引动了人类文明的起源。而人类则在这种精神和物态统一的符号文化制作中，获得一种精神制作和物态制作的主观能动。人类文明的创立和建构，就是从这样的一个并不起眼的开端中发展起来的。

（2）符号的多样性。涂画、刻画和打结从一开始就显现了符号的不同形式，以后随着语言、文字、数字、音符以及雕塑、饰品、物具等符号形式的出现，符号的形式更为多样了。每一种新的符号形式出现，特别是语言、文字、数学等符号形式的出现，给予了人类不同符号方式的事物样式和世界建构，如语言指称方式的事物样式和世界建构，数理逻辑方式的事物样式和世界建构，等等。例如，在英国分析哲学的学者头脑中，我们这个世界或宇宙则是语言方式的，是由语言和语言的使用规则所建构和确立起来的，存在主义者海格德尔则认为世界、历史、自然、生命、时空等都是由“此在”的发问所绽出的。而在古希腊毕达哥拉斯学派和现代量子物理学的不少学者头脑中，我们这个世界或宇宙是数学方式的，是服从于数学的和谐统一和某个终极的数理模型的。

（3）符号的抽象和概括性。当我们以符号为中介，用符号对意识对象进行指称、记号和规定时，这种指称、记号和规定在将经验直观的具体意识对象转化为符号样式时，就以符号为中介地生成了一种符号方式的抽象和概括。例如，当我们用“山”这样一个声音的语言符号的或线条勾画的文字符号，指称、记号和规定所有被称之为“山”的对象时，这个“山”的符号指称、记号和规定，就生成了一种符号的方式的抽象和概括，从而使得人类的意识活动借助于符号的指称、记号和规定获得了一种抽象和概括的能力。这种符号方式的抽象和概括的能力，在符号到概念的嬗变中，又进而成为概念方式的抽象和概括的能力，为人类的概念意识思维活动提供了展开、递进、提升和绽出的逻辑基础。

（4）符号的定义性。当人们用一个符号指称、记号和规定事物时，这个符号的指称、记号和规定在群体的交流和传递中，需要进行定义，即对这个符号所指称、记号和规定的意识对象进行对象域的界定，使之能够为彼此知晓和理解。例如，对于“田地”这个语言或文字符号的指称、记号和规定，在群体的彼此交流中就需要对它进行对象域的界定，从而使得群体成员通过符号的定义而共同地知道具有何种对象域的对象可以列入“田地”的抽象和概括之中。那怎样来进行符号定义呢？实际上在以符号为中介的意识方式中，其本身的框架决定了符号定义的方法：一是符号与经验直观对象的对应联结。如我们可以通过对原野中被称之为“鹿”的经验直观对象的对应联结而进行经验直观方式的符号定义，使得人们一说起“鹿”，就会在记忆中和鹿的经验直观形象联系起来。二是用一个别的符号或一组别的符号的组合来确立。例如，对“田地”的定义，可以用一张“田地”的图像符号（即一张或若干张田地的图片）来进行定义，亦可以用“用来种植粮食和经济作物的土地”的这样一组别的语言或文字符号的组合来进行定义。

（5）符号的嬗变性。随着符号的定义，符号就有了它的对象域的定义建构。而符号一经定义而获得它的对象域，它就嬗变为了概念，即具有对象域的符号。所谓概念它不是别的，它在本质上就是符号的定义，是从符号那里嬗变过来的。正是由符号定义所嬗变生成的概念，使得人类的意识活动获得了概念的性质。以概念为砖瓦，从简单的概念到复杂的概念，从语言的概念到文字的概念，从图像的概念到数学的概念，从音乐的概念到艺术的概念，从精神制作的概念到物态制作的概念，以及它们的全体综合，最终在人类的头脑中，在人类的意识的文化性进化中，生成和发展出了人类的概念意识、概念意识方式的思维活动和概念意识方式的行为。

三、思维依托语言，语言影响思维，不同语言会造成思维的差异性

3.1 人类塑造了语言，从而塑造了人类的思维，我们使用的语言影响着我们对世界的感知。

20世纪30年代，美国语言学家爱德华·萨丕尔（Edward Sapir）和本杰明·李·沃夫(Benjamin Lee Whorf)对不同语言间的差异进行了研究，提出不同语言的使用者，思考方式也不相同。对于这一点，如果还想再重复去研究似乎已没有这个必要。因为历史上已经有众多的科学家通过大量的研究并根据经验得来的数据，显示了语言塑造思维的过程中显示出来的差异性事实。（不同语言之间的差异还体现在许多方面，这里暂不赘述）人群所用的语言不同，最终可产生观察、记忆和理解世界的不同方式。使用不同语言的人在描述事件时也采用不同的方式，他们对到底是谁做了这件事的记忆程度也不一样。所有事件，哪怕是瞬间发生的意外，都非常复杂，需要我们分析和解释。

我们以“打猎门”事件为例。切尼意外击中了同行的哈里·惠廷顿（Harry Whittington），你可以说“切尼射中了惠廷顿”（这里切尼是直接原因），也可以说“惠廷顿被切尼射中了”（切尼在这里成了配角），还可以说“惠廷顿被枪射了个正着”（完全没有切尼的事了）。切尼自己说的是：“最终是我扣动扳机射出子弹击中了哈里。”他在自己和最终结果之间插入了一长串说辞。另一人的说法则更滑头：“他听到了鸟

的声音，然后转过身扣动扳机，接着他看到朋友受了伤。”轻描淡写的一句话，就将切尼从当事人转变为一个旁观证人。

3.2 以上有关语言不同而导致认知差异的研究发现还有很多，前面提到的只是其中的一部分。但是，我们怎么知道，到底是语言差异造成了思维不同，还是思维不同导致了语言差异？事实证明，答案是两方面都有：我们思考的方式影响了所说的语言，但语言又会反作用于思维。语言似乎还对人们精神生活的更多方面有所影响，总而言之，在成年人类的思维中，或许很少有语言未及发挥作用的方面。

3.3 人类智力的标志性特征就是它的适应能力，也就是创造和重新整理自己对世界的认识来适应不断变化的目标和环境的能力。这种灵活多变的一个结果就是，全世界涌现出了多种多样的语言。

（目前所知，世界上有近 7000 种语言）每种语言都提供了一套独特的认知“工具箱”，囊括了一种文化经历数千年发展得到的知识与世界观。每种语言都包含一种在世界里如何感知、归类和实现意义的方法，这是从我们的祖先开始，一代代发展改良而成的无价指南。

研究语言塑造人类思维的方式，有助于科学家揭示人类如何创建知识体系、构造真实世界，以及我们如何变得像今天这样智慧和成熟。反过来，这种认识又会帮助我们理解最本质的问题，即人何以为人的问题。

四、各美其美，美人之美，美美与共，世界大同

4.1 当今世界，各民族都在自己语言的背景里发展出了各自独特的思维模式和知识体系。我们没有理由也无法归纳或总结比较出哪一种模式的高低长短，而只能确定它们各自具有的特色和特长。可以说

每一种语言都是地球自然生态中绽放出的花蕾，是作为必然流向和汇聚到人类智慧海洋去的清泉。越是民族的越是世界的。文化是开放的，资源是共享的，共识越来越得到认可。

作为当今物质发达的西方国家为世界的现代文明建设贡献了一系列辉煌的思想理念和思维工具。比如，西方逻辑思维及形象思维之上生发出各种各样的逻辑之支：形式逻辑、辩证逻辑、符号逻辑、数理逻辑、基因逻辑、历史逻辑、行为逻辑、实证逻辑、模糊逻辑等。

黑格尔认为，一切具体的概念规定都是偏执的和限定的，它们并不是自身绝对的，而是处在两大辩证联系中。一是处在总体构造的概念辩证联系中；二是处在对立统一的概念辩证联系中。如以“东”这样一个关于方向的具体概念规定来说，一方面它处在“东、西、南、北、中”这个总体构造的概念辩证联系中，另一方面它又处在与“西”的对立统一的概念辩证联系中。在辩证逻辑中，思维的运作就是在概念的总体构造和对立统一的辩证联系中，克服具体规定的偏执和有限，走向更高综合的统一和本有。

康德在他的批判哲学中曾提出了四组著名的二律背反，即：

正题 1：世界在时间上有开端，在空间上有限；反题 1：世界在时间上和空间上无限。

正题 2：世界上的一切都是由单一的东西构成的；反题 2：没有单一的东西，一切都是复合的。

正题 3：世界上有出于自由的原因；反题 3：没有自由，一切都是依自然法则。

正题 4：在世界原因的系列里有某种必然的存在体；反题 4：里边没有必然的东西，在这个系列里，一切都是偶然的。

4.2 东方文明中以中华民族先贤为主导，以《周易》太极为根，建立了以“天人合一”为灵魂的、以和谐均衡发展为根本原则的太极整体思维模式。

中华民族先贤采取了“立象尽意”的办法，用象——太极、八卦、六十四卦来解释宇宙发生与演化的曲折过程。中华元文化的产生有这样一个过程：意——象——言。意在象之前，言在象之后。先哲们留下的宝贵遗产，一在言中，二在象中，三在观察天文地理的意中。

要接受这笔遗产，面对文字记载的道理需要记忆，面对文字之外的道理则需要感悟和领悟。“太极”是华夏思维智慧的结晶，是《周易》中的一个重要概念,最早见于《易·系辞》中。至于“太极思维”学说体系的诞生,则是近代科学特别是思维科学发展以后才出现的。即便如此,学术界也解说颇多,难于统一。有的释以阴阳逻辑思维,有的释以辩证思维,还有的说是整体思维、离散思维、圈态思维、日月全息思维、中庸思维、圆融思维、平衡思维等,都有一定道理, 又似乎都不甚准确,难尽其意。

文叁先生对周易有较深的研究，他倾向冠于“太极思维”。不过严格意义上说,称“易学太极思维”较为合适准确，因为它是易学理论在思维领域中反映的产物。

结语：太极思维模式的产生，它既是中华民族生存方式的形上反映，反过来又对中华民族生存方式产生直接的规范和牵引作用。

20 世纪以来，中国人在积贫积弱的状态下通过不懈的追求和努力已经发展到经济规模如此壮大的层面，可以说当今中国所有的成就和壮举都是与中国人思维范式的改革变化分不开的。我们一方面在并没有抛弃自己老祖宗智慧的情况下继承了韬光养晦的策略，另一方面又不断吸取西方先进思维智慧的精华为我所用。可以说，西方自工业革命直至好20 世纪的思维方式，给人类自身带来前所未有的工业进步，但同时也给人类自身的生存与发展设下了屏障。

瞻前顾后，现代东方中国的崛起，中国的文化理应为世界做出较大的贡献。我们重构起绵延七千年生生不息的东方智慧，以太极思维方式剖析 20 世纪以来工业文明给人类造成的思维困惑，对于重建天人关系、种族关系、民族关系、国家关系、和谐世界具有重大的启迪意义。

2016.3.22 于沪上闲阁

太极思维研究之我见

刘茂春（律师、上海市静安区大宁路街道办事处原调研员）

拜读文叁先生所著《太极思维》，字里行间浸透着他严谨的学习态度，执着的研究理念，独到的研究成果，深为文叁先生传承和发扬光大中华传统文化的执着而感动。

本人对有关太极思维知之甚少，没有理由对太极思维研究说三道四，但是文叁先生倾心之作给我以勇气，斗胆谈点外行话，或许对太极思维研究有所帮助。如何开展对太极思维的研究，我认为把握以下三点很重要。

一、坚持大众化是太极思维研究的出发点

关于太极思维研究定位问题，我认为，源于草根，贴近大众，表述比较贴切。源于草根，解决了太极思维的源头问题。毋庸置疑，太极思维源自于中华大众的实际生活中，根植于深厚的中华文化的沃土里。贴进大众，就是太极思维的载体、内涵适应大众的思维方式、接受能力。

比如：太极拳法与太极图这些太极思维的载体，简洁、通俗、明晰，大众易于接受，才使其得以传承、源远流长。试想，太极思维仅

仅存在于个别所谓预测家精英之中，必然使太极思维成无源之水，或许早已干涸断流。

因此，研究太极思维之出发点，只有服务大众，即贴近大众，才是唯一正确的态度。而绝非让太极思维成为少数人的专利，更不能成为某些所谓预测家或算命先生的秘方。

因此，太极思维研究应当从大众化入手，贴近大众，服务大众。研究内容重点放在太极思维的基本内涵上，并非纠结于具体太极思维的方式与技巧上。

在这方面，文叁先生走在了前头。

秩序、交换、平衡的核心架构的提出，就是遵循了这一原则，简洁、清晰、易懂，符合时代与大众需求。

同时，太极思维真正让大众所接受，继承与发展，得益于载体的大众化。

我想，太极思维在民间传承至今，具有较大的影响力，太极图与太极拳等大众易于接受的受众载体功不可没。

因此，我认为，太极思维研究与推广应当主要从太极图与太极拳等载体入手，使传播载体贴近大众，从而使太极思维作为中华传统文化的精华真正被大众所传承，并发扬光大。

二、秉持自然性是研究太极思维的基本点

马克思主义认识论告诉我们：凡是正确的认识都必须来源于实践。太极思维作为认识世界的一种思维方式，也必须遵循这一原则，否则，就是反科学的思维方式。

太极思维之所以被中华大众所接受且源远流长，关键在于其自然性，源于生活，顺其自然，也就是接地气。因此，太极思维对事物的

认识必须来源于自然界、依赖于现实生活。那种所谓超自然的虚无缥缈的东西是对太极思维的反动。

从太极思维发展长河看，太极思维从一开始就是人们尝试用智慧和经验去解释自然界与社会现象，预测未来发展。

研究太极思维就应当始终秉持自然性，克服宿命论，反对让封建迷信、卜卦算命等违背自然性的歪理邪说大行其道，避免太极思维研究误入歧途。

文叁先生所著《太极思维》中，充分体现了自然性的特征。比如：所述太极思维的基础模型，宇宙——自然规律，人类——社会规则，宗亲——家庭规矩，个人——行为规范。

模型各基因本身均体现自然性原则，规律、规则、规矩、规范只能是来源于对自然界、人类生活、社会活动的正确反映的概括。同时，文叁先生把太极思维研究的着重点，放在与现实生活结合上。

比如，太极思维在身边：十年树木、百年树人的十三个问题；祛除四风——太极思维与实事求是等章节。字里行间无不涵盖了自然性，即朴素唯物主义的观点。

因此，研究太极思维就要像文叁先生那样秉持自然性的执着精神，摒弃一切神化的伪科学的观念与方法，真正以现实问题为导向，在研究与解决现实问题中去探寻太极思维的真谛。

三、奉持平衡性是研究太极思维的关键点

文叁先生关于太极思维的架构，秩序、交换和平衡，从总体上概括了太极思维的整体架构。

其中最能够反映太极思维特点的，我认为，应当是平衡性，平衡性是太极思维区别于其他思维方式的显著特征。

比如：太极拳法、太极图、《易经》等，追求平衡成为最显著标志，这也与中华民族优良文化传统相契合。

因此，研究太极思维应当把重点放在平衡性上，通过深入研究，真正弄清平衡的内涵，并更好地运用平衡，促进社会和谐。

《太极思维》用较大篇幅阐述太极思维的平衡性特征，并结合现实问题进行了深入的分析研究，提出很好的论点和方法。我想这对大家把握太极思维平衡性，进而促进社会和谐有着积极的促进作用。

但是太极思维的平衡问题是综合性的体系，对平衡性问题的研究与应用，必须做坚持不懈的深入研究。在这方面，我认为，太极思维的平衡性可用“融会贯通，均衡和谐”八个字概括。

具体体现为三个层次，即：衡、通、容。

衡是前提与基础。

衡即衡量正误、是非的衡器，是秩序、是非、规则。是公平、正义。平衡必须是在遵守规则、分清是非前提下的平衡，并非无原则、无底线的平衡。

通即交流、融合、发展，是寻求平衡的桥梁。

变则通、通则久。太极思维只有在交融中传承与发展。这方面既有太极思维群体中的交流，也是与其他群体的交流，更有与现实生活的交融。这是达到平衡性的重要环节。

容即包容，即开放、大气、涵养、韧性，集中体现了中华民族文化精华和优秀品格之所在。

与西方传统文化信仰唯一性不同，中华传统文化讲究包容并蓄。包容并蓄也是太极思维发展的活力所在。包容需要有海纳百川的胸怀，和而不同、共存共荣。

太极思维既不排斥其他文化，也不惧怕西方文化的冲击，而是采取扬弃的态度，吸其精华、弃其糟粕。

相信太极思维只有继续发扬包容精神，才能真正引进来、走出去，源远流长，始终成为中国社会保持平衡、和谐发展的助动器。

太极思维，源于人类文明的起始，承于文化复兴的当代，必将昌于世界大同的未来。

——葛春波

太极思维在中国思想史，乃至人类思想史上都占有重要的一席。

——苏　君

第二篇 禅 学

中国特色社会主义文化大发展大繁荣，中华民族伟大复兴，没有优秀传统文化的继承和弘扬是不可想象的。我送文叁先生一联：三千年前文王拘而演周易，三千年后文叁继而演太极；横批：映古辉今。文叁先生的书和讲演充满正能量，展示“正品”，使人向上向善，很有力度，很有风度。毫无疑问，不是只有“负货”才有买家、负能量才有力量，“正品”更有买家、正能量更有力量。

走近“太极思维”

郭光武（上海工艺美术学院副教授）

“太极”是个大家熟悉的名词，谈起它大多会联想到易经、八卦、占卜、风水等，因此“太极”又让大家感到玄之又玄。“太极”以常见而熟悉，以神秘而陌生。冠“太极”于“思维”而成为一种思维的方式，也早已有之。百度一下“太极思维”四个字，屏幕上赫然显示“百度为您找到相关结果约 1150000 个”，内容除了对“太极思维”概念性的认识之外，还涉及管理学、心理学、中医学、伦理学、艺术、武术、教育、计算机等众多领域的应用与体现，可谓无处不在。

何为“太极思维”？学者们见仁见智。清华大学中国管理研究中心副主任许文胜老师给太极思维的定义是：“以形象思维为主，逻辑思维为辅，采用归纳和推演的多重手段对事物进行描述和本质分析的辩证思维方法。”最近，参加由中华文化学院举办的“太极思维与中华传统文化研究”座谈会，聆听了上海太极思维研究院文叁院长题为《太极思维与中华文化》的主旨演讲，这是第三次听文叁院长阐述“太极思维”，感到他的理论体系日趋丰富成熟，对其提出的“秩序—交换—平衡”的核心理念，也有了更深一步的认识和了解。有感而发，谈谈自己的心得。

从字面上理解，“太极思维”就是运用太极的哲学含义来思考问题。因此对“太极”哲学含义的理解是定义的关键所在。太极一词最早出现在《系辞》:“《易》有太极，是生两仪。两仪生四象。四象生八卦。”然而孔子并没有给“太极”明确的定义，这个名词应该是在孔子之前流传下来的。按照六十四卦次序图所示，太极的“两仪”一个为阴，另一个为阳，阴阳是构成宇宙万物最基本的元素。老子在《道德经》中说:“道生一,一生二,二生三,三生万物。”道生一,一是太极;一生二,二是阴阳。关于“太极”的论述，历代大家们多有代表性的观点。比如，唐初大儒孔颖达:“太极谓天地未分之前，元气混而为一，即是太初、太一也。”宋代周敦颐在《太极图说》中说道:“无极而太极。太极动而生阳，动极而静，静而生阴，静极复动。一动一静，互为其根。分阴分阳，两仪立焉。”邵雍说:“万物皆有太极。”清王夫之《张子正蒙注·太和》:“道者，天地人物之通理，即所谓太极也。”他们虽表述不一，但追根溯源仍一脉相承，传习至今，学者们大都认同太极是宇宙万事万物的本原，是阴阳合而为一体，其大无外，其小无内。

太极是无形的，任何的太极的影像都是人们为了表达理解而物化的形态。关于太极图的传说众口不一，在此不作赘述。现在广为流传的是“阴阳鱼太极图”，该图式造型简单但内涵丰富，它概括宇宙、生命、物质、能量、运动、结构等内容，可以揭示宇宙、生命、物质的起源。从太极图式中观察分析，我有如下三方面的强烈感受，而这些感受渗透在生活的方方面面，充分体现和蕴含着中国传统思维方式和逻辑习惯。

一、和谐

万事万物都是阴阳两种元素的组合体。太极图阴阳两鱼相互依存、相互滋生，构成一个相对和谐稳定的太极。《幼学琼林》:“孤阴则不生，独阳则不长，故天地配以阴阳。”阴阳和谐共生，也可以理解为阴和阳是事物的两个方面，称为“一体两面”。因此我们看问题习惯运用整体思维，注重系统性，注重系统内部各要素的和谐联系。季羡林先生在谈东方文化与西方文化的区别时说道：“最根本的区别是思维模式、思维方式的不同。西方文化注重分析，一分为二；而东方文化注重综合，合二为一。”我们经常说“天人合一”，关键字是一个“合”字，这是中华文化最传统、最稳定的基因，千百年来一直影响着人们的思维方式。《周易》强调“三才之道”，一个六画卦最上面两爻代表“天道”，最下面两爻代表“地道”，中间两爻代表“人道”，天地人并立起来组成一个卦象。《说卦》：“是以立天之道，曰阴曰阳；立地之道，曰柔曰刚；立人之道，曰仁曰义，兼三才而两之，故《易》六画而成卦。”天地人三者虽各有其道，但又是相互对应、相互联系，所体现的就是人与自然、人与社会以及人与人之间和谐发展的思想。

嵩山少林寺内有一通混元三教九流图赞碑，图和碑文出自明朝朱载堉之手，他是乐律学家、历算家，朱元璋九世孙。画面将佛、道、儒三教教主绘为一体，整体看为一人，分开看则为三人，艺术地表达了三教合一这一理念。“赞”集中阐述三教合一的宗旨，批判“曲士偏执，党同排异”的狭隘心态，强调“要在圆融，一以贯之”，最终实现“三教一体，九流一源。百家一理，万法一门。”其中蕴含的“和谐”文化显而易见。

二、变化

万事万物尽在变化之中。太极图向我们传达出三个视觉信息：一是太极图内黑白两鱼首尾相接，有连续感；二是白色鱼较轻有上浮感，黑色鱼较重有下沉感；三是两鱼中间形成一个反“S”形，给人以流动感，三个方面的视觉信息强化出周而复始的循环感。太极内部的对立因素来自于本身，即使没有外界的干扰，他们无时无刻都在变化着，不断地做着调整和平衡，假如平衡被打破，无论是外力的作用还是内部阴阳秩序的错乱，都会改变物质的根本属性，从而产生新的物质。既然万事万物尽在变化之中，我们看问题、做判断的时候都应该秉承发展的思维，承认发展变化，关注动态发展的全过程，把握事物发展的方向，预判发展的结果。因此，我们在设定一个工作目标后，一定要重视过程管理，围绕目标创造有利条件，创设良好的发展环境，并不断修正，集聚能量正向健康发展。现如今，全社会都在倡导“创新驱动”，以创新带动发展、促进发展，就是把握事物发展的基本规律主动作为，与时俱进，除旧布新，快速步入新的生命周期，并保持良好的发展态势。反之，面对浩浩荡荡之天下大势，不思进取，固守待变，一定得不到上苍的眷顾，最终被时代所抛弃。

三、平衡

太极图是中心对称图形，均衡感很强。阴阳鱼的两只眼睛分别为阴鱼阳眼，阳鱼阴眼，代表“阴中有阳，阳中有阴”，视觉上产生呼应。根据格式塔心理学的“完型组织法则”，会感到有两个以鱼眼为圆心的等圆存在，两等圆外切，这一现象加强了太极图形均衡的视觉效果，这是太极外在的平衡。按文叁先生所述“秩序—交换—平衡”，平衡之后再次集聚能量，继续进行能量的交换，再次达到平衡，周而复始，循环往复，这是太极蕴含的内在的平衡。我也认为，事物的发展过程就是阴阳秩序调整变换的过程，是追求阴阳平衡的过程，从平衡到失衡再到平衡，演进事物的发展变化。形成一个平衡的瞬间就是一个失衡的开始，同样，一个失衡的开始就孕育着新的平衡的开端。因此，太极思维告诉我们，世事无常，人生之不如意十之八九，凡事都有动态调整的过程，要在不平衡中调整心理砝码以期找到平衡，或者追求平常心，以“宠辱不惊，看庭前花开花落；去留无意，望天上云卷云舒”自勉。

宋代学者叶采在《暮春即事》中写道：“闲坐小窗读周易，不知春去几多时。”当诗人全身心地沉浸在精神世界中的时候，内心一片从容，一片自然和乐，世间万物都不能进入他的意识。我一俗人，自然不能超然物外，希望运用自然之理深入思考一些问题，从而深入浅出地明白一些道理。走近“太极思维”，开启智慧之门。

初读《太极思维》有感

王在艳（北京大学法学院硕士研究生、会计师、审计师、律师）

太极观念古已有之，《易经》云“易有太极，是生两仪”，从伏羲画卦到文王演易再到孔子述易，直至宋儒创制太极图，才使古老的阴阳五行八卦等观念贯通成为一个完整的链条，其理论体系最终趋于完备定型。太极图以其简洁完美的图像，包含着阴阳五行八卦的易理和象数，成为“天人合一”哲学思想的出发点和思维模式。

古往今来，治易者不可胜数。文叁老师感悟太极阴阳，融贯易理象数，得自然之理，通天地之道，著书《太极思维》，用太极阴阳对事物和现象进行结构解析，阐释能量转化的自然规律，从而揭示事物的本质和事物间规律性的联系，确实是在思维理论研究上的一个创新，值得我们对其认真学习研究和宣传应用。初读《太极思维》，受益良多，择其中三点体会论述如下。

第一，科学的太极思维

对其评论为科学，是因为太极思维深刻揭示了物质的构成和运动模式，具有极其深广的科学内涵和极其巨大的应用价值。例如，其在天文历法上的运用就充分体现了这一点。

太极是地球自转与公转的数学模型：

按照古代天文学说之浑天说，地球居中，日月星辰环绕其外，即是河图洛书揭示的模式：5 居中央为地球，为旋转连接之枢机，其余数字组成四条旋臂，围绕中央进行旋转，如日月星辰环绕其外，共同构成一个以地球为中心的大太极系统。太极分阴阳，故地球有昼夜之分，地球自转与公转的奥秘就蕴含在太极阴阳眼中。

阳眼为阳中之阴，其数学表述为：3÷2=1.5，以 10 为运算系数，1.5×10=15。我们知道，太阳在黄道上每天转动 1 度（实际为地球围绕太阳进行公转），每一节气转动 15°，24 个节气共转动 360°，为一年；地球每小时自转 15°，24 小时转动 360°，为一天。由此可知：正是由于地球的自转和公转产生了时间的概念。阳为体，阴为用，则时间为阳的外在表现形式，无古无今，刚健运行，流动变迁。

阴眼为阴中之阳，其数学表述为：2÷3=0.667，以 100 为运算系数 0.667×100=66.7。我们知道地轴与黄道的夹角为 66.5°，因而地球围绕太阳进行公转时产生姿态变化，阳光直射点在南北回归线之间来回移动，导致了四季的变化和空间方位的确立。由此可知，正是由于地轴与黄道的夹角，产生了四季与地理空间方位的概念。阴为体阳为用，则地理空间方位为阴的外在表现形式，厚德承载，生杀万物。

如果我们从任意经度（假设为 180° 经线）将地球平分为两个相连的半球，就会发现阳光直射点在南北回归线之间来回移动的轨迹，恰似太极图阴阳分界的S形曲线，并且从更广阔的空间范围看到了包含阴阳，一中含三的太极图。所以文叁老师说，太极是“阴阳二气合一的实体，此实体是自身具有运动的本性和变化的规律，是事物的基本结构，寓于天地万物之中，一切现象都是此阴阳统一体不同的表现形式。

第二，哲学的太极思维

通过学习，阴阳可以这么理解重新进行了定义：阴是事物构成及发生发展变化的模式；阳是事物发生发展变化的内在动力。文叁老师将时间和空间分为阳仪和阴仪，从哲学的高度阐明了太极阴阳原理。

“易理之学属于哲学性的，象数之学属于科学性的，较全面的易学必须由象数的科学基础而至哲学的最高境界”。作为哲学的太极思维，是一种世界观和宇宙观，是一种认识论和方法论的有机体现。

从微观的角度进行观察：数量不一的电子围绕着原子核进行旋转，构成原子系统的太极，原子构成分子，分子构成各种物质和生命体，各种物质和生命体构成自然环境和人类社会，所有的物质和生命体、自然环境和人类社会由原子的运动方式演化为错综复杂的运动方式。

从宏观的角度进行观察：卫星月球围绕地球旋转，构成地月系统的太极，类似的金星、木星、水星、火星、土星、天王星、海王星、冥王星系统构成了太阳系，无数的太阳系共同构成了银河系，无数的银河系构成了宇宙，而月球、地球、太阳系、银河系都在不停地相互围绕旋转。从微观的原子结构到宏观的宇宙，其物质结构和运动规律极其相似。从这一角度来讲，太极思维的实质，就是宇宙间一切大小事物最原始、最基质、最初态的变化规律、必然性协调性与规律性系统性的模型。

对于如此理念，中国古老的易学研究总结为“天人合一”，而文叁老师则将太极思维概述为：“是结构思维也是空间思维，它具有整体性、系统性、形象性的特点。”

第三，法学的太极思维

法学乃入世之学问，和太极思维道理相通。千百年来人类社会孜孜不倦地对社会理念进行着深入的探讨和实践，发现法治社会能使天下苍生身心和悦，法学专精的研判化解着社会现象所有的思虑，厘清了天下世事吉凶悔吝的事理，成就了人类社会勤勉不息的事业。继而对于人类言行举止，立法总结符合人类社会规范的事情，必有法律规范倡导的正确思路——那就是自由、平等、正义之观念。再在执法司法过程中观察万事万物的现象，判断各种事情的缘由和尚未显现的事机，善用法律做出公正合理的裁判。只有这样一个植根法治社会的有机的法学才是说诸心、研诸虑的普世真理，启迪一个人的内在心智与对法律案件推理的谋略的启发。

比如，我们在研究法律文化方面的“无讼”观念和“天人合一”观念时，就可以看到《周易》中讲的“天垂象，圣人则之”，这是儒家“有物有则”理论的体现，也是中国天人合一观念的表征。中国古代的祖先们极富智慧地在人与自然的生活中体悟天人之道，而形成了东方人的心智结构的特点，那就是天人合一。“天人合一”这一观念既然作为心智结构而存在，其必然在人与人关系的总和中，即社会关系中得以体现，法律作为社会关系的一种当然也毫不例外地体现着。

作为中国古代法制标准的法典——《唐律疏议》就体现着这一观念：“臣闻三才既分，法星著于玄象；六位斯列，习坎彰于易经。”《周易》曰：“观雷电而制威刑，睹秋霜而有肃杀。”总之，这一观念无论对中国古代的法律思想还是对古代的法律制度都有深远的影响。这一观念大体看来是由《周易》首先表现于书面，而后其余各家借鉴发挥深化，渐成体系，并且对中国古代法律文化产生了重要的影响。

借此，文叁老师简而论之道：“任何事物始终处于能量的收放之间，一个事物无论受多少外力作用，都可以归类为两种：生发一类，克制一类。”

由此可见，太极思维是关于自然规律、社会规则的思维理论，它与人们生活的真谛是相通的，因此也就囊括了法律的范畴。我们只有正确理解太极思维关于“秩序、交换、平衡”这一核心架构，才能对法律文化有新的全面的高层次的认识，才能更好地理解运用国家各项法律法规。

众所周知，人类社会和人类本身的运动是极为复杂难以预测的，如果说古今中外有哪一种学问能够完美地揭示人生和社会发展进程、事物变化规律，并作出准确的预测，那么我们可以骄傲地说：这种学问就是我们祖先留给我们的文化瑰宝、六经之首的《周易》——它是古老文化和东方神秘主义的源头。现在，经过几千年来无数贤哲的探索实践，以及易经原理在现代科学中的实践应用，已经充分证明易经是一种伟大的世界观和宇宙观，一种伟大的认识论和方法论。

从易经浩瀚的理论中抽象出来的太极思维理论体系，引导我们把易学研究尽快导入科学化、系统化、实用化的轨道，使我们得以早日揭开易学博大精深的思想内涵，挖掘其中巨大的科学价值，使之成为真正具有普遍指导意义的认识论和方法论，为人类的文明和进步作出更大的贡献。

太极思维方法论对大数据本体的哲学思考

陈新光 文叁

陈新光：法学博士，现为上海市统计学会副会长、中国社会科学院上海市人民政府上海研究院研究员、《中国日报》中文网专栏作家、复旦大学国学院研究员、上海大学经济学院金融专业校外硕士研究生导师

文叁：太极思维理论体系创立者、太极思维研究院院长

今天我们所处的互联网时代，随着大数据的到来，不仅改变着社会，也越来越影响着人们思维方法的改变。运用太极思维的辩证方法，对理解万物源于数的诠释和理解万物源于数的本体思想，进一步加深对大数据本体的认识，以不变应对万变，客观认识世界和适应世界潮流的发展，始终保持清醒的头脑，具有重要的历史和现实意义。

一、大数据的影响力和大数据本质属性

随着全球信息化、网络化时代的到来，大数据正在行政管理、生产经营、商务活动等众多领域源源不断地产生和积累着。官方统计数据的传统采集方法，官方统计作为公共统计数据信息主渠道的地位受

到严重挑战。

（一）大数据的定义

大数据概念最早是源于IT行业的数据库领域，被认为是表示“数据量很大、数据形式多样化的非结构化数据”。所谓“非结构化数据”概念，是相对于存储在数据库中、可以用二维表结构来逻辑表达实现的结构化数据而言的，是指不方便用数据库二维逻辑表来表达的数据，包括所有格式的办公文档、文本、图片、XML、HTML、各类报表、图像和音频、视频信息等。可以说大数据或许就是一个发现而不是一个发明。关于大数据，目前业界和学界并没有一个统一的定义。研究机构认为，大数据是指需要新处理模式才能具有更强的决策力、洞察发展力和流程优化力的海量、高增长率和多样化的信息资产；美国麦肯锡公司认为，大数据是指无法在一定时间内用传统数据库软件工具对其内容进行采集、存储、管理和分析的数据集合；维基百科定义为，大数据是指所涉及的资料量规模巨大到无法通过目前主流软件工具，在合理时间内达到撷取、管理、处理并整理成为帮助企业经营决策目的的资讯。

（二）大数据的影响力

早在2012年由英国维克托•迈尔·舍恩伯格和肯尼思•库克耶合著的《大数据时代》一书，就使大数据一词风靡全球。美国国家情报委员会2012年12月10日公布《2030全球趋势：可能的世界》的研究报告中指出：到2030年，有四个领域的新技术将深刻影响全球经济、社会和军事局势的发展：一是信息技术即将进入大数据时代；二是新的城市建设技术；三是新的制造与自动化技术；四是与重要资源相关的突破性技术。在这四个领域中的大数据时代，由于信息技术的发展，使得“数据储存和处理能力正在变得技术免费；网络和云计算将会全球普及；社交媒体和网络安全将会成为很大的新市场”。目前，许多专家和学者都认为世界已开始迈向大数据时代，社会也将经历类似的地壳运动。在改变人类基本的生活与思考方式的同时，大数据早已在推动人类信息管理准则的重新定位。同时，随着大数据的时代到来，大数据还将对社会的各行各业持续发挥着持久的影响力。

（三）大数据的本质属性

正如《大数据时代》的作者维克托·迈尔·舍恩伯格在书中所写：“我们没必要非得知道现象背后的原因，而是要让数据自己发声。”他认为，相关关系能够帮助我们更好地了解这个世界，建立在相关关系分析法上面的预测是大数据的核心，只需要知道“是什么”就够了，没必要知道“为什么”。这种思维方式颠覆了长期以来人们的思维传统，为人们认知世界打开了一扇新的窗户。在这个意义上说，西方的思维方法，包括在研究大数据上，是自觉和不自觉地运用了中国太极思维的理念。

大数据在研究数据方面重点是从“混乱与精确”“因果与相关”“样本与总体”和“数据与方法”四个方面入手，进行深入思考和研究。伴随着大数据发展，科技和研究领域认为大数据不仅是一种资源，更是一种方法，即伴随着大数据产生的数据密集型科学。有人将它称为是继实验科学、理论科学和计算科学之后的第四种科学研究模式。从思维的维度来看，主要方式有：一是从分析流程上看，是直接依赖数据分析做出判断，从数据中寻找“定量回应”，统计分析的过程可以简化为“定量—定性”；二是从实证研究看，传统统计分析思路是“假设—验证”，大数据可以不受任何假设的限制而从中去寻找关系、发现规律，然后再加以总结、形成结论，即分析思路是“发现—总结”；三是从推断分析看，大数据强调的是全体数据，总体特征不再需要根据分布理论进行推断，只需进行计数或计量处理即可，其逻辑关系变成了“实际分布—总体特征—概率判断”，即概率不再是事先预设，而是基于实际分布得出的判断。

二、万物源于数的本体思想与太极思维方法论

仅就当代统计学而言，大数据时代的统计研究对象并没有改变，变的是数据来源、体量、速度、类型和量化方式。这种变化在很大程度上给统计学研究带来思维变革，与中国的太极思维有着渊源的关系，并各自有着本质的区别。

（一）数的本位性

数是人类认知活动的产物，其独特的简洁性、稳定性和统一性，使数成为人类命运的先兆和代表的寄托之一。数的神秘性是源于人们对大自然的敬畏，因而导致古人对数的崇拜存在不同的认知。古代巴比伦人和波斯人偏爱60和它的倍数，例如巴比伦人把他们的每一个神各配以一个60以下的数，这个数表明这位神灵在霄殿里的品位。6、7和40是希伯来人的预兆数字，基督教的神学继承了7。古希腊时代的毕达哥拉斯学派对于数的崇拜更是达到了极致，他们甚至害怕因忽视了某个数而冒犯了数，对50以下的数多半赋予了神圣的含义。他们认为偶数是可分解的，易于消灭的、阴性的、属于地上的；奇数是不可分的、阳性的、属于天上的。

对数的神秘性的思考产生了将数字连接于物体或生命的信仰或传统，最为典型的是神数术，它是数论的前身。“神数术中最荒诞不经但又普遍流行的是所谓的字数术。希伯来文和希腊文的每个字母都有双重意义：一是音，二是数。一字中各字母的数的总和就是这个字的数。从字数术的观点看，如果两个字的数加起来是相等的，它们就是等价

的。”早期数学家参与对神数术的研究，如毕达哥拉斯认为数学可以解释世上一切事物，他认为一切真理可以用比率、平方及直角三角形去反映、证实。中国的神话里也对数赋予了一定的宗教情结。奇数象征着：白、昼、热、日、火、天；偶数象征着：黑、夜、冷、物、水、地。

（二）东方关于“万物源于数”的本体思想

对万物源于数的诠释，在东方以老子为代表的道家有着“道生一，一生二,二生三,三生万物”的思想，是用数来阐释宇宙产生的模式及事物变化的规律。而《易经》中的“无极生太极，太极生两仪，两仪生四象，四象生八卦”更是把宇宙纳入了数的体系之中，认为一切都可以预测。《易传·系辞》中的阴阳学说在解释宇宙起源时，也包含有数的观念。“易传”倾向于相信天机在于数，阳数奇，阴数偶。后来的阴阳家试图通过数将五行与阴阳联系起来。唤起伏羲自然和谐一致的自然观的“河图”和在“河图”之后八百年出现的“洛书”都是用不同点数的多少表示阴阳、五行、四象。

据说中国著名数学家华罗庚在评价“洛书”时认为，在与其他星球的生命进行交流时，不必使用任何语言而只需要数，因此“洛书”可能成为我们交流的媒介。对“河图”和“洛书”真正含义的解读还未达到令学术界满意的程度。除去它们的神秘色彩，发现其蕴含着丰富的科学内容，能说明节气、阴阳与万物生、壮、荣、衰的相互关系。1989 年，中国学者韩永贤研究认为：“河图”是上古时代游牧部落的气候图，“洛书”是带有北斗七星的方位图。在莱布尼兹创建现代二进制的过程中，中国道家万物本源的思想对他产生了极大的影响，他感叹“用一，从无，可生万物”。在评价其这种唯心主义思想时，拉普拉斯说：“莱布尼茨在他的二进制算术中，看出了创造万物的影像。他想象：一代表上帝、零代表混沌，上帝由混沌中创造出世界万物，正如在他的记数法中用一和零表示一切的数一样。

（三）太极思维方法论对数的阐释

太极思维作为一种思维方法，通过历代的传承、创新和发展，是用数来阐释宇宙产生的模式及事物变化的规律，而《易经》更是把宇宙纳入了数的体系之中，认为世界一切事物都可以预测，从而将太极思维在今天被赋予了新的内涵。

我们可以总结性地说，逻辑思维与太极思维的区别，本质上就是一维度思维与多维度思维的区别。在太极思维的阴、阳思维理论中，则有两个值，即阴阳并存，一体同性，这被西方理论家指责为“感性”“模糊性”。在近代科学发展中，一维度思维在物理学上遇到无法跨越的困境。如量子力学的出现，数学家更是窘迫，被迫搬出“概率论”来应付，还遭到爱因斯坦的嘲笑，他根本不承认“上帝在扔骰子”，不存在什么“偶然性”。

事实上，一个事物在同一时空点上，具有多维性的存在。一维度思维体系的“同一律”被推翻了，这需要太极思维。多维度思维体系，需要我们学习“二维定位”的方法和思维。在数学上，要两点才能确定一条直线（一维），三点才能确定一个平面圆（二维），四点才能确定一个圆球体（三维）。要确定地描述一个事物，需要足够的维度。作为太极的阴阳思维的模型具有严谨的理性，严谨的清晰性。如果借用数学上的“维度”语言来表达，则比较容易理解两种思维的不同，但是也有科学性的地方。如数学上的“维度”，即坐标轴之间，是“正交”的，也就是没有相关性的，而太极思维的“维度”是存在相关性的。作为太极思维，是二维及二维以上的思维体系，它“定位”一个事物在某一个时空点的状态，可以有两个值，或多个值，也就是可以有X、Y、Z……等多个坐标值。从大数据的角度来说，阴阳思维理论，则有两个坐标值，太极八卦理论，则有八个坐标值，再精细化，则有六十四个坐标值等。

三、太极思维方法论与大数据本体的哲学思考

要使马克思主义在中国有生长的思想文化土壤，要保持中国人的中华民族特性，必须继承中国传统优秀文化和优秀道德。中国传统文化博大精深。它流动于中华民族的生活方式之中、传统的风俗民情之中，凝集于包括儒墨道法诸子百家经史子集的经典之中。太极思维虽然不是中国传统文化的全部，但处于重要地位。太极思维具有极其丰富的内容，其哲学智慧深如汪洋、高如崇山。我们可以运用太极思维方法论中的辩证智慧和丰富的思维触角，在哲学的高度认识大数据本体和大数据的精髓。

（一）西方的“万物源于数”基本思想

对万物源于数的诠释，在西方主要是以毕达哥拉斯学派万物源于数的本体论体系。公元前 5 世纪，毕达哥拉斯学派最早提出万物源于数的观点，认为数是万物的本源，数是众多的、不变的，并形成数的本原说和和谐说。数的本原说强调，一方面，一切事物的性质都可以被归结为数的规定，数的规定性比物理属性更加普遍。毕达哥拉斯学派认为数学规定性大致可分为三类：一是数学比例关系，它决定了事物构造以及事物之间的和谐；二是数学中的对立关系，如有限与无限，奇数和偶数，一和多。三是用数字代表自然和社会属性的类比关系，如 4 代表正义，10 代表完美。另一方面，数字先于事物而存在，是构成事物的基本元素。一切事物的形状都具有几何结构，几何结构与数字相对应：1 是点，2 是线，3 是面，4 是体。数的和谐说中，“和谐”

指事物具有一定的数的比例关系，是具有次序的和谐整体，成为事物具有规律的思想基础，为“逻各斯”学说提供了思想基础。

自古希腊哲学家毕达哥拉斯学派提出“万物源于数”的观点以来，世界上许多数学家和哲学家们都在探讨“数”究竟是什么。关于数的本体论，早期形成了柏拉图主义、唯名论和以康德为代表的几个重要流派。现代数学哲学在这些流派的基础上形成了约定主义、逻辑主义、直觉主义和形式主义新流派。最早的柏拉图主义认为，数存在于由理智才能把握的、绝对的、永恒的理念世界。他的思想，即数学概念独立于人类思维活动而客观存在，对后来的许多卓越的数学家，如集合论的创始人康托，有很大的影响。数学中的柏拉图主义，仅仅是主张或认为数学对象，如自然数、点、直线是客观存在的东西。恩格斯对毕达哥拉斯派的数的思想给以极高的评价：“就像数服从于特定的规律那样，宇宙也是如此，于是宇宙的规律性第一次被说出来。”

在现代西方哲学中，对数的本质的研究已经融入数学之中。约定主义将数学的公理、符号、对象，结论的正确性，统统归于人们之间的一种约定。

综上所述，对于“什么是数”，至今世界上在数学界仍然没有统一的答案，已经成为数学的基本问题，对其研究推动了数学的发展。对数的本质研究仍将是数学和数学哲学的重要课题，也将是成为数据哲学所关注的研究对象。

（二）万物源于数本论对近代科学发展的影响

近代科学革命发端于哥白尼的日心学说的建立，但是哥白尼学说并没有充分揭示出宇宙的数的和谐性，这给后继者德国天文学家开普勒留下了发展的空间。开普勒认为，天体运行体系应该更加简明、更美。他致力于寻求天体运动中数的和谐，这正是毕达哥拉斯学派开创的“万物源于数”的思想的沿袭。库恩认为开普勒“是数学上的新柏拉图主义或新毕达哥拉斯主义者，相信整个自然都是简单的数学规律性的。对于开普勒和别的具有他这种性情的人来说，一条简单的数学规律本身就是一个解释。”

在评价毕达哥拉斯学派的影响时，科学史家丹皮尔认为，毕达哥拉斯学派的理论，尤其是终极的实在应该到数及其关系中去寻找的理论，在奥古斯丁的影响下，形成了中古时代的柏拉图主义的背景，即源于亚里士多德的经院哲学体系之外的另一哲学体系。即便是在经院哲学中，毕达哥拉斯学派的关于几何学、算术、音乐和天文学中数的秩序的观点，也使得这四门学科成为中古时代的课程。

文艺复兴以后，哥白尼和开普勒再次提出关于数的重要见解。他们强调的主要是太阳中心说的数学上的和谐和简单性，认为太阳中心说是数的和谐和简单性的最好证据，哥白尼革命的根本含义是毕达哥拉斯主义的复兴。近代阿斯顿的原子整量说，莫斯利的原子序数说，普朗克的量子说以及爱因斯坦关于引力等物理事实不过是局部的时空特性的学说，都是毕达哥拉斯学派哲学的复活。

从某种意义上说，柏拉图和毕达哥拉斯比亚里士多德更接近近代物理学。从毕达哥拉斯那里得到的实际见解就是事先度量，然后用数字决定的量来表示质。

（三）“万物源于数”本体思想回归大数据时代

《易经》是中华先民智慧的结晶，可以说是中华文化的总源头，也是古代济世经邦的宝贵经典,充满辩证智慧的哲学著作，打开宇宙奥秘的金钥匙。在大数据时代思维变革与古希腊万物本源坚持因果关系的本体论思想不同，有学者认为，大数据揭示规律依赖的是事物的相关性而不是因果关系。事物之间因果性的本体论思想是传统科学研究的基础，人们坚信世界上万物的相互关系具有因果性，一件事情的发生，必然是由其之前的另一件或几件事情所引发的。

20 世纪量子力学的测不准原理的不确定性的出现改变了这一传统的本体论思想，使人们认识到因果性不是事物发展演变的必然因素。在大数据的本体论问题中，相关性再次对因果性提出了挑战，这是继测不准原理引发因果性思想变革的延续。大数据强调相关性而全盘否定因果性的本体论思想必然成为争论的焦点，这的确有待于继续深入研究，也是数据哲学研究的迷人之处。

从数到大数据，随着科学技术的发展，数据无论从规模和形式上都发生了巨大的变化，人们认知数据也从神秘、盲目崇拜变得理性，万物源于数的本体思想从模糊、幼稚、虚幻变得具体和清晰。尤其是进入 21 世纪大数据被广泛利用，使得“万物源于数”的本体思想得以再次回归。

古人依据“洛书”中的数字来规划和建设城市到现在依据大数据来进行城市群和智能城市建设，说明人类的认识智慧在螺旋中递进，数据从工具也变成了资源。前人在研究大数假设中的大的数据是指单一数据数值的巨大，它用于解释宇宙的演变是传统因果关系的表征。大数据的变革首先在商业领域产生，但其变革将进一步渗透到其他领域。大数据在社会学科领域的定量化研究成为现实，这主要是由大数据的价值决定的。经历了两次数据革命，大数据的价值已经不再是传统数据的工具性和依赖性。原始数据的再利用，数据的重新组合和扩展形成新的可以继续开发利用的衍生数据，数据在不同学科领域之间的可通约性，数据的可视化，以及数据的可挖掘性都提升了大数据的价值。

数据的渗透和影响已经让我们实实在在感受其中。正如最早提出大数据时代概念的美国麦肯锡公司提出，当今每一个行业和业务职能领域都渗透着数据，数据已经成为重要的生产因素。

大数据时代，数据的客观性已经被普遍认同。数据渗透在万物之中，通过以大数据作为研究对象，可以成为认知世界的又一新渠道。从这个意义上来讲，古希腊时期提出的“万物源于数”的本体思想在大数据时代可以说是再次得以回归，这也为我们认识大数据的本质和规律提供了新的思路和新的视角。

另外，大数据能够用来预测未来（如流感的发生、人流迁徙、疫情预警、天气预报等）的思想并非是全新的观点，早在中国古代的《易经》中就已经提及了数的可预测性，这也为大数据回归“万物源于数”的观点提供了注脚。

从数到大数据的本体论研究也从单一的数学哲学角度扩展到了一个全新的视角。大数据的复杂性、系统性和信息化特征，使得大数据的本体论研究将会涉及众多学科，如信息论、复杂科学、系统科学、社会科学、管理学以及心理学等的方法和思想，这也将成为数据哲学研究的重要范畴。

弘扬太极思维，营造和谐环境

曾爱平
（中国管理科学研究院学术委员会副秘书长、中国管理科学研究院教育科学研究所所长）

太极文化源远流长、博大精深，具有鲜明的民族特征，在生活方式、生活环境、生活质量等方面给人以特色,是中国的传统文化。太极是中华民族最根本的文化基因。太极的结构是阴阳，阴阳的创立者是中华民族的人文始祖伏羲，所以中华民族的文明史，就是运用太极阴阳进行思考，指导生产和生活的发展史。中华文化历久弥新的生命力就是源于太极阴阳的兼容与并蓄，就是源于太极阴阳的科学与先进。拥有她，应用她，我们才能不断地战胜困难，战胜挫折，战胜灾难，勇往直前。文叁先生秉承先人之志，怀着对中华文化的挚爱，创立了太极思维理论体系，其核心架构是：秩序、交换、平衡。其能量模型是：左上中下右。文叁先生把太极思维的内涵提炼成一句话：秩序交换以平衡，左上中下右循环。

“和谐社会”所体现出来的最本质的核心是秩序交换平衡，即以人为核心，以人为基础，整个社会有秩序地进行交换和循环，满足人的生存、安全、健康等自然要求,尊重人、监督人、爱护人、解放人，追求对人本身关照、关怀以及人身心的全面平衡发展。因此，和谐社会是社会物质文明、精神文明和政治文明在人身上的集中反映，它映射出的是社会文化的发展和人类文明的进步。

太极思维对创建和谐社会有哪些帮助呢？我谈以下两点感受。

一、有利于促进人际的和睦共处

追求生态和谐的自然观，能十分容易地转化为追求社会和谐的人文观，即人与人之间应建立一种友好亲善、和平共处、互帮互助的平等关系。太极思维的原则就是“遵循秩序、主动交换、把握平衡”，即人类不仅应与自然和谐相处，更应与人类的每个成员和谐相处。国家不分大小，种族不分优劣，个人不分贫富。如果能够相互尊重和监督，那么，社会制度、阶层、组织等就都不再是人类正常交往的屏障，人类就能够和谐相处，平衡发展。这就要求每个人都有健全的人格，有正确的世界观和人生观，能合理地处理个人与自然、个人与社会的错综复杂关系，做到融入集体、融入社会、融入自然，相互交换。集体和谐是建立在个体和谐基础之上的，社会的和谐有赖于人的主动交换去积极促成。国家之间、宗教之间、民族之间、不同制度之间，社会各阶层、各团体、各利益集团以及官民之间的和谐要靠人去推动和维护，政治、经济、文化之间和它们各自内部的和谐也要靠人去交换和实现。

二十世纪五六十年代，我们的父辈只强调奉献，为家庭奉献，为集体奉献，为社会奉献，不关注个人需求。只要你提一点个人需要，就说你这个人很自私，没觉悟。然而当时的现状是生产力低下，商品匮乏，缺吃少穿，甚至忍饥挨饿，整个社会缺少创造性。原因在哪呢？它没有遵循得必有失、舍必有得的能量守恒定律，只强调给予不关注索取的社会风气同样违背了自然规律。既然我们欢迎别人主动给予、积极奉献，那么就要考虑他的自身需求、实际状况。只有责任与收获均等，社会才能平衡。人们通过对太极思维的学习，逐渐认识到平衡阴阳的和谐相处是我们人类社会繁衍生息的普遍规律,相互尊重、相互监督、相互谦让、相互帮助就成为构建和谐人际关系的基石。人生与任何事物一样，始终处于能量的收放之间，收和放缺一不可。

二、有利于促进身心的协调发展

随着生产力的发展，机器生产代替了手工操作，人们伏案工作时间的增长、激烈的竞争和高速的生活节奏导致了现代人的大量“文明病”产生，加速了人的异化，各种生理、心理疾病显著上升。据中科院的调查显示：我国知识分子的平均寿命仅为 58 岁，低于全国平均寿命 10 岁左右，并且这一阶层的早死现象正在加剧。25—59 岁的人群中，女性的死亡率为 10.49%，男性的死亡率为 16.5%。由此可见，如果不能及时地对所谓的文明病加以遏止，将会给国家和社会造成重大的损失。个体的健康是社会和谐的基础，没有个体的健康就谈不上社会的和谐。

在生活中有的人为家庭贡献很大，但是他很难得到亲人的认可，甚至父母也不喜欢他；有的人在单位里积极努力，但是受到的尊重不够，升职位、发奖金、涨工资他总是靠后。世间自有公道，付出必有回报。他们的努力付出为什么换不来应有的回报？其中最根本的原因是什么？用太极思维进行分析，他们在秩序这个环节出现了认知偏差。虽然他付出了劳动，为家庭为社会创造了财富，但是他不懂秩序，在与上面的父母、领导，中间的夫妻、同事，下面的子女、下属等进行沟通时没有端正态度，主观片面地强求别人，破坏了规律。不遵循秩序，伤害别人，贡献再多也不能交换对等的尊重与地位。

有情有义有世界，无怨无悔无障碍。学习太极思维，有助于增强人们个性、品德、教养的精神美，有助于防止心理疾病的产生，促进人类自身的协调发展。

结语：当人类进入一个飞速发展的、激烈竞争的社会时，人们需要一种文化来增进其健康，需要一种文化来调节人与社会以及社会成员之间的人际关系，需要一种文化缓解其心理的压力，而太极思维正是适应了这种社会特征。因此，我们说太极思维是构建和谐社会的一个重要元素。而太极思维也必将在构建和谐社会的过程中得到长足的发展，太极思维的各项功能也必将在和谐社会的构建中闪烁出灿烂的光芒。

太极思维成就智慧人生

雨玲（上海知名诗人）

一个朋友常告诫我："雨玲你个子这么高，为什么心智一点都不成熟，还和一个少女一样。"这也是我的心结：感性、不理智、执着，这让自己的生活总有些忧伤。最近细细读完文叁老师的《太极思维》，学到些人生智慧，人也安静下来。

太极思维可以说是中华现代思想史上珍贵的文化宝库，也是文叁老师思想智慧的结晶。

太极思维的核心架构："秩序、交换、平衡。"它不但为人类开启了智慧之门，也为人类解决了"我是谁，我从哪里来，我往哪里去""什么制约我，我能干什么"这些根本的人生命题，诠释出事物的本质及与外部的规律性联系，更对人类存在和发展规律做出系统的思考和总结。

细读太极思维会让人了解做人做事的度，了解思维的结构性、空间性、整体性和系统性，会让你比较客观、准确地认识自己。

太极思维也是当下大国时代的文化精髓。它不仅是一个易学概念也是一个文化概念、思想概念，更是儒家思想的灵魂和脊梁。它也为人类诠释出认识宇宙、认识万事万物的方法论。

精读太极思维，你就会知道自然界的万物大至宇宙，小至精微，都存在着相互对立统一的关系。没有对立就没有统一，任何事物都相互制约，相互消长，相互依存，世界在矛盾中达到平衡。

有个企业家朋友告诉我：“雨玲，我觉得太极思维对于企业管理也很重要。因为企业管理的本质是管人，而管人的本质是管心。但不是管别人的心，而是管理自己”。他说得真好，人需要先把自己的心管好，才能更好地管理别人。

研习太极思维，可以让你更好地了解自己、管理自己、更合理地规划未来。让心安静，不浮躁，不轻狂。用智慧，成就幸福人生！

太极思维，地球上最美丽的智慧花朵

董学林（大连城市建设集团董事长）

恩格斯说:“思维是地球上最美丽的花朵。”思维方式是人类文化的重要组成部分,它的形成可谓是“冰冻三尺,非一日之寒”,是一个民族在长期的发展历程中所逐步演化形成的一种具有持久性、稳定性、大众性的思维习惯,是民族意识的反映,也是民族文化精髓的重要体现。在漫长的社会历史和文化发展过程中,中西方形成了各具特色的思维方式。

季羡林先生认为,西方文化是以分析思维方式为基础的,而东方文化注重“天人合一”的主导思想，是综合思维模式的具体表现。由此可见,思维方式的异同是造成和影响中西方文化差异的主要因素。因此,文化的核心就在于思维方式。

费孝通先生认为,中华民族之所以呈现出“多元一体”的格局,是由于中国文化“多元一体”的特点决定的。这种特点则是由于中国文化“多元一体”的思维方式决定的。“多元”强调的是文化的多样性。“一体”强调的是文化的同一性。

中国之所以能够长期保持统一的多民族国家格局,与历代统治者能够尊重中国文化“多元一体”的特点,较好地处理文化的多样性与同一性有密切关系。老子《道德经》处处体现“左上中下右循环”的重要性。老子《道德经》通篇运用的是太极思维,它具有多元通和的结构。

《老子》曰："道生一,一生二,二生三,三生万物。"由此可知,左上中下右循环是阴阳一体、三位一体及多元一体的思维方式。因此,太极思维的思维方式具有自然合理性。《大学》曰："所恶于上毋以使下；所恶于下毋以事上；所恶于前毋以先后；所恶于后毋以从前；所恶于右毋以交于左；所恶于左毋以交于右。此之谓絜矩之道。"

"所恶于上毋以使下；所恶于下毋以事上"，这句话是说：若在上位者将不合理之事加之于我，为我所恶，我即不可如此对待我的下级；而我的下级对我阳奉阴违，不尽职责，为我所恶，我即不可如此侍奉我的上级。其他如"所恶于前毋以先后；所恶于后毋以从前；所恶于右毋以交于左；所恶于左毋以交于右"都以此类推。在这里，一个人有六种人际关系，即"上下、前后、左右"。"上下"是就地位、阶级与尊卑而言；"前后"是就区别位置、职务接替，甚至公物的使用顺序而言；"左右"是就平行的层面，即处于同一时空中的状况而言。这里提到的"上下、前后、左右"六个方面，具有人事、物理等古人所谓的"六合"的内涵，即《易经》八卦之学后天重爻所用的"六爻"的意义。"六合"即为四方加上下，也就是上古对空间的代号。"六爻"，就是有六个层次交会点中心的作用。只有这样才能叫作"絜矩"之道。絜矩之道，就是不以自己所恶之事加诸上下前后左右。故郑康成说："絜矩之道，善持其所有，以恕于人。"此乃皆在围绕太极思维的"左上中下右循环"为出发点。

"絜"，度量，其内涵是中心平衡点，犹如天平的"杠杆"之意，不偏不斜，才得中正的平衡。"矩"，是制作方形物件的工具，它自古以来就是测量方形的基本标准工具。"此之谓絜矩之道"，是说大人君子们，必须要有"独立而不倚"的公平中正的内心修养，才能"智周万物"，"量同太虚"，包容涵养万民，泽及苍生。所谓"絜矩"之道，是指君子的一言一行要有示范作用。君子审己度人，以同理心替人设想，使人我之间，各得其宜。“絜矩之道”重在强调以身作则的道德示范作用。如《论语·颜渊》中，孔子对季康子说：“当政者的德行好比是风，老百姓的德行好比是草，只要风吹草上，草必然随风倒伏。”世道人心，上行下效。榜样的力量是无穷的，领袖的力量更不可估量。故当政治国之人，一定要有“絜矩之道”，遵循太极思维的能量模型转换，按照规律办事。太极思维研究院院长、太极思维理论体系创立者文叁先生提出太极思维，就是运用太极阴阳对事物和现象进行结构解析，阐释能量转化的自然规律，从而揭示事物的本质和事物间规律性的联系。太极思维已经存在中华历史上五千多年，然而，直到文叁先生才把太极思维从认识论变为方法论，告诉我们：秩序交换以平衡，左上中下右循环。因为秩序·交换·平衡是事物发展的规律，也是中华民族的精神特征。秩序·交换·平衡是人们心灵深处共通的自然法则。

老子《道德经》中太极思维具有两个层面的深刻内涵：天人合一，推天道以明人事；道术合一,通百家而赅其长。道贵乎一。天人合一，推天道以明人道,率人道以合天道；道术合一,合万殊为一理,化万异为一宗。这正是太极思维的体现。太极乃归根之法。《老子》云“夫物芸芸,各复归其根”,意即为纷纷纭纭的万事万物,从而“和其光、同其尘”,终归于“无物,无心,无为”之境。这种“合一”之功,正是太极思维的体现和运用。运用太极阴阳对事物和现象进行结构解析，阐释能量转化的自然规律，从而揭示事物的本质和事物间规律性的联系，乃辅万物自然之道,故能收到“无不为”的效果。这即是中华民族多元通和思维结构的体现。这种多元通和思维结构就是太极思维的表现。

因此,文叁先生提出的太极思维具有重大的现实意义,不仅对于中华民族的伟大复兴有着重要的现实意义,而且对于实现人类“多元通和”也有重大的现实意义。因为世界上各大文明和各家思想本是“殊途而同归,一致而百虑”,若要破除各家思想的壁垒和障碍,消融各方主张的矛盾和分歧,合万殊为一理,汇万流于一海,化万异为一宗,只有靠太极思维的规律性指导才能实现。

第三篇　经　世

《太极思维》提出的六个字——秩序、交换、平衡，实际上是中国先秦哲学思想的应用和实践。所谓秩序，就是社会规则，法律、制度、规定、习俗等，每个人都要讲规则，同时还要相互学习借鉴，取长补短，这就是社会交换。这种交换更多的是体现差异性，有了差异，就需要调整社会各种关系，达到新的平衡。“秩序、交换、平衡”六个字，形成了社会关系的运转链条，循环往复，推动社会前进。

太极思维对现代化建设的积极作用

陈积芳
（上海市老科技工作者协会会长、上海市咨询业行业协会副会长兼秘书长、上海市科协原副主席，教授级高级工程师）

今天，来到中央社会主义学院参加研讨会，讨论中国传统文化太极思维，或者说是古代哲学对中国现代化建设的积极意义。在中国经济、科技、文化和社会发展到任务更宏伟、局面更复杂的历史关头，加以深入研讨，恰到时机，很有意义。文叁先生做了主旨演讲，他的报告集中凝练。我因为在科学普及的岗位上涉及一些这方面的工作，谈谈我的看法。

一、民族复兴和现代化建设可以关注和汲取传统文化当中优秀的精华，成为我们做好当前工作的正能量的来源

当然，传统文化有源远流长的丰富内容。今天是围绕太极思维这个题目，其基础来源于《易经》——六经之首的古老传统典籍，这本身就是一个大命题。历史上多少学者，皓首穷经，就包括易经。用文叁讲的，应用太极思维对待各种社会现象，独立思考，分析有效。问题是，我们在观察分析社会整个过程中怎么应用它，跟我们现有的哲学有什么关系，与近代引进的西方哲学体系，和我们老百姓在学传统

国学的过程中，存在怎样的关系，有什么独特的作用，是我们应该梳理研究的。

《易经》是我们民族已有的古老思想智慧，年代久远，还管用吗？我没严格考证一个说法，但我信以为真。杨振宁先生说：“易经阻碍了中国现代科学的产生与发展。”汪道涵先生回答：“这样说为之过早。”回答有太极的特色，没说反对，也没说赞成。我曾当面聆听过儒雅学者市长汪道涵的多次讲话，深以为这是他的讲话。他讲的意思主要是等待时机，留出从容研究的余地。我很佩服这句话，讲的如此睿智。今天我们聚集在一起研讨，我认为，来自中国易学的太极思维，在当时诸子百家开放繁荣的哲学氛围下，带来早熟的思想智慧，是中国文化里一种极其宝贵的财富。

观点是一回事，存在事实又是一回事。东方的中国人有没有太极思维？我认为，有。我在这里不做学术证明，仅摆事实。如围棋，黑白对应，博弈缠绕，变化无穷。中国人乐此不疲。此棋仅中华家有，精于此道，高手云集。中华积弱时，吴清源入日籍，日本棋手无一人下得过他。在他暗夜回家的小街上，竟有人用摩托车撞伤他，想了结困扰日人的胜负之分。到了现代，女棋手芮乃伟九段，是围棋界第一个女九段，国内无对手。辗转日韩的棋界，都不重视女性。她就跑到美国，成了全美围棋协会会长。美国数学学会会长敬她为师，请教前20手，各种定式应招下法的优劣，都由计算机做精确记录，哪怕计算出强1/4目，也要记录清楚。问题是，到了20手以后，第21手一出，数学家问黑好白好。芮乃伟回答：黑的地好，白的势好。数学家不理解，再问她的丈夫江铸久（九段围棋手），也是这样回答：黑的地好，白的势好。那么，美国数学家的计算机如何记录呢？他的思维模式里没有这个范式，或这个软件。当然，有专家说，人家这才对呀，认真细致科学，所以科技才发达先进。这是西方科学技术逻辑、分析、归纳、实证的特点，被科技史的无数事实证明是对的。

那么，东方式的直觉、体验、静思、顿悟的特点是否也是对的呢？由于鸦片战争的坚船利炮轰塌了许多人的自信，中华传统文化的优秀成分，也在被挨打的痛苦屈辱中淹没了。在较多人中间流行一种观点，认为中国没有哲学，认为诸子百家的学问不是哲学，或者说是近代日本学者构建了“哲学”二字，才被归入哲学的；更不认为以《易经》《道德经》及诸子百家为代表的中国智慧，是世界上最优秀的哲学之一。我认为，今天我们可以重新研讨，太极思维是中国人特有的，就像围棋是中国特有的。中国人把握大的局势、态势、趋势的这个能力是很强大的，与生俱来的，是与诸子百家百花齐放的哲学智慧的孕育密不可分的。

其实，太极思维智慧的特点，与西方哲学相比，是思维理念的差异，可简述为线性与非线性，分析与综合的差别。中华哲学，自有易经以来，就擅长以整体观的方法从宏观上把握事物，自古以来就是中华民族治学治国须臾不能离开的内容。古人是以“道”来表示宏观规律的，“道”执一而驭万（见《中国哲学方法》，吕嘉戈著，上海中医药大学出版社，2007 年版）。围棋仅是一例，天文、兵法、中医、诗书、国画、处世、太极拳，等等，莫不例外。我们不能以当今计算机、软件编程，以及大数据云计算的高度发达，来要求古人在那时尽善尽美，说不定恰恰是先民的智慧，在大数据时代对我们有更好的启迪潜力。

当我们今天经济崛起，生活更好了，再去回顾去审视传统文化里面优秀的东西，发现太极思维就是。《易经》是中华民族生存与发展过程中，在漫长岁月里坚持奋斗、自强不息的思想武器。这个观点我认为是成立的。因为我们看《易经》本身的文字，看各种典故，解决了多少问题。上海社科院易经研究中心的周山先生在《解放日报》发表很多篇文章，我认为是很正面的。

站在这个角度思考，《易经》及太极思维的哲学范式和它的思想结构，对我们当今进行思考，指导行为，解决问题，应是正能量的源泉。当然我不能说是完善无缺。会有人诘难，为什么中国有诸子百家早熟的智慧，而没有发达的现代科学。这就是著名的“李约瑟难题”。所以杨振宁曾经说《易经》阻挡了中国现代科学的发展。在这种情况下，我们怎么来看待这个问题?

这里，我认为有一个观点应予注意：农业文明和工业文明是两列列车。是因为工业文明这列列车，历史机遇决定了它一系列的科学发展，超越了农耕文明这列列车，在一定的时间跨度里挡住了东方农耕文明的先进性。而工业文明在某种程度上以资本主义前期的野蛮作为，还打击掠夺了中华曾领先的农耕文明。这个观点也是李约瑟讲的。但是，在西方文化中心的强大语境下，一个关注中华文化的学者，势孤力单。他的这种观点不会被西方其他的学者注意。但马克思也讲过“亚细亚经济”的历史观点。

对我们来说，我们将被工业文明欺负挨打（是事实）归罪于农耕文明落后软弱，因而对传统文化全盘否定，这种否定过头了。学界对这一方面的激进主义倾向已做了研究梳理分析。由于挨了打，在较大程度上我们的文化自信心无形地往后退。今天，中国经济崛起了，再回过头来思考，就会看到，我们的传统文化中什么是智慧的，是能够让世界接受的，是可以“像热爱自己的生命一样来热爱的”。就会看到围棋是一个，中医也是一个，太极思维也是一个。我们文化的多元性智慧也逐步生发显现出来。

当今世界是互联网世界，地球村的居民低头不见抬头见，信息流动方便快捷，经常有交流的机会。西方也开始低下一味高傲的头，开始平视东方文化极其丰富的智慧，而我们自己也要认真客观冷静地思考如何对待自己的传统文化。

二、在实践层面，现代化建设可以也应该从传统文化的精华中汲取有益智慧，中华东方文化的思维范式有后发优势

我只是在科技管理和科学普及的工作角度，涉及创新思维与传统文化的关系，感觉到中华文化的独特表现，溢出了西方哲学思维的框架，用他们的方法无法解释。例如，美国的导弹防御系统，是对航天航空科技要求极高的军事国防设施，要精确计算导弹飞行轨迹，快速反应计算，及时发射针对来袭导弹的拦截导弹，迎面打击，被称作“一颗子弹瞄准一颗子弹的战斗”，也不知失败了多少次才成功。而在军事爱好者网站上，有高明的帖子认为，可以用包裹金属片的气凝胶弹头，只要大致计算来袭导弹的轨道方向，爆炸后形成一片较大区域的网状物质，干扰来袭导弹飞行轨迹，就把敌方的攻击瓦解了。这比线性的TMD的导弹防御系统有效得多。可以认为，这种方案，只有具有太极思维的中国人才会想出来。

在这里，是研讨思维科学。而在推进国防科技时，同样会遇到。与对手的思路互动对应、纠缠回转、反复试验、挫而再进，才能练出应对严酷挑战的“杀手锏”。我们爱好和平，并不想与对手军备竞赛，而太极思维恰恰开启智慧之门，用关键致胜之招，破敌铁壁之阵。中国快速飞行器的四次升空试验成功，飞行速度达10马赫，又能快速变换飞行姿态，能突破美国的导弹防御系统。我认为，在国防装备创新研发中，除了艰苦攻关的精神，与我们中国特色的思维范式，不畏霸道强敌，沉着睿智应对，特具大国风范，也有密不可分的关系。

目前，在多极化世界格局发生复杂变化的时刻，我们也能感觉到先人智慧对把握当今事务的积极影响。我斗胆发言，对南海七岛礁的造地，就可称作东方太极思维的案例。我们刚有一艘航母，虽还在抓紧建造几艘，但与对手已有的百年航母群差距很大。可是，不动声色在3个大岛上吹沙扩地，可建成3条2000米跑道，能结集4个航母战斗群力量，加上在其他礁地配套辅助设施，极大提升了应对南海事态的能力，快速完成了不沉的航母的建设。这样做，就像当年小米加步枪打败美式装备的国民党军队那样，对习惯于线性思维的号称世界霸主的对手说来，真是抓瞎无奈。

另一例，Isis斩首两名日本记者，我们为记者的遇害痛惜。微信上有人对前往叙利亚救同伴的朋友侠义表示敬佩。但是，以太极思维分析，敝人认为，两位记者是被日本当局的古板线性思维葬送的。其一，没分析日本的实力不能胜任介入那里的复杂局面；其二，没能力拥有处理战乱当地的人脉资源；其三，以为日本企图在亚洲当老大、想在中东也赌一把。结果付出了生命的代价。遇害者父母还向社会谢罪，给日本带来麻烦。死了儿子，还鞠躬道歉，真是糟心极了。有人问，中国人会这么做吗？答案可以说，不会。因为易经智慧浸润中国人，从根子上不会。日本人做这件事，就按照文叁先生太极思维的观点讲，不考虑前后、左右、因果，而且超越他的能力，以为他可以在亚洲当头，跑到中东也想做头，2亿美元想影响局势，最终结果是惨痛的。

我们的电子商务可以以40%的速度增长，马云可以在汉诺威论坛做演讲，在美国纽约经济俱乐部演讲，中国电商一天的交易额可以超过美国一个城市一年所有交易的总量。中国电商的异军突起，不能不联想到马云思维里中华易学的因素。我们对于把握全局的思考，这种思想范式让中国人在某些创新部分的智慧开始尽情发挥。可是，就是我们的网站，头条说“中医害死了乔布斯”，而乔布斯不采用化疗放疗、而用调养式的中医疗法，恰恰是他的适合自己的方式，哪怕他深知是与死神在博弈。乔布斯曾被苹果公司逐出，因他与比尔·盖茨死磕官司，纠缠困境。当乔布斯从东方老子“上善若水”的智慧里吸收了太极之道，他变了。他与盖茨和解，进入了苹果起飞的境界。当改变世界的乔布斯皈依东方之道的时候，崇拜着乔布斯的国人，有相当多的却轻视着乔布斯内心奉守的来自中国的东方智慧，即中华文化的精髓。

瑞士的“太阳驱动2号”从欧洲飞到中国重庆和南京，是世界上第一架靠太阳能飞行的飞机。这里不讲他创新的科技，讲两个发明人，也是驾驶员，皮卡尔和安德烈。皮卡尔，在中国学习过中医，擅长瑜伽和催眠术。他在飞达南京的庆典致辞中说：当我看到中国的GDP快速发展，同时又付出环境污染的代价，我想，这是个难题。而中国的中医所表达的道理，要找到平衡才能让机体健康。中医的智慧已告诉我们能找到办法。而我们的太阳能飞机的成功飞行，也是要证明我们能找到不污染环境的清洁能源。又是一个欧洲的顶尖成功创新者，自然而真诚地赞许中国文化。而我们脑子里的概念还停留在挨了打疼痛的回忆里，显然是不够理性的。

我们对太极思维的智慧给予肯定，还是会遇到一个悖论：你早就有的智慧，你当时怎么就没发展出先进科技？逆转回去，照样落后！怎样思量呢？这里，也有一个例子。“传道、解惑、授业”，唐朝韩愈讲的教育思想。几百年来，所有谈教育思想的，拿这六个字开头，作为至上的原则，几百年一直稳定。对吗？对。但是，今天的教育理想了吗？在互联网时代，似乎还少了什么？我们曾到一家科技网络咨询公司学习考察。“80后”“90后”的创新领军人才讲的一番话，让我们突然醒悟。这个公司一千员工，平均年龄27岁，总经理、董事长都是北京邮电大学毕业的，过去为考不上清华、北大而感到憋屈，现在说是很高兴，因为他们是搞IT的，搞电子通信、互联网的。他们的价值，他们的收入都比北大、清华毕业的高。他们做的是当今信息科技为主体的事业。如果我们做进一步的研究，在今天科技背景的条件下，我们传统文化的正能量，不管是哲学的智慧，还是其他文化的智慧，其内核的优秀，并不排斥进一步跟先进的科学充分结合。实际上是个效率的问题，是个由市场检验结果的问题。如果说要与时俱进，太极思维曰："天行健、君子以自强不息。"这个公司现在就做以信息科技为传播手段的服务，而且干得非常好，有大量的业务订单，通过网上为客户服务，用互联网做企业的教育培训，做MOOK课件。起点是传道、解惑、授业，而过程必须注入现代科技。

三、传统文化中以易经包含的智慧在分析社会复杂因素时辩证思维的方法论，成为中国民间智者智库天然思想之源泉

在讲到易经及太极思维的时候，必然涉及孔子与老子的关系。老子是孔子的老师，被孔子称作"见首不见尾的神龙"式的人物。见老子后三天没说话，说明孔子对老子的学问和智慧印象是极其深刻难忘的。这里，我们不展开，着重谈独尊儒家背景下的老子之运数和作用。孔子被历代封建皇朝独尊，是维护皇朝统治发展农耕文明的必然。否则，中国的农耕文明不会兴盛1400多年。而老子则骑青牛出函谷关，与朝廷拜拜，隐居仙游去了。这也是必然的。讲得通俗些，老子是以考查有据的《道德经》为依据，他的智慧太聪明太透彻了。他的存在，将承皇天之命统治者至高无上的尊严往哪里放呢？而孔子的睿智在于，除游说君君、臣臣、父父、子子的道理，还留出了"达则兼济天下、穷则独善其身"的余地。把独善其身的有志人士思考社稷、民族大事

的智慧大门打开，可用老子的智慧尽情研究沉思。因此，可以毫不夸张地说，老子是中国民间智者智库第一位先民意义上的自然科学与社会科学的伟大教授，无时无刻不在传授他的精彩课程。

笔者在科协工作岗位上接待过美国康奈尔大学研究班团体，讨论中国改革开放的实际，涉及科技、经济和文化，学生来自韩国、巴西、美国、法国、马来等各国，十几个研究生。其中有一个同学就提问：你们中国 30 年改革开放变化是巨大的，你们是怎么样应对变化的？对来自西方的学生，没有立即说马克思的辩证法，而是自然就想到中国一直有《易经》之学，“易”的文字学含义，就是讲变化的，而且自成体系。他说没听说过。我们今天研讨的问题，太极思维，就是应对变化之学，是变化的哲学。而这门学问，因为有老子，有百经之首易经，成为民间哲学智慧的教科书。

因此，“中国文化的主流，一直沿袭整体的变易的认识角度，求取全社会的相对平衡、和谐的中庸之道（允执厥中）。”这一点，“中国主流文化对‘易’的承袭性是毋庸置疑的：整体、变易、兼容，就成了主体文化的主要特点。西方主流文化讲求细部分析、逻辑完整，只有黑白、没有灰色的排中律。这样的偏见线性延伸，则是形成帝国主义的思想基础。”当然，我们也得承认，“中国主流文化的整体论，由于久缺微观的验证方式，难以形成知识积累，因而逐渐式微。”（《给作者的信》，董庆圆先生，哥伦比亚大学数学博士）

提到太极思维的一生二、二生三、三生万物，如果讲对立统一，一生二这一句已经讲得非常彻底了。矛盾论，在阶级斗争的年代，代表那个时代的哲学。而补充我的一个体会，矛盾论中讲“差异也是矛盾”，但没有展开。如果说它的本意包含个性与共性的问题，由于阶级斗争和革命战争注定要在“对立”上面下功夫，注重斗争。而按太极思维，二生三,三生万物，则有广阔的空间写一本《差异论》。差异论是让矛盾的对立统一，再进展到对应互动转换，转换以后也有一个平衡过程里的各类状态的问题，也包括着“斗而不破”的道理。大家要注意这个词：差异。这是中国人的思维方法。这个领域有许多问题可以深入研究，但不能认为中国没有西方传统上的哲学逻辑，中国有中国人自身的思考结构，我们要有自信。

举一个通俗的例子，电视剧《大染坊》染布，师傅讲黑颜色有 18 种。这个电视剧讲的道理实际上是讲三生万物。黑白之间还有 18 种。超市里看染发剂还不止 18 种。于是对立统一，并非要么黑、要么白。灰 18 是搞油画的懂得的奥秘，搞黑白摄影的人也知道叫 18 灰。你把灰掌握得好，画面色调就搞好了。没有这画画的经验，就不知道黑和白的中间状态，有极其丰富的层次和内容。

上海众多的高校和研究机构有许多易学研究力量。两年前开始酝酿成立《易经》研究会，正在进展中。北京已经有两个易学的学术社会团体。我个人参与一些工作。怎么对待眼前社会上的看法？常常会被周围一种议论认为，什么易经，什么太极思维，是否占卦？是否算命？忽悠别人。这是我们必须认真加以科学对待的。上海的学者以社科院易经研究中心领头，易经中心周山主任刚刚退休，拟担任学会会长，社联已同意筹备成立“上海市易学研究会”。在这里，告诉各位关心这个领域的专家、学者。

四、当我们重新回视传统文化，还是要以科学理性的态度加以认真细致的梳理，对太极思维应该作更深入的研究

我们在这里开研讨会，对文叁先生的书有很好的阅读点评。诸位专家对文叁静心研究太极思维所做的有意义的工作给予了高度的评价。

既然是研讨，站在我的角度，谈一点另外角度的看法，也是很诚恳地对1972年出生、才到不惑之年的文叁先生提一些建议。

1. 文叁先生对太极思维青春版做了很好的工作，对《易经》和太极思维的独特理解具有接地气的通俗性。他从“太极思维”四个字展开论述，是很富有哲理内容的。我们研讨是追求科学的标准，科学的理解。我觉得，文叁的工作可能现在刚刚开始，我建议不要提“创立者”。我们中华文明历史悠久，易经有约1500年的历史。易经里包涵的太极思维思想，早就存在。登上喜马拉雅山第一人，新西兰登山家埃蒙德·希拉里讲了一句全世界都记住的话：因为它在那里，我来过了。用我们的方式容易说，我登上去了，我征服了这个高峰。而他说得极有人文素质，朴素地表达了他成功之喜悦。其实，这也是太极思维的特征。老子曰：敦兮若其朴，旷兮若其谷。同理，太极思维像珠峰那样，早就在那里，不宜提“创立者”，这是我诚恳的建议。改成什么好？在我们的科普交流中有一个词叫“诠释者”，可以选用。

2. 太极思维是属于哲学范畴的一种艰苦的劳动，它有极其深层的科学思辨。文叁的著作非常通俗化，我非常赞赏。我是做科普工作的，科普要给大家讲清楚很不容易。这方面文叁做得很好。但是我们知道，科学的思辨性是极其艰苦而严格的。在一个很思辨的思考体系里，应该尽可能多地把对自然、社会、世界、人生的解释都能够包容进去。我认为，在这方面还可以再多做一些深入的分析和思考。

既然是哲学，是思维科学，就区别于文学艺术。科学是反映自然界原理规律的，艺术是反映人的情感、心灵的。（李政道语）文叁有一个表述，我国的诗歌也可以用“秩序、交换、平衡”来解释，有一定道理。但我认为，虽然用哲学来说明人类艺术领域也是可能的，但不宜太夸张地覆盖，不宜讲得太满。文学艺术是以形象思维为主要特征的。如果再把它反过来用抽象思维为特征的哲学思辨的词汇来做过于重的说明，可能会不确切。文学艺术里唐诗、宋词、元曲也像《易经》一样，在中华文化里是文化的高峰，是世界上所没有的。当然，《易经》影响中医、诗歌、绘画，是可以解释的。但是，要注意不是替代文学艺术自身的特征。

3. 在国际交流中，重视研究中华文明的话语方式，要有与不同文明对话的能力。不同的语境和话语权，要做到能够成功交流。为了更好地对太极思维深入完善，要研究对外国人怎么讲解。西方人很早就在研究易经，他们有他们的语境。在全球化环境下，尤其在IT网络环境下，要善于把太极思维的学术理念、思考成果，在和国外同行的交流中能被别人接受，这是我希望太极思维能够走得更远的心愿。不同文明，有不同的语境和话语权。例如，“人”的定义多达46个，精确地讲是哲学的定义。马克思讲：人是社会关系的总和。存在主义哲学的定义，萨特讲：人是人生存的状态。同理，我们讲太极思维，你对西方人讲什么是太极？要做认真的准备。对太极思维的研究，今后还会有更多的成果，但一定会遇到在我们思维科学的同行里大家都认同的命题，然后才能走得更远、更好，包括走到其他国家，被其他国度的人们接受。

最后，引用一个故事做结语。《哈利波特》的电影制片人海曼，英国人，我曾经在上海跟他共进午餐。以前我当然不太了解他。他在电影界很有成就，奥斯卡的得奖和提名奖得了40多个。他说，我要拍东方的电影，中国的电影。对着我问，你觉得东方和中国什么是好的？把我问住了。一个中国人，要把中国自己最好的东西脱口而出地说出来，真的是一下子难倒了我。我不能回答他说，孔子是好的。人家早就知道了，全世界300多个孔子学院呢。但我觉得我必须回答，结果只好举例回答。我说，在我们农耕文明辉煌的时候，我们的文人学者的生活是极其优雅的，甚至超过英国的贵族绅士。他们喝酒时，酒杯是放在亭阁下的水道里，顺水漂流到你面前，举杯喝完酒，要作诗，要吟诵，要挥毫……被称作为“曲水流觞”。你说中国人这个美好吗?他居然知道，他说对，是好的。但是这个老外也不是吃素的。他紧接着淡淡地说，可是你们那个时候的土地矛盾激烈，良田要用尽了。可见，当世界优秀的人士来关注我们快速发展的东方古国，我们在为民族复兴和中国现代化奋斗的历史关头，我们理应重视传统文化，做科学深入的研究，汲取优秀成分，为推进实现宏伟的复兴事业奉献一份力量。

太极思维与弘扬祖国文化

陈新光
（复旦大学国学院研究员）

今天，我受邀参加太极思维与中华文化研讨会，自己内心也是非常激动，我想在发言前谈一点感受。首先是到中央社会主义学院感受到一种不同以往的气氛。因为中央开了统战工作会议，而且第一次是以“中央”名义，以往是“全国”，习总书记做了重要讲话，中央又下发了统战条例，其中有六个重点，也是新的提法，说明新时期统战工作大有可为。昨天，我们来看今天会场的准备情况，看到中央社会主义学院在办许多培训班，其中有新媒体培训班，就能够感受到这种氛围。

我感到，在中央社会主义学院这样一个高端学术的讲坛做交流发言，心里是非常激动。同时，前面的领导和专家高水平的演讲，自己有点诚惶诚恐，不过也是向各位领导、专家学者学习交流的极好机会。为参加这次太极思维与中华文化研讨会，我特地准备了一篇论文，就是《运用太极思维方法论对大数据本体的哲学思考和研究》，因为时间关系，在这里也不做交流了。今天我主要谈谈自己的两点感受。

一、做弘扬中华文化的传播者

此次开会前，我在上海应邀参加了文叁院长《太极思维》一书的出版仪式。过去类似这样的会议参加了很多，谈到《太极思维》脑海里不禁就想到《易经》，就会想到“自强不息”和“厚德载物”等名句，要么就是刚才许多领导和专家所讲是占卜、算命之类。但是我看了文叁这本新书以后，使我对文叁这位年轻人刮目相看。他把古人太极思维化作一种方法论，并在实践中得到很好的运用。全书通俗易懂，有作者的思考和研究成果，为此我还向我的同事介绍看这本书。我除了赞同中央党校段若鹏院长在主题演讲时对文叁的评价外，再对文叁先生的评价增加一点，就是“坚守”两个字。在当今市场经济的大潮中，在物欲横流的社会里，而且是在特大城市上海，各种诱惑很多，而且还要养家糊口，但文叁能做到甘于清贫和寂寞，除了他是周易世家第四代的传人，有这个传承的责任外，也是文叁本人对古代文化特别是对太极思维研究的爱好。虽然他学历程度不高，但 20 多年来，他孜孜不倦的追求和探索，苦尽甘来，才有了今天的硕果。

刚才文叁先生在主旨演讲和向我们介绍太极思维这本书时，整个过程他的逻辑构思和语言表达，直到咬文嚼字以及他演讲的语气，都让我们与会者有耳目一新的感觉，这不是一朝一夕能够做成功的。我对他的坚守，非常敬佩。同时，他还是弘扬中华文化和太极思维方法论的践行者。他积极做好太极思维的普及宣传工作，还是全国道德教育上海市宝山示范基地的副主任。他很看重这个教育基地，而且确实有很多人到那去学习、熏陶。这一点我觉得我们是要向文叁先生学习的。

二、为实现中国复兴梦做好太极思维研究

我感到，实现中华复兴之路，中国的公众要具备两种精神。一种是大众的科学素养，一种就是人文的素养。我同意陈积芳主席主题演讲的意见，我们要实现中华两个中国梦，这个任务是非常艰巨的。习总书记提出“四个全面”，是他对马克思主义理论的发展。我们其中要做的一件工作，就是要提高公众的人文素养。这个人文素养，也包含了古代的太极思维。我感觉到这一点非常重要。我是搞经济和金融研究的，我认为太极思维的方法论完全可以应用到我们经济领域的研究工作中。为了参加此次会议，我向大会提交了一篇有关太极思维的论文，因为时间关系，不展开讲了。

上周我有幸参加全国经济哲学研讨会，我被安排最后一个发言。这次经济哲学年会的主题是“二十一世纪的资本和资本论”，会议强调批判的在场性。大家都知道《二十一世纪的资本论》这本书，是2004年法国一个35岁的经济学家叫皮凯蒂写的。这本书出版后，在整个全世界引起了轰动。为什么？因为他得出了财富或财产最终在两种人手中，一个是遗产的继承人，另一个是善于投机经营的人。第一种人在中国可能是官二代、富二代。得出的结论是什么呢？就是说劳动不能致富，也颠覆了我们劳动最光荣的理念。这个结论在全国引起很大轰动。这个研究的方法是运用历史和统计的方法。它用了300多年的历史数据和30多个国家的税收数据，得出这样一个结论，应该说它是有一定说服力的。这样，就把我们很多经济学家通过用建模和数量经济学佐证、计算的方法全部给推翻了。

我举这个例子是想说明文叁先生在研究古代太极思维时也注重了创新，有自己对太极思维的独到见解。文叁先生书中的许多思维方法，

都是他多年辛勤探索的结果。其中运用13个典型的范例，也通俗易懂。我希望，我们研究古代太极思维，就是要运用马克思主义的立场、观点、方法，回答我们当今中国面临的现实问题。这也是我们今天研讨会的目的之一。

今天，我们处在一个大数据的时代，大数据时代很可能影响我们整个人的思维理念和生活方式，是一场灵魂深处的革命。我们很多的问题都能从大数据中找出其中的真谛。比如今天开这个会，在很短的时间内，就可向全球发布，通过微信就能够传播。从哲学的角度来思考大数据本体，我想这个大数据本体要回归到中国老子讲的“道生一，一生二,二生三,三生万物”，这个万物最后归源，即“万物源于数”，仍然是离不开我们的老祖宗。

文叁先生做太极思维研究工作是非常有意义的，相信文叁先生今后一定会把这项工作做得更好。我们今天所有的与会领导和专家学者，也包括我自己，都希望文叁先生在这方面的研究有更多的硕果，并让我们分享，为弘扬中华文化和实现中华复兴之梦作出贡献。

时间关系，就讲这么多，谢谢!

太极思维与创新社会管理
——以上海市闸北区信访代理制度为例

徐玉庆

徐玉庆，上海市静安区档案局退休干部，高级政工师，曾任原闸北区委宣传部副部长、闸北区档案局调研员。2006年2月至2014年10月借调至原闸北区信访办，任原闸北区督查化解人民内部矛盾办公室副主任兼党支部书记。其中，2009年至2011年负责信访代理工作；2012年至2014年10月负责信访代理基层指导工作，见证了闸北区信访代理工作的起步发展，亲历了闸北区信访代理工作的生动实践。

结合新情况、新特点，与时俱进地运用太极思维，有助于在推进社会建设的进程中，创新社会管理，进而提升国家治理能力的现代化水平。多年来，闸北区委、区政府大力推进信访代理工作，有效寓社会管理于服务群众之中，取得了明显成效，走出了一条社会管理的新路子，我们在上海市信访维稳会议作交流发言，名列2012年上海市社会建设十大创新项目第六名，今年又被列为上海市改革开放40周年纪念活动重点推荐落实项目之一。

一、背景与起因——四大挑战，一重支撑

“管理的本质：约束行为，按规律办事。”“太极思维也就是规律性思考。”文叁先生在《太极思维》中指出，社会是一个“有机的整体”，任何社会“都是处在‘秩序、交换、平衡’的规律之中”。社会治理“在任何时候都应同时考虑政治、文化、生态、经济四个维度”，“运用能量转化模型，准确把握社会运行规律”。当前，“社会大众思维品质需不断地整体提升。有些时候亲人或伙伴因为忽略某些维度而出现紊乱或破坏，自己正当的利益需求得不到满足，致使家庭环境和社会风气出现问题。”运用能量转化模型分析，“他们在秩序这个环节出现了认知的偏差。虽然他付出了劳动，为家庭为社会创造了财富，但是他不懂秩序，在与上面的父母、领导，中间的夫妻、同事，下面的子女、下属等进行沟通时没有端正态度，主观片面地强求别人，破坏了规律。不遵守秩序，伤害别人，贡献再多也不能交换对等尊重与地位”，而“自己正当的利益需求”也无法实现。交换环节的“表现形式有：互助、互动、交流、沟通”等。俗话说，人无难处不上访，人无委屈不申诉。当当事人在交换环节进行交流、沟通无效或其亲人、伙伴等进行社会互助、社会互动受阻时，信访制度作为公民权利救济的一道防线，宜疏不宜堵，以“群众张嘴、干部跑腿”为特色的信访绿色通道——信访代理就成为信访群众维权的首选形式之一了。因为“管理者明白自己的社会责任及因果关系”，明白“其主要工作是建章立制，优化流程，规范行为，维护秩序”。《周易·系辞上》指出：“唯变所适”。信访代理制度正是适应社会大众包括信访群众“思维品质需要不断地整体提升”的现状和帮助排忧解难，维护其“正当的利益需求”应运而生的。所谓信访代理制度，是一种新型的信访疏导方式，具体来说

就是以社区各级基层信访机构为信访代理的阵地，以居委会干部、法律从业者、街道包括镇和区政府职能部门工作人员为信访代理的主体，按照自愿、公平、公正的原则，由信访代理员到有关部门反映信访人的一些诉求，帮助信访群众促成信访事项的妥善解决。通过综上所述，不难得出如下合乎逻辑性的判论：遵循“秩序、交换、平衡”的社会发展规律和社会治理的本质要求，太极思维为信访代理制度的创设依据、运作方式和创新社会管理提供了积极的学理性支撑。

闸北区信访代理起步于2008年第二季度，这项工作的开展有四大背景。第一是时代背景。经过改革开放几十年的发展，我国进入了重要战略机遇期。习总书记在十八届中央政治局第二次集体学习时的讲话中说：“现在，我国既处于发展的重要战略机遇期，也处于社会矛盾凸显期。”又如，2015年7月20日，习总书记主持召开中央政治局会议，为“十三五”定调，即这一时期仍然是中国发展的重要战略机遇期。这是一个可以大有作为的经济发展期，又是社会矛盾的凸显期。人民内部矛盾多发频发成为重要特点，信访矛盾高位运行成为社会常态。正确处理人民内部矛盾，有效化解社会矛盾，考验着党的执政能力，成为各级党和政府面临的重大而现实的严峻课题。党的十六届四中全会提出“加强与改进信访工作”，“积极研究和把握新形势下群众工作的特点和规律，探索新途径、新方法”。党的十七届五中全会提出“两个创新”，即“加强与创新社会管理”，“坚持党的群众路线，创新群众工作”。信访代理工作，正是“加强与改进信访工作”，顺应“两个创新”历史潮流的必然产物。

第二是工作背景。闸北区信访代理制度是在集体访、越级访和重复访日趋增多的工作背景下产生的。推行信访代理制度主要从三方面考虑。

（1）首先要解决信访人所面临的两大矛盾。第一个矛盾是信访愿望与信访能力的矛盾。老百姓有信访诉求，而且这种愿望是很强烈的，但是他的信访表达能力和政策水平还不够。正如太极思维指出的：“一个人在社会中的思维习惯、行为状态与他在家庭中的思维习惯、行为状态互为表里的关系。”第二是有理信访与无序上访的矛盾。老百姓上访肯定是事出有因的。但是因为不理性的行动造成无序上访。结果越是有理信访，越容易造成无序上访。而信访代理人由于接受过系统的专业培训，具备较高的政策水平和信访代理的素质，由他们出面为老百姓走访有关责任部门，从而使大多数人的上访，能通过正当的程序及时有效地得到处理和解决。

（2）其次是协助政府机关掌控不稳定因素。目前信访者普遍有这样一种观念，就是有问题找领导，而且找的领导级别越高，问题解决得越快。这种观念给政府管理和社会稳定带来了负面影响，而信访代理制度的创设，就是希望通过信访代理人承担起信访人的引导和教育工作，从而将信访人引入正常信访渠道。同时，对于可能严重破坏社会秩序的上访行为，能及时向政府机关进行反馈，这样就可以将信访矛盾的隐患控制在萌芽阶段。

（3）最后是要监督有关职能部门认真履行职责。信访部门是前台，它不是职能部门，后台是有关职能部门，所以要监督有关职能部门认真履行职责。目前信访人集体上访日趋频繁，激烈冲突时有发生的原因之一是有一些政府职能部门疏于行使职责。另外，部门之间互相推诿，有的信访事件涉及两到三个部门，部门之间互相推诿，忽视群众利益，这样一来，促使原本情绪相对平和的老百姓变得激动起来了。如果由信访代理人走访相关职能部门，便可以有效监督政府部门的履职行为，促使信访案件的承办单位强化责任意识，能够促进办案质量和效率的提升。

第三是2008年奥运会背景。2008年奥运会前夕，上海作为奥运会的协办城市，在闸北区委、区政府主要领导、分管领导分别组团学习取经、博采众长的基础上，区委常委会讨论决定在闸北区进行信访代理工作，区委认为：实施信访代理，不仅在当前是政府处理人民内部矛盾，特别是妥善解决民生问题的基本工作方法。也是维护社会稳定，构建和谐新闸北，确保奥运会成功举办，实现平安奥运目标的现实之举；另外，从长远来看，更是转变机关作风，做好群众工作，密切党群干群关系，巩固党执政的群众基础和社会基础的创新之策。

第四是区情背景。闸北区推行信访代理工作跟区情密切相关。闸北区是中心城区城市管理的一块洼地，呈现了“三多一少”。棚户简屋多、困难群众多、流动人口多，经济收入少。近年来旧区改造，每年要动迁6000户，未来还要动迁5.6万户，动迁矛盾比较突出。全区约有2.5万人是低保，有将近2万名登记失业人员，群众的民生需求比较迫切。闸北区是上海火车站、长途客运站所在地，每天有40万流动人口，治安情况比较复杂。闸北区是中心城区中的后发地区，经济发展的任务重，各类不稳定因素很容易引发信访矛盾。加上当时奥运会的举办，使地处上海北大门的闸北的维稳任务更加突出而紧迫。

二、做法与经过——四个阶段，六大做法

文叁先生认为：“做任何事情，只要依据太极思维并按照以下步骤进行，就能更好地实现目标，享受成果：改善环境（环境制约）→服务民众（大众需求）→平衡关系（内外兼顾）→公正取舍（自我利益）。”

闸北区信访代理工作，主要经历了四个阶段。第一阶段（2008年

4 月底—5 月上旬）为学习取经阶段，区委、区政府主要领导和分管领导分别组团外出学习信访代理工作先进经验。第二阶段（2008 年 5 月上旬—10 月上旬）为试点阶段，制定《闸北区初信初访信访代理工作制度》，并在芷江西路、大宁路南北两个街道试行信访代理制。第三阶段（2008 年 10 月中旬—2009 年 6 月）为全面推行阶段，召开闸北区信访代理工作推行大会，推广试点单位经验，并在调研基础上制定实施《闸北区信访代理制实施细则》，规范推进工作要求。第四阶段（2009 年 7 月—现在）为深化阶段，制定实施《闸北区进一步推进信访代理工作实施意见》。

闸北区的信访代理工作主要做法有“六做”。一是明确范围做。信访代理的范围界定问题，涉及群众工作“做什么”和社会管理“管什么”问题。列入信访代理的范围主要有三方面：一是矛盾复杂，涉及多部门的信访事项；二是民生问题，即涉及老百姓吃穿住行、医疗卫生、就业安置、环境整治、就学教育等日常生活密切的相关事项，特别是其中的“急、难、愁”事项，涉及群众最现实、最关心、最直接的利益问题。信访问题其实质就是民生问题。解决这些问题，既确保了人民群众成为经济社会发展的受益者，使广大人民群众共享改革发展成果，又加强了社会管理，密切了党群干部群关系，巩固了党的执政的群众基础和社会基础，有利于构建和谐社会，实现全面建设小康社会的战略目标。此外，对初信初访也列入信访代理范围。一般而言，初信初访合理诉求程度较高，而且也易于化解。如不及时化解，则易演变为重信重访，化解难度增大，化解成本增高。因此，对初信初访进行“全代理”，有助于从源头上减少矛盾，将矛盾化解在萌芽状态，解决在基层，有助于减少矛盾存量，有助于实现一个地区的长治久安。上述信访代理的三个范围，亦即是群众工作和社会管理的三个重点。

其中第一个代理范围，涉及政府工作人员为人民服务和按法定程序依法行政的问题，亦即是群众工作和社会管理中维护群众的政治权益和具体利益诉求问题。第二个代理范围，侧重于群众的具体利益诉求问题，是信访代理的重中之重，也是群众工作和社会管理的重点之一。第三个代理范围，与第二个代理范围虽有部分重复交叉，但因属初始状态，且多为群众利益诉求，所以也是群众工作和社会管理的重点之一。

二是明责分级做。闸北区信访代理工作构建了三级机构四级网络。三级机构为：区设立信访代理科，街镇设立信访代理工作室（点），居（村）委会设立信访代理工作站；四级网络为：区级机关干部，街镇全体机关干部和相关工作人员，居（村）委书记、主任、调解干部、民警，由楼组长、党员、业委会成员、志愿者等组成楼组信访代理信息员。推进信访代理，首先必须落实代理责任，明确责任主体的工作职责，形成了从区到街镇到居委会干部的三级“分级代理”责任机制。需要街镇解决的问题一般由居委干部代理，需要区里解决的问题一般由街镇干部代理，需要市里解决的问题主要由区职能部门代理。通过分级代理，促进了有序信访。案列：芷江西路街道有一名姓李的信访群众，因为患了中风要治病，结果把动迁款用光了，坐着轮椅，流着口水，到区领导下访接待处上访，要求解决廉租房。时任区委副书记陈永弟当场要求区有关部门和街道干部帮他代理，接受代理的部门和街道干部先后到市房地局等部门替他反映诉求、争取政策，最后不到一个月妥善解决了问题，他为此专门写信表达感激之情。

三是搭台分类做。信访代理工作要保持持久的生命力，必须重心下移，夯实基层基础。首先，在各街镇大力推行“专代对接”，要求街镇职能科室负责人全天候接待群众，对信访事项进行“专科门诊”，一般职能范围内的事直接受理，及时解决，超出职责范围的事主动代理，协调解决。代理案件按难易缓急程度分简易、程序代理两类。对较复杂、有一定难度、周期较长的信访问题，采用程序代理形式，按照登记受理、签订协议、代言代办、定期反馈、办结回访等程序进行规范操作；对当场事实清楚、难度较小、周期较短的信访问题或紧急突发事件引发的矛盾，采用简易代理形式，通过双方口头承诺进行代理。由于实施分类代理，既方便了群众，降低了信访成本，又提高了办理效率。其次，在区的层面搭建“专家门诊”，在区信访接待大厅周二设民生专场，由区相关部门领导接待，周四由区领导接待信访代理员或信访人，解决疑难信访代理案件。

案例：时任区委书记方惠萍接待彭浦新村彭五小区信访代理员，当场指示由区房管局解决该小区旧房改造过程中因操作不规范，产生没有验收备案表和由居民自行装修造成房屋实际面积与竣工图不相符等因素而导致办房产证难问题，经该局协调市房屋安监所落实房屋竣工验收备案证明，市测绘所出具小区测绘报告，并召集相关单位召开产证办证解释工作会议，妥善解决了这一群体性矛盾。

四是后台对接做。信访代理，形式是“代”，重点在“理”。为做实信访代理，闸北区建立二级后台支撑体系，街镇职能科室和对应设置部门为居（村）委会一级后台支撑，区职能部门为街镇二级后台支撑。在区建设、规划、房管、民政、社保等 16 个经常处理涉及民生信访事项的主要职能部门，分别建立信访代理“后台支撑”工作小组，推动“有权处理部门”从信访工作的“后台”走到解决问题的“前台”，更好地发挥职能主体作用，确保代理事项得到优先、及时、高效处理。这一做法本身就是督促后台职能部门要按照职责，尽力加快妥善处理信访群众的信访代理案件，避免过去部门之间互相推诿的状况再次发生。

五是情智结合做。信访代理对象，都是弱势群体，做好这类群众工作，必须带着感情做，才会有动力。我们要求信访代理员在工作中对凡是符合代理范围的信访事项进行“全代理”；要求后台职能部门带着感情接待信访代理员，在受理、反馈、办结三个环节善待信访代理员，使之腰杆子硬，底气足。做好做实信访代理工作，不仅要讲感情，敢于做，而且要运用智慧，善于化解群众的“急难愁”信访事项，正如太极思维指出的，“越有智慧越自由”。要求后台职能部门对涉及在法度之外情理之中，又处于政策空隙、政策边缘，多部门政策交错、碰撞等情况的代理案件，动脑筋寻找和把握化解的突破口或结合点。案例：区信访办电话信访代理员康友法接到身患癌症的马女士来电，求助政府帮助确认其与未婚而生、因交通事故突然死亡的儿子的母子关系问题，他十多次联系区公安分局、区医保中心、区卫生局、区养老中心等单位，在均无法开具有法律效应的证明的情况下，凭着其十多年信访工作的经验和智慧，在和辖区民警走访其亲属时得知其儿曾参过军，并通过调取当年征兵材料查到相关证据，经公安分局人口办特事特办，终于开出了长达 47 年的“母子的证明”。

六是机制健全做。为了保证信访代理工作的长效运转，闸北区建立、健全有关工作机制。一是建立财力保障机制，设立闸北区矛盾纠纷排查化解救助资金，把党政机关办公经费节约下来的 5%作为该资金来源。二是建立考核机制，将信访代理工作列入信访工作年度考核目标体系。化解一件程序代理案件计 0.1 分，化解一件简易代理案件计 0.01 分，加分总分不超过 20 分。区领导与街镇主要领导签订信访工作目标责任书。考核机制的建立，使全区形成了各街镇良性竞争格局。三是建立培训机制，邀请相关的领导和专家，就信访代理的政策法规和信访代理的业务知识，定期地进行培训，同时培训期间，学员之间进行交流互动，通过培训不断提高信访代理员的综合素质和业务水平。对信访代理员培训合格颁发证书，凭证上岗。四是建立激励机制，开展区优秀信访代理员评选表彰活动，对优秀信访代理员进行物质、精神奖励。五是建立推广机制，如推广宝山路街道将信访代理与矛盾排查、风险评估、人民调解及积案化解相衔接，建立健全信访代理机制，实现“上下联动、横向协调、环环相扣、整体推进”等经验。推广天目西路街道的首任责任制，谁接待的就把这个代理工作做下去。区委、区政府通过总结这些经验和做法，推出信访代理首问首办负责制和代理调节联动大调节机制。六是建立完善机制，积极探索，动员社会力量参与化解社会矛盾的机制建设，实行社会协同，体现了体制内外力量有机结合。既丰富完善了信访代理的制度，实现了跨界化解手段的多元化，又增强了信访代理的公信力和生命力。

三、成效与反响——三大成效，三方满意

太极思维指出：“只要我们自身严格遵循‘秩序、交换、平衡’发展规律，不但会影响别人，而且自己的生活和工作也一定会有收获，有发展。”

闸北区信访代理工作的成效，主要体现在以下三方面。一是提高了矛盾化解率，信访总量明显下降。据统计，从 2009 年 7 月 1 日至 2011 年 10 月 31 日，共代理信访矛盾 12801 件，化解了 11781 件，化解率达到 92%。2013 年代理 6823 件，化解 6620 件，化解率 97%。2010 年信访总量开始下降，2010 年信访总量为 18783 件（批），同比下降 17.8%。2011 年信访总量加速下降，1—10 月信访总量为 11505 件（批），与去年同期相比下降 28.69%。二是维护了信访工作秩序，确保

了闸北城区和谐稳定。通过实施信访代理新型工作机制，把群众工作和社会公共服务平台延伸到最需要的地方和人群身边，做到“小事不出楼组，中事不出居（村）委，大事不出街镇，特大事不出区”，在第一时间、第一地点快速有效解决群众生活中的“急难愁”事，避免了信访当事人“找不对门、说不明事、讲不清理”甚至变“有理信访”为“无序上访”的情况发生，有效维护了信访工作秩序。现在，群众有诉求就会想到把信访代理作为解决问题的首选形式之一。三是增强了干部宗旨意识，提升了社会管理水平。实施信访代理工作，不仅解决了群众反映的问题，而且干部也从中得到教育和锻炼，密切了党群、干群关系，学到了新形势下群众工作和社会管理的方法，提高了为民服务的能力和社会管理的水平。如北站街道主动“巡代”，宝山路街道对民生问题、初信初访实行“两个全代理”，彭浦镇对历史遗留群访案件“全代理”，共和新路街道对新发生的矛盾纠纷“全代理”，天目西路街道对信访代理实行“首问责任制”，大宁路街道对社区特殊人群提供劳动、民政、医保、救助等“全程代理”。

对信访代理工作，闸北区各个层面的反响是“三个满意”。一是政府满意。区政府认为：信访代理工作的大力推行，有助于树立服务政府的良好形象，有助于实现政府职能由重行政命令型向重服务型转变，完全符合中央关于加强和创新社会管理的精神，应当继续全面深入推行下去。区委书记安路生，在《上海信访》2018 年第 4 期发表《人民群众的需求就是最大的民生》一文，文中提到抓基层，发挥信访代理源头预防作用。要前移信访工作堡垒，建立“群众张嘴、干部跑腿”理性沟通的新型信访通道，有力地推动了基层部门切实将信访群众反映的诉求解决在萌芽状态。

二是群众满意。闸北区群众特别是受益的信访群众对信访代理工作是满意的。他们纷纷写来感谢信，赠送锦旗，表达其感激之情。有的群众在感谢信中说:“党的关怀暖我心，信访代理解我扰。”有的群众说:“信访代理是便民、利民、惠民的民心工程，现在办事更加省心、舒心、顺心了，反映信访问题，再不是‘门难进、脸难看、事难办’了，党的关心群众的优良传统又回来了！”不少群众希望我们继续坚持这一实事工程，让老百姓生活得更美好。

三是工作人员满意。各级信访代理员通过信访代理工作，调动了工作积极性、主动性、创造性，更有信心、决心、恒心。有的干部深有体会地说:“过去认为群众难处，群众工作难做，社会管理难管。现在感到，实施信访代理为群众排忧解难，‘三难’为‘三易’，信访代理真是‘代’出了一片新天地。”

四、探讨与点评——四大问题，理性把握

文叁先生认为：太极思维“具有整体性、系统性、形象性的特征”，“面对问题，运用太极思维我们会考虑得更全面、更系统、更深刻”。

信访代理作为一项创新实践，其之所以能取得上述成效，主要在于工作实践中注意探讨把握了以下问题。一是功能定位问题。首先，与传统的信访工作按照《信访条例》只具转处职责而采取坐等转处信访事项不同，信访代理搭建“群众张嘴”的新型诉求平台，形成“干部跑腿”的主动服务机制，具有快速妥善处理信访事项等功能，因而成为突破原有信访工作模式的一项创新机制，与信访工作形成机制创新关系。其次，信访代理工作与群众工作又构成重要载体关系。这不仅由于其在工作实践中贯彻群众工作的思路，在指导思想上相信群众，在工作力量上吸收群众，在工作方法上依靠群众，在工作成效上服务

群众，而且由于其作为信访工作的机制创新，在内在逻辑上自然成为群众工作的重要载体，因为信访工作本身就是群众工作的重要组成部分。最后，信访代理工作与社会管理还构成重要抓手关系。这不仅因为其坚持政府、群众、中介力量有机整合，工作中将社会管理寓于服务群众之中，形成“党委领导，政府负责，社会协同，群众参与”社会管理新格局，而且在逻辑关系上作为群众工作的重要载体，理所当然成为社会管理的重要抓手，因为群众工作本身就是社会管理的一项经常性、基础性、根本性的工作。

二是基本理念问题。闸北区在信访代理工作中形成四条基本理念：第一，信访代理的本质是“群社合一”。“代”是为群众代言代诉；“理”是为社会理顺信访事项，化解社会矛盾。因此“代理”是群众工作和社会管理的结合体。结合的基础是服务机制和服务职能的统一，体现的是“以人为本，服务当先”的理念。信访代理要解决的是一件件民生的诉求，温暖的是一大片群众的心，换得的是一方社会的稳定。第二，信访代理的重点是“解决问题”。“代”讲感情，“理”讲智慧，多做“举手之劳”“雪中送炭”的事，才能防止问题积累，久拖成疾，矛盾上行。第三，信访代理的关键是“前后对接”。职能部门有“前台”“后台”之分，但对群众而言，只有一个平台，“前后对接”，亲密无间，才能共奏出绿色信访的和弦。第四，信访代理的核心是“信任访问”。群众信访是对政府的信任访问，“干部跑腿”代理解决得到的，不仅是信访的有序、社会的和谐，更赢得的是群众的信任、党群关系的融洽和党的执政地位的巩固。

三是代理界定问题。代理与办理虽仅一字之差，但却是一个在实践中容易引起争议的问题，而且这个问题越到基层越模糊，有时往往较难区分。对于这个问题，闸北区的做法是“能分则分”“难分则模”，即对一时难以区分和界定的案件从有利于解决群众信访事项出发，采取模糊原则，凡经“干部跑腿”处理的信访事项，称之为广义代理，实行简易代理，特别是发挥居（村）委会作为群众自治性组织的代理作用，及时妥善解决群众信访诉求，避开争议问题。

四是完善深化问题。“事在人为”，提高信访代理的办事效率，增强工作的权威性和生命力，主要在于解决两个工作环节，一是提高各级特别是居（村）委一级信访代理员的综合素质和业务水平，加强培训和实践锻炼；二是完善“前后对接”工作机制问题，强化后台支撑力度，具体对策之一是开展“八讲”立功竞赛活动，即“前台”开展“五讲、五作为”（讲感情，敢作为；讲技能，巧作为；讲奉献，多作为；讲质量，优作为；讲觉悟，恒作为）立功竞赛活动，“后台”开展“三讲、理三度”（讲宗旨，理优工作态度；讲智慧，理准政策尺度；讲效能，理快工作速度）立功竞赛活动。

闸北区信访代理工作，是地区级城市有效探索社会管理新路子的典型案例。它启示我们，信访代理工作以“加强与改进信访工作”、体现“两个创新”为历史背景条件，以创新信访工作机制、具有快速妥善处置信访事项等功能为内在依据，以“六做”为运作模式，以“专代结合”“简、程代理”为特色，取得政府、群众、工作人员“三满意”社会效果，在重要战略发展机遇期，在创新社会管理方面具有持久的生命力和进一步拓展的工作空间。它还表明，太极思维在创新社会管理方面具有积极的学理支撑作用和实践指导作用。

《太极思维》为民众提供了一个新的解惑之道

董绪纯（原解放军总参谋部办公厅大校，军旅书法家）

文叁先生的《太极思维》，我读到比较早。这本书由三部分构成，第一部分是理论架构，第二部分是应用实践，第三部分是格言书法。书法是由我来完成的。我想从五个方面就这本书谈几点意见。

一、《太极思维》理论新颖，值得学习和赞赏

中国文化博大精深，但是作为一个中国人来说，中国文化究竟有哪些？博大和精深到什么程度？我们有很多人讲不清楚，反映了政府和社会这么多年对中国传统文化传播普及的欠缺。近年来，国学热渐渐兴起，出现了文化复兴的迹象。随着我国经济实力大增，文化复兴是历史的必然。文叁先生致力于中国传统文化研究，穷历经典，思欲分条，综括凝髓，形成了自己的思维架构，提出了“太极思维”思想，我觉得非常好。这是对咱们中国文化理论的补充和丰富，是很好的尝试。尤其是在党和国家推动文化大繁荣大发展的今天，更有其现实意义。我想我们每一位国民若都能像文叁先生这样，对传统文化孜孜以求，学以致用，中国文化复兴一定能长足地推进。

《周易》开启了中国文化哲学思想的先河，通篇都充满着辩证法。我觉得中国人是最会运用哲学思想的，最善于从社会纷繁复杂的事物和现象中总结出规律性的东西来，用抽象的和简单的语言加以概括。最近网上探讨东西文化在外交上的差异。比如，我们对外交往中提出“合作共赢”的策略，欧美国家就感到难以把握，认为不具体。西方国家的思维方式就是什么事都要具体化，眼光更多地放在具体事务上；而中国人则更多地把注意力放在宏观和战略层面上。而外交语言力求简洁明了，只能是高度概括。

《太极思维》提出的六个字——秩序、交换、平衡，实际上是中国先秦哲学思想的应用和实践。所谓秩序，就是社会规则，法律、制度、规定、习俗等，每个人都要讲规则，同时还要相互学习借鉴，取长补短，这就是社会交换。这种交换更多的是体现差异性，有了差异，就需要调整社会各种关系，达到新的平衡。循环往复，推动社会前进。“秩序、交换、平衡”六个字，形成了社会关系的运转链条。这是我对太极思维理论的初步理解。

二、文叁先生用太极思维理论积极服务于社会实践，收到良好的社会效果

文叁先生通过在企业讲座，在社会不同环境和场所讲学，为企业和个人排忧解惑，解决了很多社会问题，引起了社会的关注和反响，对促进社会和谐和稳定发挥了积极作用。这是很了不起的。文叁先生不是把理论提出来就完成使命了，而是更注重在现实生活的应用，更好地为公众服务，这正是文叁先生的可贵之处。他的书里面第二部分在应用实践上讲了很多疏导成功的案例。殷切希望随着时间的推移，社会活动空间的拓宽，“太极思维”的应用会更科学、更完善，更有针对性，

更能得到广大民众的参与、接受和欢迎。

三、书里面第三部分，他提炼了一些经典的人生格言，通过书法的形式表现出来，这也是这本书的一大亮点

理论和书法的结合，使这种理论更能喜闻乐见，更能被大家所接受，它的意义得到拓展和延伸。所以我觉得研究传统文化，拓展的内容很多，要做的课题很多，它能产生的意义有时候出乎我们的想象。

四、《太极思维》在社会科学理论丛林里，还只是一株幼苗，只有教育界，以及政府、社会更多地给予关注支持，它才能茁壮成长

这么好的理论构建，今天又是在社会主义学院里面进行研讨，体现了学院领导和有关专家学者的重视。期待得到更多院校、研究机构和党的宣传部门的关心支持，能够成为国家素质教育的一部分。对《太极思维》，与其旁观，不如融入；与其挑剔排斥，不如包容呵护。没有社会有识之士的宽容和善待，哪来“百花齐放，百家争鸣”呢？

五、《太极思维》的研究还只是初步的，是渐进的，希望文叁先生不要满足，不要停歇

在应用实践中，以学习探索和平等交流的姿态应对各种事件和案例，攻克一座山，前面还有更大的山。理论的完善，需要集思广益。今天的座谈会，就有几位专家提出了很好的意见，很难得，很宝贵，我听了很受益。

谢谢大家！

浅谈太极思维在提高国人文明素养中的作用

罗玉迎
（国家二级心理咨询师）

今年 3 月，我非常荣幸地拜读了文叁先生《太极思维》一书，对太极思维理论体系的核心概念和基本内容，有了粗浅的认识。结合自己的工作实际，谈点太极思维在提高人的文明素养中的作用。

江湖相授以技，大匠授人以法。文叁先生站在易学之巅，一览众山小，提出了“秩序、交换、平衡”的理论，这是事物发展的规律，是太极思维的核心，是中华民族的精神特征，是人们心灵深处共通的自然法则，应该成为全人类共同生活和工作的指导准则。

社会变革在给社会发展进步带来巨大活力的同时，也给人的心理带来了极大的冲击，在加速推进和谐社会的进程中，对人的文明素养提出了更高的要求，对社会的文明赋予了新的内涵。城市要文明，首先市民要文明。因为市民是城市的主体，市民素质的高低，是决定着一个城市文明程度的重要因素之一。近年来，我们在创建文明城区、加强公民思想道德建设进程中，采取了一系列措施，市民的文明素质得到了明显提高。但是我们也感觉到公共场所不文明现象随处可见，大声喧哗、随地吐痰、乱扔垃圾、高空抛物、宠物扰民等现象时有发生。这就是一个素养的问题。太极思维图表告诉我们：位置相同、气息相通，互为因果、此消彼长。这个自然原理解释了一种社会现象，一个人的文明素养受到社会的尊敬程度是不一样的。如在家孝顺父母的人自然得到周围人的尊敬，因为他懂得家庭环境中父母生育我们是多么的不易。一个人在家里会做人，在别的场合也会做人，思维模式决定行为习惯。环境变了，交往的对象也变了。一个文明素养高、懂得事理的人走到哪里都受人喜欢。因为他在哪里都服从环境，遵守秩序，懂得交换。别人感受他的语言和行为有序、有度，追究根本还是其思维品质高，客观现实在他的精神世界中是按照事物本身的运转秩序运行。人生活在内心、家庭、社会三个环境层面，每个环境的基本秩序都是左边到上面到中间到下面到右边再回到左边，这是能量流转的自然顺序。学习太极思维能够使我们明白内心、家庭、社会各为系统、互为消长、和谐发展的原理，唤醒人们理解心灵深处共通的自然法则，提高思维品质，把握生活规律，从而自我净化心灵，提高道德素养，自觉自愿地规范自我行为，遵守社会公德，维护社会秩序，从而提高社会的文明程度。

大家都知道，垃圾是一个物品发挥了作用之后的产物，在公共场所捡起垃圾就是祝福自己。捡起垃圾这个举动，最起码做了三件好事：

第一，替清洁工受累，减轻了其负担。这个卫生本来应该有人做，你来做了。

第二，替粗鲁人受过，承担了责任。按照秩序这里本来应该是干净的。

第三，给陌生人祝福，美化了环境。劳动创造美丽。

这种行为本身的收获有：

第一，能得到社会的尊重。观察身边的亲朋好友，那些在公共场合特别讲卫生、讲文明、讲秩序的人，就是社会公德意识比较强的人，受社会尊重的程度就高。

第二，捡起垃圾能增加本人智慧。智慧体现在，遇到问题的时候思路清晰方法很多。依据太极思维左右上下的秩序划分，“智慧”在人内心的位置也是在下。同气相求，能量转化。

第三，祝福自己前程、事业更加顺利。在现代社会，每个环保卫生都有责任人，我们前进的路上应该是干净的、整洁的。所以依据此消彼长、能量守恒的原理，我们主动扫清别人的道路障碍，就能换来自己的人生平坦。

作为一个公民，人应该要遵守社会公德，讲究公共卫生，但有些人无论怎么教育就是做不到，就是有乱扔烟头、纸巾等垃圾的习惯。原因在哪呢？他们的理解，是我讲文明受益者是别人不是自己，所以我行我素。如果他能知道自己的粗鲁行为与切身利益有直接的关系，明白扔垃圾影响自己生活的道理，懂得自己行为规范有序，时时刻刻最大的受益人都是自己和家人，那么他的自我约束力就会增强，就减少了对环境制约、他人管理的依赖。运用太极思维使我们明白：乱扔垃圾这个行为表面上是损害环境，影响社会，伤害别人，实际上同时也直接伤害了孩子、伤害了自己，减少了智慧，阻碍了前程。

小爱伤己，大爱受益。如今普遍感觉有部分人不好管理。他们自我意识特强，公德意识偏弱，合作精神较差，追问根源还是因为教育他们没有真正做到批评与表扬并用，惩戒与鼓励并举，他们没有领会人生是给予与索取的平衡，挫折与顺利同在，从而造成思维品质不高，考虑问题不深刻、不系统，不明白任何场合的任何态度和任何行为都时刻关系自己的切身利益这个原理。

一个文明素养高的人会用一种愉快心情去看待周围的一切，会用自己的言行诠释自身的素养，会懂得在昼夜交替、寒来暑往的自然规律制约下，月有阴晴圆缺，人有悲欢离合，面对丰富多彩而又变幻莫测的人生用积极的态度，让自己内心的主观认识与自己所处的客观现实无限接近或吻合，传递自身的正能量。每一个人只要严格遵循自然秩序，主动进行能量交换，内外兼顾地把握平衡，就是在体会“道德”的感召力。同时，也体现了一个人在社会精神文明建设中的存在价值，感受到通过自己的行为受到社会尊重的需要。这就是个人在享受幸福人生的真谛。

“物有本末，事有终始，知所先后，则近道矣。”秩序、交换、平衡是实现人生价值的法宝。运用太极思维，能有效加强自身素养，完善自我，提高社会文明程度。

人民有信仰，民族有希望，国家有力量

刘洪海
（国际欧亚科学院中国科学中心执行秘书长）

首先感谢主持人，感谢文叁老师。我特别感谢赵震声先生让我认识了胡开建老师，得以认识文叁老师。对以我讲以下三点。

第一，关于一个人，那就是文叁老师

这是我第二次见到文叁老师。大概一个月之前，文叁老师向我们几位同志介绍了他的太极思维，给我们几位同志留下深刻的印象。当时我就想，一位出生于1972年的青年才俊，能够如此热心传统文化、热心中华文化的传承，热心中华传统文化的创造性转换，真是难得！因为这个年龄段成长起来的一批人，普遍缺乏中华传统文化的背景与积累。这恐怕也是我们这一时期的一个遗憾。整个社会过于功利化，功利主义成为极其强势的一种价值观。财富权力名气成为评价一个人一个机构是否成功的主要标准。这是我们现在所有负面现象的根本原因。

文叁先生作为一个青年人能够痴情于中华传统文化，并努力践行，既有理论创新又有大量的实践，用年轻人的时尚说法是“高大上、接地气”。文叁先生这本书就记载了许多具体的事例。

第二，关于一个理论，就是太极思维

据在座的学者讲，“太极”这个词由孔子提出来，又过一千多年出现太极图，“太极”这个概念加上“太极图”代表着中华文化最根本的要素，是一个非常好的LOGO。

中华文明不仅是世界上唯一没有中断的文明，而且其优越性也越来越受到世界各国的尊重。直到明清时期，中国的经济总量仍居世界第一，远比现在美国占世界的比例高得多。中华文明长期处于世界领先地位，中国将近1500年找不到老师，连同学都没有。李约瑟曾经毕终身精力研究为什么中国没有产生近代科学，这就是著名的“李约瑟之问”。实际上可不可以这样说，中华文明和西方文明是不同的文明呢？不同的东西是难以比较的。工业革命以来，西方文明崇尚强制、崇尚力量，这种情况下，中华传统文化确实不是其对手。但随着人类的发展，会不会三十年河东，三十年河西，此消彼长呢？这就是季羡林先生晚年思考的问题。怎样解释近年来美国与欧洲出现的危机与颓势？怎样说明中国三十年来的迅速发展？理论界需要回答。

中华传统从来大气磅礴，追求天下文化，我们的祖先并不看重肤色、血统，他们看重的是只要奉行中华文化者就是中国人。大唐是中国最开放最强大的朝代，李世民家族有胡人血统。但是李世民家族接受中华文化，并赋予中华文化新的内容，李世民也就成为中华文化的伟大传人。如果说“普世价值”的话，我们的天下文化要包容得多也高明得多。文叁先生的太极思维是我们中华能够给人类文明增加新成果的一个重要贡献。

第三，关于一群人，我们在座的各位

我们从二十多岁到六十多岁，覆盖几个年代，覆盖各行各业，相当多的同志不是专业理论工作者，这就更加宝贵，说明大家是发自内心地聚集起来。宋代大儒张载讲过有名的“横渠四句”，大家都记得清楚，“为天地立心,为生民立命，为往圣继绝学，为万世开太平”。其实张载还讲过另外的四句，也同样值得我们继承和发扬，“有象斯有对,对必反其为;有反斯有仇,仇必和而解”。冯友兰先生是二十世纪了不起的哲学家，他曾经有一句话讲中国“周虽旧邦，其命维新”，而自己就是要“辅旧邦以阐新命，极高明而道中庸”。这才是做学问的境界！为什么“旧邦”能有“新命”？就是有一代代的文化传承。

在座的各位参与太极思维研讨，这是从事神圣的事业。习近平同志讲，人民有信仰，民族有希望，国家有力量。我们通过太极思维，形成一个秩序、交换、平衡的思维方式，看问题就会更客观、更全面，也更聪明。

今天我们讨论的地点也非常有意义。社会主义学院是怎么成立的？是 1950 年代一批民主人士向毛泽东同志和党中央建议，要求办一所非中共的民主党派和无党派人士的中央党校，毛泽东同志和党中央接受了这个建议，于是有了中央社会主义学院。这个学院是重要的理论研究机构。太极思维由此进一步完善与推广，这是不是中央社会主义学院的一个重要新成果呢？

完备太极思维服务中华民族

赵震声
（中科院理化技术研究所研究员、原副所长，博士生导师）

今天很高兴来参加太极思维与中华文化的研讨会，从上午到现在，听了很多专家学者对太极思维和中国文化的关联高见，深受启发。我是从事自然科学研究的，刘书记虽然在科学院工作，但是长期从事理论研究，所以他发表的意见比较高深一点。我简单地说一说自己的想法。

和文叁打交道不多，但印象非常深刻。因为太极思维是中华文化的一部分，如果要成为一个单独的体系，做到非常完备，还是很困难的事情。

中华文化历史非常悠久，我们重新把太极思维体系建立起来，让大家都信服，都能够总结出有规律性的东西，这确实是非常困难的。

刚才刘书记的一些话我非常同意，我们国家改革开放三十多年来，确实出现了一种危机。这种危机最主要的原因就是信仰问题，很多人没有信仰，大家都认钱，如果这样下去的话，很让人担忧。如何在这种局面下，让我们的传统文化更加深入人心，让老百姓更加能够接受，是非常重要的一件事情。

从这个意义上来讲，文叁做了一件很好的工作。这个工作也得到了在座各位的高度赞成，包括中央社会主义学院的老师，他们也给予很大的支持。

科学院的主体是科研工作者，科学家的人文素质总体来说比较高。科学家有他自己独特的思维模式，这种思维模式也是中华文化的一种体现，但是也不排除有很多个例。

但是我想，太极思维的这套体系在科研机构也是适合的，它是一个普世的价值观，包括文叁先生说的六个字——秩序、交换、平衡，这个理念上的东西我觉得是符合客观实际的。如果能把普世的东西建立成一套比较完整的体系，对我们科学院系统，包括国家、社会都是一件好事。

从另外一方面讲，我觉得这个体系有待于继续补充、有待于进一步完善。

我个人认为，他的东西很多都是对的，但是否能够让每个人接受它，或者说怎么接受它，还需要做很多工作，这是不容易的，还需要进一步完备理论体系，并且让老百姓理解。

要让不同层面的人都能接受，否则光是一部分人接受了，另一部分人不接受，这是有问题的。应该适合于不同阶层的需求。假设这个体系是为整个中华民族服务的，可以进一步延展。

我希望文叁先生可以跟专门从事文化体系研究的学者、专家进一步交流，能够使自己的思想体系更加完备。

太极思维在企业内部控制中的应用

张斌（上海景林包装机械有限公司董事长）

导读：我国2008年发布的《企业内部控制基本规范》中从总的方面提出企业建立与实施内部控制应当遵循的原则：①全面性原则。②重要性原则。③制衡性原则。④适应性原则。⑤成本效益原则。这五项原则以整体观对内部控制建设提出了总体性的要求，但却仅是总体上的要求，凝练、概括和抽象，缺乏具体操作指导性，难以为内部控制的建立与实施提供可供遵循的具体标准依托。现在我们对内部控制系统从太极思维哲学的视角进行全方位、整体性的思考，可提供新的视野和思路。

太极思维强调遵循秩序，主动交换，把握平衡。以整体观来看，太极是和谐之极限，是人与自然的和谐，万物共生的和谐。和谐之极限存在于宇宙的一切事物之中，不仅存在于各种有形的状态和形态，还存在于各种无形的演练之中。就企业内控而言，各种有形的状态和形态包括各种业务及其流程，千姿百态的各种资产，也包括各种无形的演练，企业内外部环境。其核心是人的资质及其培训、人与人之间的关系、价值观、企业文化等。

企业内部控制系统作为一个整体不能分解，必须强调遵循秩序。但为了实施控制，不分解又不利于员工理解，因此有了会计控制和管理控制。但是会计控制和管理控制也是没有办法截然分开的，即使为了提高经营的效率和效果，加强资金的控制，节约成本，也不能忽视此举对实现企业战略目标以及其他方面的影响，否则战术与战略脱节，必然得出“财务控制是坏事”的结论。因此，适应性原则必不可少。即使分解为各个部分，仍需要清楚各部分之间不是孤立存在的，而是相互联系、相互依存、相互影响和配合的。因此要强调主动交换，把五个原则作为一个整体，有助于提高其操作性，改善企业内部控制的效果，把握整体平衡，实现企业内部控制。

怎样遵循秩序主动交换把握平衡?

第一，要求企业全过程的遵循秩序，有严格的规章制度

内部遵循秩序包括企业生产经营业务整个流程的规范及其货币化反映的结果——会计记录、账表等的规范，具体包括企业管理部门用来授权与指导供、产、销等生产经营管理的各种方式和方法，也包括核算、分析、检查各种信息并予以报告的各种程序和步骤等。同时，内部秩序应与企业法人治理、企业风险管理和战略管理互动，主动交换信息，兼顾企业长期规划与短期目标、战略目标与经营目标，把握企业发展平衡；另外可积极调动企业一般员工参与到高层管理活动中来，通过对高层管理的监督，了解经营活动中的问题与建议，以便随时发现和更正问题。内部控制的内容应与企业的内外部环境及其变化相适应。内部控制应配合工作环境的需要，体现企业经营规模、业务范围、业务特点及风险状况等方面的要求。同时，企业战略目标要顺应社会环境的现实；风险管理应随时应对竞争环境挑战，促进企业在各种有利和不利的环境下可持续发展。

第二，任何活动的控制都体现为人参与的过程，人们将意志带入组织中来，根据自己的目的来行事，所以要信息主动交换

内部控制应当在治理结构、机构设置及权责分配、业务流程等方面形成相互制约、相互监督，同时兼顾运营效率，经营层面的平衡。在没有对控制和组织凝聚力产生任何威胁的情况下，可以给予各个部分以自治并对他们授权，但在业务组织机构设置上及权责分配、业务流程上要将责任落实到个人。凡是涉及不相容职务的经济业务都应严格加以分离、相互牵制，以免错弊发生。如果由团队去完成任务，人手少只能由一人完成时，则应由其他人事后监督，以体现控制的约束力。负责对内部控制进行监督、检查、评估的人员要有独立性，以免流于形式。最理想的独立检查应由不直接实施控制的内部审计师进行，其公平性有助于提高内部控制的效果。当然，外部审计人员的评价和意见对客户也是有帮助的。另外就是由员工的领导进行的检查，通常采用例行的日常检查，结合使用突然袭击式的检查。轮岗也是常用的形式之一。对发现的与规定不符之处，以及例外情形应该报告给有能力采取适当更正行动的管理层。

第三，把握平衡就是要统筹兼顾，相互协调和配合，不能影响效率

传统上，组织把自己分割成几个部分去克服难题，按各个机能设立的层级结构让人们更易于掌握和控制。但是，这种层级结构日渐加深加大，成为各部门之间无法跨越的鸿沟。如果企业中的人只专注于自身的职责，对所有职务互动所产生的结果没有责任感，则难以实现企业整体绩效最优。同时，分析内部控制的成本和效益必须考虑全面

影响，包括对员工民心和士气的影响。例如，对大多数公司来说有权阅读员工的邮件，但很少有公司这样做，除非有证据表明对公司可能造成了伤害，否则会降低控制效果。同时在对活动控制的过程中，要对人给予应有的尊重，通过适当的约束与激励，激发员工创新精神，宽严并济。管理当局为了产生理想的结果，必须设法使用必要的、最小的控制成本。

结语：太极思维的遵循秩序、主动交换、把握平衡三者之间相互联系、相辅相成，为企业管理和实施内部控制提供了指导方针。中华文化博大精深，其不仅具有深邃的思想内涵，而且还蕴含着丰富的管理策略，对方方面面的管理都起主导作用，对企业管理也不例外。企业管理既是一门科学，也是一门艺术，既有规律可循，又无一成不变的模式。中华智慧的太极思维是21世纪企业管理的有效选择，在社会快速发展的今天，发掘太极思维的真义，结合现代管理理念，构建新的企业管理模式，对发展现代化企业有重要意义，对其他领域的管理也有借鉴作用。

太极思维在现代经济管理的应用初探

陈新光[①] 常绮帆[②] 陈淑婷[③]

摘要：

太极思维是中国近八千年的传统文化历史积淀，通过传承和创新，已成为中华文化史上的明珠。太极思维理论的核心是平衡，运用太极思维的阴阳理论中的秩序、交换、平衡对于现代宏观经济管理和微观经济管理具有借鉴意义和现实意义。

关键词：太极思维 宏观经济管理 微观经济管理

引 言

太极思维是历经时代变迁，纵横中国千年历史留下来的中华传统文化精髓，同样也是人类社会文明的文化精髓。太极思维，是一种哲学文化学思维，形象思维与逻辑思维并重，运用归纳推演等方法对事物进行描述与本质研究的辩证思维。运用太极思维的辩证方法，对于

---

① 陈新光。博士。上海大学经济学院兼职教授（硕士生导师）、上海统计学会副会长、全球化智库（CCG）特约研究员。主要研究方向：国际关系、经济管理与统计。

② 常绮帆。上海大学经济学院2018级金融专业硕士研究生。研究方向：金融风险管理。

③ 陈淑婷。上海大学经济学院2018级金融专业硕士研究生。研究方向：金融风险管理。

我们理解当代世界经济发展，特别是现代经济管理，具有重要的现实意义和指导意义。太极思维所承载的哲学内涵和民族传统文化，能够指导现代文明的社会经济生活，改善生存环境，从而更加趋于均衡和谐的状态，在这意义上说，将太极思维应用于宏观经济管理、微观经济管理是现代管理应有之意。

一、太极思维基本内涵

太极的基本结构是阴阳，而阴阳的创立者是中华民族的人文始祖伏羲。所以 8000 年前上古时期阴阳的创立之时就是太极的应用之始。但太极这个概念首先由孔子提出，孔子是在写《易经》注解《易传》的过程中提炼的，“易有太极，是生两仪。两仪生四象。四象生八卦。”太极思维，建立在易学“阴阳五行”的基础原理上，用太极模型对事物发生的现象的结构进行分解，揭示出人内心的主观认识与外在的客观现实之间互相作用的自然规律，与和谐统一的根本原理。

（一）太极思维核心

纵观历史，太极从期初的“阴阳”到太极的概念，太极概念的产生到太极图案的固定，经历将近七千多年的积累。《易经》的核心思想是“太极”。太极思维的基本结构源于中华民族的宇宙观，太极最早出现在《系辞》:“易有太极，是生两仪。两仪生四象。四象生八卦。”依照六十四卦次序图所示，太极的“两仪”是指阴与阳；四象就是老阴、少阳、少阴、老阳；八卦就是乾一、兑二、离三、震四、巽五、坎六、艮七、坤八。太极是阴阳之母，而阴阳是太极矛盾法则的精要。太极中的阴阳是构成宇宙万物的最基本元素，凡动静、刚柔、左右、虚实、上下、左右、内外、前后、男女、敌我、物我、天地等，皆在阴阳之列，揭示的是矛盾双方对立统一，相生相克、相互依存的这么一种关系。阳指生发，属于积极的一面，令事物出生和生长；阴是指克制，属于消极的一面，让事物衰老和死亡。

（二）太极思维与阴阳辩证学

太极图，又被称为阴阳鱼图，是因为整个图是一个圆圈，圆圈中仿佛黑白两条阴阳鱼相抱相融。白鱼即为阳，黑鱼即为阴。阴阳易理变化，阴生阳，阳渐盛再转为阴，这样循环往复。黑鱼有白睛，白鱼有黑睛，这代表了阴阳互根、阴阳对立、阴阳消长。阴阳辩证法的基本内容就是：阴阳互根、阴阳对立、阴阳消长、阴阳转化。意思是，这两种对立的能量始终处在此相互依存、此消彼长，对立统一的变化之中。老子在《道德经》中说："道生一，一生二，二生三，三生万物。万物负阴而抱阳，冲气以为和。"而太极就是表现道运行的形式之一。现如今被世人广泛接受和传播学习的太极图案，直到宋朝才固定下来。道家的学士陈抟（871 年）创作，其学生周敦颐注解，并写作《太极图说》。周敦颐的《太极图说》将抽象的阴阳矛盾关系统一，道出了阴阳辩证法的基本思想。其认为，一阴一阳谓之道，阴阳融合称太极，从而能揭示事物发展的规律和事物间的本质关系。这是太极思维中，阳中有阴，阴中有阳的对立统一观、矛盾论、否定之否定的精髓，揭示了世间万事万物的权变，对立统一、融合和谐关系和发展规律。只有这个，才能全面完整地描述事物发展规律，研究事物本质和事物间存在的规律。

二、当代太极思维的研究与发展

太极思维具有近八千年的历史，是中华智慧的结晶，在中华历史文化占有重要的地位。中国是与埃及、古巴比伦、印度并立的世界四大文明古国之一，唯有中华文化得到传承与发展。其中，太极思维就是中华民族的精神特征之一，是人们心灵深处共通的自然法则，也是人类社会文化的精髓之一。

(一)当今太极思维理论的最新研究

国内外对太极思维的研究从未停止过，特别是太极思维的辩证逻辑思想一直是人们研究的重点，使古代的太极思维思想成为世界哲学思维皇冠上的一颗明珠。其中著名的有：20 世纪 80 年代初，我国著名的科学家钱学森先生倡议创建以形象思维学、抽象思维学、灵感思维学、社会思维学为基础学科的现代思维科学学科体系，还提出重视辩证思维与特异思维的研究；1984 年在北京召开了首次全国思维科学理论讨论会，成立了以张光鉴研究员为筹备组长，田运教授、戴汝院士为副组长的中国思维科学学会筹备组；1985 年上海体育学院罗以迪老师受钱学森讲话的启发和南京大学天文系朱灿生论文《太极(阴阳)——科学的灯塔》的影响，将两者结合提出来新概念“太极思维”，不仅用于高等教育改革，获得上海教育奖，上海广播电台还做了专题报道。另外，作者还发表了多篇关于“太极思维”的文章;《周易》世家的第四代传人文叁先生，在继承中国优秀传统的同时结合实践，提出了太极思维的核心构架，对太极思维理论研究做出了显著成绩。文叁先生创立的太极思维理论体系，是用太极理论结合儒道佛等，构成了一个比较完整的思想系统。他运用符号进行抽象思维，并设计了一个宇宙本体和万物的形成框架。他的太极思维体系影响了中华文化的发展方向和发展模式，造就了中华民族特有的文化特征。

(二)文叁先生对太极思维研究的创新和成绩

文叁先生前后用了三十年，孜孜不倦钻研太极理论，将太极思维高度精练为：秩序、交换、平衡。本质上，不再仅仅作为一种形而上学的思想，更加成为一种形而下的，能够指导人类工作生活，治学治国的实际方法论。太极思维研究院院长文叁先生创立的太极思维理论体系，不仅弥补了“太极”在方法论的短板，令太极思维可以与认识论、方法论协同发展，给予人类生产生活更多的借鉴，推动政治文明、和谐社会、生态平衡、经济平稳、文化强盛的建设，为中国优秀传统文化向前发展、走向国际化做出了很大贡献。中央党校研究生院原党委书记段若鹏教授评价文叁先生对太极思维的研究成果，称得上是“三千年前文王拘而演周易，三千年后文叁继而演太极”。如今，文叁先生创立了太极思维研究院，将他的研究成果形成著作、演讲，向社会传播，产生了一定的社会影响力。

文叁先生钻研《易经》，钻研太极，太极思维理论体系不断完善。文叁先生提出的太极思维由秩序、交换、平衡三部分组成核心框架。具体来说，秩序是基础，上下相生，左右相克；交换是过程，有无相生，此消彼长；平衡是目标，内外兼顾，符合规律。文叁先生在自己的理论体系中提出的核心理念是，人类思维系统是一个强大的信息加工创造，应对传统文化取其精华，弃其糟粕，尤其是剔除了儒家文化中错误的天尊地卑、男尊女卑、君尊臣卑等等级观念。

文叁先生提出，养成“主动平衡，心静神清”的习惯，形成“储蓄祝福，改善人生”的意识，达到“小爱伤己，大爱受益”的境界，也是在对社会弘扬生命的正能量。文叁先生更注重结合实践，注重在现实生活中的应用。他通过在企业讲座，在社会上不同的地方，不同的环境，不同的场所进行讲学，还采用书法与理论相结合的形式，用书法表现他提炼的经典人生格言，令大家更加容易接受他的理论，理论的意义也被扩充和延伸。

三、太极思维理论在现代经济管理的应用

中华几千年的文化积淀，特别是自有《易经》以来，就擅长以整体观的方法从宏观上面把握事物，即强调阴阳结合、阴阳转换，以求达到阴阳平衡。太极思维的核心就是注重平衡。当今我们运用太极平衡的原理来理解现代经济的管理，无论是宏观经济管理还是微观经济的管理都具有一定的借鉴意义。

（一）宏观经济管理通过宏观调节和控制，注重协调发展

太极思维的特点，与西方哲学相比，就是思维理念的差异，可以简单说成线性与非线性，分析与综合的差别。太极思维理论强调解决总需求和总供给之间的矛盾，推进供给侧改革，统筹兼顾，协同发展，促进我国经济健康发展。

宏观经济的平稳运行总需求与总供给基本平衡。当前的国际与国内形势发生了很大的变化，特别是国际经济危机带来的影响，使得拉动经济的“三驾马车”遇到了一定的阻力。在我国的经济发展中，存在着不协调、不平衡的问题，主要表现在许多大宗产品存在着严重的过剩，如钢铁世界产量第一，但许多特殊的钢材却依赖进口；煤世界产量第一，却带来污染严重影响人们的身心健康，说明宏观经济的运营存在着不协调、失衡的问题。这个问题在一定程度上严重制约了我国经济的平稳发展。运用太极思维的平衡理论，有助于在解决经济发展处理好总供给和总需求的矛盾，强调供和求的平衡，深化经济供给侧改革，以求达到经济稳中求好的发展，即根据内需与外需的变化调整供给结构，又要扩大生产可能性边界，提高生产效率和效益。

在社会主义公有制市场经济里，需要从根本利益一致和统一的总体经济目标出发，其中货币政策和财政政策是调控宏观经济平衡的重

要手段。与国外相比，我国注重运用经济手段，运用财政政策和货币政策等政策手段进行经济宏观调控。运用太极思维平衡的理论，对于我们理解宏观经济的结构调节和总量调控具有一定的现实意义。我们要从社会全局利益出发，引导国民经济持续快速健康发展，围绕“经济平稳增长，物价稳定，充分就业和国际收支平衡”四个基本目标展开。

（二）微观经济管理注重由对物的管理到对人的管理

以马克思辩证唯物主义观点来看，太极是和谐之极，是人与自然的和谐，是万物共生的和谐。和谐之极存在于宇宙间的万物中，还存在于人际的交往中。就微观经济管理而言，各种有形的经济运营和生产的业务流程中，其核心是人与人，人与组织，人与环境之间关系的秩序、交换与平衡。

微观经济是指个量经济活动，即单个经济单位的活动，是指个别企业、经营单位及其经济活动，分析的是有限资源分配如何获得最大利润，有限收入分配如何得到最大效用等。无论是东西方文化，都注重强调研究微观经济由对物的管理变为对人的管理，从科学生产管理变为人性化经济管理。如国外企业很重视员工在企业中的作用，提高员工的地位，鼓励员工参与企业的管理，提高员工的各方面技能，也实现了微观经济管理注重强调企业文化提升的目的。我国调节微观经济的经济基础是建立在公有制为主体、国有制经济为主导、多种所有制形式并存的基础上，建立的按劳分配为主体、按生产要素贡献分配等多种分配制度，就是强调注重对人的管理，以实现微观管理的人性化，即体现科学发展要以人为本的思想。

在我国微观经济管理中，强调的是社会中的个人和各组织之间的交换与利益实现过程，主要包括消费者选择，厂商生产供给，收入分配和对其进行管理、决策以及制定对应的具体实施方案。太极思维强调的管理模式是包括了文化管理、团队精神管理、分权与监督、结合民主自由与约束、包容柔性管理与制度刚性管理、疏导矛盾、建立和谐人际关系等的一种特定模式。太极的核心框架——秩序、交换、平衡：上下相生，左右相克，内外兼顾；主动给予，长久发展；主动平衡，符合规律，这对解决现代企业管理及其他微观经济管理中的矛盾提供了方法论，可值得我们借鉴。

结　论

太极思维是经过中国几千年文化积淀，最终成为人类普遍认知的哲理与实践原则。太极思维的重要意义和最大价值就在于，可以直接运用到实际工作中，为人们所接受，方便易行且行之有效。思维方式决定了行为的结果。运用太极思维分析现代经济问题，能够分析现象，能够解决问题，能够指引未来。太极思维可以转换陈旧思维，化解矛盾，促进创新。太极思维为现代宏观经济管理和微观经济管理提供了辩证思维与融合统一的平衡管理视角，极具应用空间和发展前景。太极思维所承载的几千年的中国传统文化内涵，足以指导现代文明的社会经济发展，改善我们生存的环境，从而实现平衡与和谐统一。

参考文献：

[1] 罗君名.太极思维及其经济管理应用探讨[J].产业与科技论坛,2012,11(18):233-235.

[2] 郝身永,那艺.更加关注供给侧的宏观经济管理——因应国内外形势变化的积极调整[J].当代经济管理,2015,37(4):1-5.

[3] 陈思达.从太极图浅析中华文化的思维方式[J].赤峰学院学报(汉文哲学社会科学版),2017,38(5):81-84.

[4] 理查德·伊斯瑞尔,凡达·诺斯,张军军,李玉,高波.《思维太极》[J].职业,2014(4):79.

[5] 刘培,苗晋慧.浅谈太极思维的教学价值[J].新西部(下旬.理论版),2012(Z1):202+208.

[6] 罗永平.解读太极图[J].少林与太极(中州体育),2009(7):9-14+17.

[7] 陈新光.太极思维与弘扬祖国文化[J].太极思维，2016(1):46-47

[8] 段玉铭. 中华太极[N]. 河北日报,2018-10-26(009).

Application of Tai chi thinking in modern economic management

Abstract

Tai chi thinking is a traditional cultural and historical accumulation of nearly 8000 years in China. Through inheritance and innovation, it has become a pearl in the history of Chinese culture. The core of Tai chi thinking theory is balance. The order, exchange and balance in the yin-yang theory of Tai chi thinking have reference and practical significance for modern macroeconomic management and microeconomic management.

Keywords：Tai chi thinking; Macroeconomic management; Microeconomic management

太极思维在班级管理中的应用

高维阳（南开大学法学博士）

赫尔巴特说:“如果不坚强而温和地抓住管理的缰绳，任何功课的教育都是不可能的。”班级是一个学习团体，是一个互相教育的共同体。班级管理最重要的目的是培养学生良好的习惯和品质。通过开展各种班级活动，使班级各个成员有更多的机会展示自己的才华，表现自己的能力，以激发班级成员的成就感，增加成员之间的认同度，提升个人的责任意识。

中华智慧的太极思维能够有效保证班级管理的目标实现。太极思维就是运用太极阴阳对事物和现象进行结构解析，阐释能量转化的自然规律，从而揭示事物的本质和事物间规律性的联系。随着时间和科学的发展，更加证明了我们中华文化的核心理念——太极思想（阴阳）的科学性和先进性。太极思维把认识论转化为方法论，告诉我们：秩序交换以平衡，左上中下右循环。因为秩序·交换·平衡是事物发展的规律，也是中华民族的精神特征；秩序·交换·平衡是人们心灵深处共通的自然法则。

管理的本质——约束行为，按规律办事。人是构成管理系统的主体。在整体系统中，各个部分的相互影响和变化，是事物发展的动力。系统中的各个构成部分，要遵循一定的变化规律，才能达到和谐平衡。

太极思维的思想法则，存在于社会的各个层面，指导着国人处世、处事的行为。这种思想法则，运用到班级管理中，对优化班级管理也有显著的作用。

一、秩序交换平衡体现于班级管理中

太极思维的秩序·交换·平衡体现于班级管理中，要求班级具有高度凝聚力和协调性。主要体现在三个方面：一是学习的秩序性，班集体学习的氛围怎么样，是乐于学习、交流，还是厌倦钻研、合作，要把握明确；二是环境的交换性，家庭环境和社会环境对学生的学习成绩和品格形成等都有很大的影响，学校要与家长和政府保持良好互动，做到对学生的状态了如指掌；三是师生之间的平衡性，师生对班级发展的共同目标，是否有集体认同感，还是把个人与班级单独分开来，应心中有数。面对分歧，及时沟通，保持师生关系融洽和谐。作为管理者，要恰当地解决这三个方面的问题，使各种管理统一为一个整体，避免管理措施过硬或过柔的极端。在管理过程中，运用太极思维“同声相应，同气相求”的原则，树立良好的榜样，使学生各就各位，各司其职。管理好班级，就是要在秩序交换平衡的过程中把握班级情况。

二、班级管理中的交换性和循环性

对于班级这个整体，存在着交换性和循环性，老师与学生、老师与班干部、班干部与同学等。班级中的各个成员应及时相互交换意见、交流思想，使各项工作有效循环。老师与学生、学生与学生之间，每个人的性格各不相同，难免存在矛盾。矛盾的一方是以另一方的存在为条件，并在一定的条件下互相交换转化的。我们在解决班级中的各种矛盾时，应尽量消除坏的影响，创造条件向好的方向交换转化。“学生是班级管理的内因，教师是外因。外因是变化的条件，内因是变化的根据。只有老师积极主动地去激发学生这一内因，班级才能有更好的构建。”我们要立体地去看待学生与老师的关系，这之中既有联系，又有制约。班干部是学生与老师之间的桥梁，是班集体走向的主流。在现实中，往往是那些既能处理好与同学的关系，又能处理好与老师的关系的班干部，在班集体中才具有较高的权威。在实际工作中，我们既要善于发挥班干部的模范带头作用，鼓励同学们共同提高；也要善于发挥学生的监督作用，砥砺班干部的成长。有效的交换意见，良好的互动交流，才能实现班级管理的良性循环。

三、循环规律怎样应用于班级管理

根据太极思维左上中下右循环的规律，此消彼长。从班级的发展过程来看，班级有形成、发展和结束三个阶段。这三个阶段的进程，是一个此消彼长的过程。在这一过程中，要动态地管理班级，适时调整管理方法，激励个体发展。老师不能用一成不变的思想处理各阶段出现的问题，更不能用一成不变的眼光看待学生。在班级的形成阶段，老师要注意积极创造良好的环境，让学生互相了解，以便形成良好的班风，以利齐头并进、共同提高。在班级的发展阶段，各种矛盾会凸显出来，老师不能用初始的方法解决矛盾，要根据变化，调整管理措施，以便能对症下药，激励个体进步。在班级的结束阶段，因为学生面临毕业，情感波动比较大，老师要注重疏导学生的心理，以激发学生个体潜在的潜能完善自我。因势利导、因人而异，换位思考是贯穿于整个班级管理中应有的理念和行为。

总　述

中华文化博大精深，其不仅具有深邃的思想内涵，而且还蕴含着丰富的管理策略，对方方面面的管理都起着主导作用，对班级管理也不例外。班级管理既是一门科学，也是一门艺术，既有规律可循，又无一成不变的模式。中华智慧的太极思维是 21 世纪班集体建设的有效选择。在社会快速发展的今天，发掘太极思维的真义，结合现代管理理念，构建新的班级管理模式，对发展当代教育有重要意义，对其他领域的管理也有借鉴作用。

以太极思维指导解决水环境治理中的微生物问题

向智国（北京水清益华环境技术有限公司 董事长）

太极思想是影响大中华圈乃至儒家文化圈数千年的瑰宝，包含着很深的哲学精髓，也为中国古代的思想文化发展奠定了强大而符合逻辑的基础，是中华民族贡献给全世界的大智慧。太极思维将其提炼为秩序、交换、平衡，可谓大道至简、深入浅出。用这个方法来分析中国眼下的水环境治理问题，具有非常重要的指导作用。

当前中国的环保问题包括水、土和大气问题，以水问题最为严重。经过污水厂治理达标排放的水，仅仅属于地表水中的劣五类，更不用说还有很多不达标，直接毒死鱼虾的案例。我们走的是先污染后治理的路子，随着近30年的高速发展，大量污染物在环境中不断积累。实际上某一些的污染物也可能是另外一些场合的原料，是被弃置的资源。以太极思维观之，就是秩序有颠倒，交换不充分，平衡未实现（以上次我们考察的淄博某污水处理项目为例，如果每天向来水中添加一车有机废弃物，经过调试之后，就可以成为最优秀的污水处理厂）。

从操作层面来看，中国有全世界最优秀的菌种，翻开网上平台淘宝、阿里巴巴就会发现各种单一菌种，包括分解能力最强的枯草芽孢菌等，可以做到极高的纯度和丰度，而价格并不昂贵。中国更能制造全世界最漂亮的发酵装置，为什么中国还是工厂污水横流，河流遍地污染？很奇葩的是很多负责净化污水的污水厂反而变成了污染源，不断向环境中释放臭味和污泥。

这其中一个很重要的原因可以解释为我们对微生物的世界了解有待增加，摸不清微生物世界的“秩序”。一个典型的例子就是污水处理厂——大多数时候人们认为给污水通氧气就是好氧处理，认为有了氧气好氧菌一定会在里面大量繁殖；人们认为不给污水通氧气就是厌氧处理，厌氧菌就会大量消耗有机物。是否只有厌氧菌和好氧菌最有效？实际情况并非如此，许多经过精确设计的污水厂很多时候并不能按善良的愿望去解决问题。

事实上，任何一种单一菌种的作用范围都是有限的。对于我们要驯化来工作的工程菌，我们对它和世界的“交换”必须了然于胸。微生物的世界里需要孤胆英雄，更需要合作能手。如何让多种微生物更多地协同起来，按先后次序和搭配配合好，高效地从事污染物的降解工作？这种秩序就显得非常重要。秩序方面能考虑周到，交换没有问题，那么处理效率就非常高，系统抗冲击性也就非常好。污染物大量被降解，剩余污泥也就非常少，不需要花费高昂的费用去焚烧或者到处找填埋场。

微生物没有接受命令的器官，也不会看人脸色，也无法体会人类内心的祈祷。通常一个世系也就几分钟到一二十分钟，生命周期最长的、污水处理常用的硝化菌也就十个小时左右。在生命周期内无法施加有效的影响，微生物的一辈子就过去了，达不到我们期待的污染量和处理量的“平衡”。

在微生物的世界，“秩序”非常重要。每一种菌的生存条件，包括温度、湿度、压力、溶解氧、氧化还原电位、渗透压、物质条件等，都很独特。哪些菌能利用既有的条件先生长，制造一定的物质基础；哪些菌有条件后长，利用其他菌分泌或者消耗产生的物质和环境基础，我个人认为，这就是太极思维说的“秩序”。

在宏观世界里，我们可以说这个屋子有氧气，有可能适合好氧菌生长，这是对的。如果说不适合厌氧菌生存，可能就不太客观了。从微观角度来看，这个空间有氧不等于这个微生物有氧。事实上如果在这个微生物周围的几个微米之内没有氧分子或者氧原子，好些厌氧菌

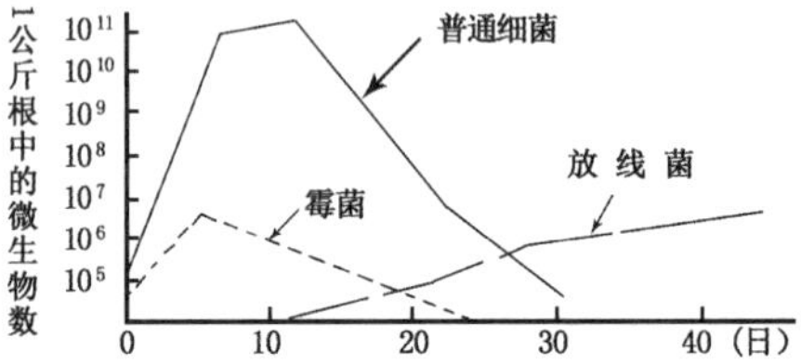

植物残体分解实验中的微生物组成情况（日本）

微生物界的“秩序”与“交换”

可以生活得很好。一种厌氧菌生活过程中把大分子有机质变成小分子来获取能量，很可能也为其他的好氧菌的生存创造了物质基础；而好氧菌的活跃带来的溶解氧的消耗，也直接创造了厌氧菌的生存环境。这就是自然界的互赖现象，也就是太极思维中的交换。理解了这个就很容易理解污水处理中的回流机制，那就是用机制性的“交换”来保证厌氧和好氧处理的效率，从而达到“平衡”。

经过一定时间的生物处理，微生物之间某些物质的生产量和消耗量几乎保持一致，形成一种新的动态平衡；或者某些物质不断被积累或者消耗，导致某种微生物的生存活动变得越来越不容易，形成一种新的静态平衡。在微生物界，这样的“平衡”几乎无处不在。

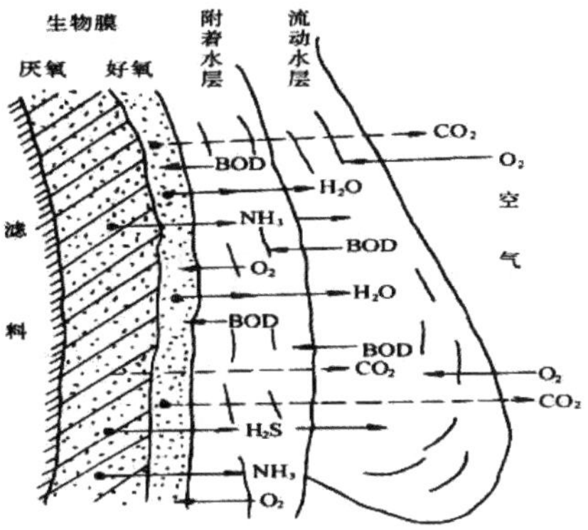

微生物界的“平衡”

一套设计良好的污水处理系统，对影响生物处理效能的各种参与菌必须要有全面的平衡的考虑，各种菌的交换必须要匹配（如果厌氧菌消耗了全部的能量则氨氮很难消除，常见于医药类企业的废水处理；如果硝化阶段（好氧处理）将碳源耗尽则反硝化过程一定受阻，常见于市政废水处理）。如果只是简单地从厌氧和好氧出发来考虑问题，这个秩序必然厘不清，物质的实体交换也一定不充分，始终难以达到一种平衡的抗冲击的状态。最常见的例子就是治理污染的污水厂出水水质很差，用瓶装起来 7 天一定发绿；厂区气味很大，产出泥量很多，添加一系列的新污染。如果跟设计院最初的设计参数相对照，会发现结果相差很远。实际上，仔细研究会发现污水处理的很多参数是基于经验数据而非化学方程。

在人类出现以前，这个世界就有动植物存在，也就有相应的污染处理问题。从人类的角度，我们称之为自净能力，也就是自然界净化污染的能力。自净能力表示的就是一种自然平衡，其交流是很充分的，哪一种菌先动，哪一种后动实际上非常有秩序，有多少污染物就降解掉多少。我们完全可以以太极思维的经度和纬度来思考大自然、学习大自然，把水环境污染治理工作做到精细化、科学化，甚至预测未来问题并加以应对。

太极思维有助于提高大学生思想品德

周　燕（原大连城市建设局干部）

导　读

中国梦是一个提升人们幸福感的梦想，是一个和谐、和平与发展的梦想。中国梦的最大特点就是把国家、民族和个人作为一个命运的共同体，把国家利益、民族利益和每个人的具体利益都紧紧地联系在一起。"中国梦"关乎着中国未来的发展方向，凝聚了中国人民对中华民族伟大复兴的憧憬和期待。它是整个中华民族不断追求的梦想，是亿万人民世代相传的夙愿。每个中国人都是中国梦的参与者、创造者。

在举国上下共圆"中国梦"的浓厚氛围中，在实现中国梦的进程里，作为实现中国梦起到举足轻重作用的大学生们，他们具备了肩负实现中国梦的道德素养了吗？他们做好准备了吗？接下来大家先看两个大学生道德缺失的案例，再做思考。

案例一：马加爵(1981 年 5 月 4 日—2004 年 6 月 17 日)，男，汉族，广西宾阳人，云南大学生化学院生物技术专业 2000 级学生，户籍地为广西宾阳县。1996 年至 1997 年在宾州初中读初三，以优异的成绩考取省重点宾阳中学；1997 年至 2000 年就读于宾阳中学，成绩优异，曾获得全国奥林匹克物理竞赛二等奖，被预评为“省三好学生”；2000年至2004年就读于云南大学生化学院生物技术专业。2004年2月13日晚杀一人，2月14日晚杀一人，2月15日再杀两人，后从昆明火车站出逃。2004年3月15日被公安部列为A级通缉犯；2004年6月17日被执行死刑。

案例二：朱海洋(Haiyang Zhu，音译)，中国宁波人，上海海洋大学经济贸易学院2001级国贸专业学生，英语尤为突出。2008年秋季进入弗吉尼亚理工大学攻读农业和应用经济学博士学位。在美国东部时间2009年1月21日晚7时（北京时间22日早8时），在弗吉尼亚理工大学中的一家餐馆中，朱海洋残忍地用大菜刀将该校女同学杨欣的头颅砍下，受到被控一级谋杀罪名。2009年12月21日朱海洋认罪，他面临最高终身监禁的刑罚。

有的大学生藐视道德标准，对自己的行为不负责任，极度自私，人生观、价值观模糊，造成惨剧，还有很多没有列举的事件，我们不禁要思考：当代大学生是21世纪的开创者，是国家和民族的希望，不仅要掌握丰富的科学知识，拥有健康的体魄，还要有良好的道德修养。如何加强当今大学生思想道德修养教育，是我国教育体制改革、教育研究者必攻的课题。到目前为止，关于道德修养教育还没有一个完整的科学教育体系。时局成就思想，思想成就未来。只要中国梦需要，人民需要，大学生需要，太极思维便会在历史舞台上发光发热。

太极思维的原则就是“遵循秩序、主动交换、把握平衡”,即人类不仅应与自然和谐相处,更应与人类的每个成员和谐相处。国家不分大小,种族不分优劣,个人不分富贵贫贱,如果能够相互尊重和监督,那么,社会制度、阶层、组织等就都不再是人类正常交往的屏障,人类就能够和谐相处,平衡发展。因此，大学生学习和掌握太极思维尤为重要。

首先，学习太极思维的秩序。秩序意味着光明和安宁，意味着内在的自由和自我控制，秩序就是力量，是人类最大的需要，是真正的幸福所在。即人与人之间应建立一种友好亲善、和平共处、互帮互助的平等关系。要求每个人都有健全的人格,有正确的世界观和人生观,能合理地处理个人与自然、个人与社会的错综复杂关系,做到融入集体、融入社会、融入自然，相互交换。

其次，学习太极思维的交换。集体和谐是建立在个体和谐基础之上的,社会的和谐有赖于人的主动交换去积极促成。国家之间、宗教之间、民族之间、不同制度之间,社会各阶层、各团体、各利益集团以及官民之间的和谐要靠人去推动和维护;政治、经济、文化之间和它们各自内部的和谐也要靠人去交换和实现。五六十年代，我们的父辈只强调奉献，为家庭奉献，为集体奉献，为社会奉献，不关注个人需求，只要你提一点个人需要，就说你这个人很自私，没觉悟。然而当时的现状是生产力低下，商品匮乏，缺吃少穿，甚至忍饥挨饿，整个社会缺少创造性。原因在哪呢？它没有遵循得必有失、舍必有得的能量守恒定律，只强调给予不关注索取的社会风气同样违背了自然规律。

最后，学习太极思维的平衡。既然我们欢迎别人主动给予、积极奉献，那么就要考虑他的自身需求、实际状况，只有责任与收获均等，社会才能平衡。人们通过对太极思维的学习,逐渐认识到平衡阴阳的和谐相处是我们人类社会繁衍生息的普遍规律,相互尊重、相互监督、相互谦让、相互帮助就成为构建和谐人际关系的基石。人生与任何事物一样，始终处于能量的收放之间，收和放缺一不可。任何事情既要自己舒服，各方受益，更要维护环境，遵循规律。

如果深刻理解秩序决定成败，态度决定输赢，做到不强求，不违背规律，马加爵的同学们就不会死，同学们的态度也惹怒不了马加爵。如果懂得主动给予，关爱他人，责任和收获均等，主动平衡，心静神清，事件当事人也不会违背平衡，不计后果。

结　语

太极思维对于大学生、对于所有为实现中国梦而努力的人民的最大意义是：唤醒人们心灵深处共通的自然法则，提升思维品德，把握生命规律。让人们明白内心、家庭、社会各为系统，相互作用，和谐发展的原理，潜移默化地净化自我心灵，提高道德修养，规范自我行为，从而维护社会秩序，享受幸福人生，进而造福社会，实现中国梦，实现社会和谐，促进人类进步。

孙桥现代农业国际孵化器的创业之路
——兼论太极思维在服务现代科技产业发展中的应用

虞奇虎

孙桥现代农业国际孵化器成立于 2015 年 9 月，是上海市首家致力于现代农业科技型企业培育的市级专业科技孵化器。

2017 年，孙桥现代农业国际孵化器被上海市科技创业中心、上海市科技企业孵化协会评定为“上海市市级科技企业孵化器”，被浦东新区人力资源和社会保障局评定为“浦东新区创业孵化基地”；2018 年 8 月，又被上海市浦东新区科技和经济委员会拟定为“浦东新区创新型孵化器”。在孙桥现代农业国际孵化器的有效运作下，三年来，多个农业科技创新型企业有了安身之处，无土栽培，土壤修复、水栽培、水循环、电子商务、植物表型加速器、自走式精细旋耕高温火焰机等数十个农业（指大农业，含畜牧渔林草水副，下同）高科技项目成功落地，顺利发展。

这是我创业道路上迈出的最重要的一步。

坦白地说，迈出这一步是不容易的。起家犹如针挑土，创业艰难百战多。作为一名退伍军人、农民企业家，能够在中国改革开放和科技创新的中心浦东立足，并能站到服务农业科技企业的前沿，这一切是怎样发生的呢?

过去，我并未深入思考过这个问题。认识文叁并了解他的学说之后，我突然发现，孙桥现代农业国际孵化器的成功实践，其实正是自觉不自觉地践行了太极思维理论的结果。

一、根本在于遵循“规律”

太极思维最大的特征是思维具有整体性、系统性和形象性，就是用太极对事物和现象进行结构解析，阐释能量转化的自然规律，从而揭示事物的本质和事物间规律性的联系。

以往总有一种观念，认为农业是传统落后的产业，工业才是现代先进的产业。用太极思维理论来分析，这种认识显然是不对的。

太极思维的核心架构是秩序、交换、平衡。秩序指规律、规则。这是基础，是前提。它要求我们凡事遵循规律，以此来规范行为。

就农业而言，规律是什么？规律就是人类社会是建立在农业文明的基础之上的。没有农业文明，就谈不上工业文明，也谈不上社会文明，甚至谈不上人类社会。这个道理其实很浅显。

同时，规律表明，现代农业同样可以体现很高的科技水平，也必须运用现代科技对传统农业加以改造。特别是近年来，农业和工业在科技的引领下相互渗透，生态型工业和工厂化农业在世界许多国家中已成为现实。科技改变了农业，也改变了我们的生活。而作为传统农业大国的中国在这方面已经落在了后面，成了我们的软肋、短板。特别是在这次中美贸易战中暴露无遗，令人震憾。而国人中真正关心农业、热心农业科技发展的人似乎还不是很多。这些都必须引起我们高度重视，激励我们奋起直追。

正如习近平总书记指出的，“我们必须比以往任何时候都更加重视和依靠农业科技进步，走内涵式发展道路。”“让农业插上科技的翅膀。”孙桥现代农业国际孵化器就是在这样的背景下应运而生的。

1994 年 9 月，践行“国外先进农业与中国农业接轨，传统农业向现代农业转变”的发展理念，上海孙桥现代农业园成立，被批准为首个国家农业科技园区、国家引进国外智力成果示范推广基地、农业产业化国家重点龙头企业、国家级绿色蔬菜温室栽培标准化示范区、上海市现代农业园区重点建设单位，获得国内、国际双证书。“孙桥”品牌被评为上海市著名商标，得到国家领导人的充分肯定。

为进一步促进农业科技成果转化，培育和扶植高新技术农业科技企业的发展，2015 年 9 月，依托孙桥现代农业园，我们成立孙桥现代农业国际孵化器。这是上海市首家致力于服务农业科技型企业培育的市级专业孵化器。

孵化器坐落于上海市浦东新区张江科技城沔北路 185 号孙桥现代农业园内，一期孵化面积 8000 平方米。二期孵化面积 3.2 万平方米，专用花园式办公和实验室用房、公共产品展示中心、信息中心、多功能会议厅、会议室、3D 影院等各种设施设备齐全。

孵化器依托孙桥现代农业园区，与上海农科院、张江平台经济研究院、天农投资、尚信资本等众多科研、资本及企业服务机构形成战略合作，为促进企业科技成果转化提供各项专业和公共服务，培育和扶植高新技术农业企业，共同致力于打造现代化“农业硅谷”。

事实证明，思维方式决定行为的选择和结果。无论是一个国家、一个民族、一个地方、一个单位，还是一个人，都是如此。有什么样的思维，就会有什么样的行为，最终则决定有什么样的命运。运用太极思维的方法，把充满矛盾的社会作为一个整体来观察、来对待，就能够把握整个社会的基本面貌和发展方向，就能够做出正确的选择和决策。

二、关键在于善于“交换”

作为太极思维的核心架构，在秩序、交换、平衡三个环节中，关键是交换。

所谓交换，前提是承认存在对立统一的两个或多个方面，是在两个或多个独立主体之间进行要素交流运动转化，是矛盾对立面斗争统一的过程，也是对阴阳两极运行的通俗表述。

在这里，太极思维理论体系创造性地解构了“负阴抱阳，冲气为和”的太极思想，在辩证法的基本范式与矛盾问题的“精髓”上有自己独特的理论建树。这就是，阴阳互根、阴阳对立、阴阳消长、阴阳转化、阴阳合一。

太极思维强调从整体上把握大的局势、态势、趋势，在“和”(合)的同时重视“分”，在“分”的同时不忘“和”(合)，在承认个性、相对、差异、矛盾、斗争的同时，强调共性、绝对、统一、依存、包容，在着手“局部”的同时着眼“全局”。

孙桥现代农业国际孵化器的运行，存在着三个方面的互动“交换”要求。一是作为孙桥现代农业国际孵化器运营主体的上海新司陆现代农业创业孵化器有限公司是一家中外合资企业，首先必须处理好合资各方之间的关系。其次孙桥现代农业国际孵化器还必须处理好与依托单位孙桥现代农业园区的关系。最后要处理好与孵化器服务的对象，即已经进入、即将进入和有可能进入的涉农科技企业的关系，针对不同的需要做好个性化的服务工作。

对已经进入孵化器的现代农业科技初创企业，可按需提供财务代理、注册代理、法律咨询、融资投资、产品对接、人才引进、技术交流、专家指导、专利服务、项目申报、市场推介、会务展务、新闻发布、教育培训、物业管理等全方位服务，重点是补其所短，帮其所需，救其所急，实实在在地帮助其提高工作效率，提升科技成果转化、发展升级的水平和创业成长的成功率，推进其快速成长为高新技术现代农业企业。

对即将进入孵化器的现代农业科技初创企业，则为其做好前期服务工作，深入了解其基本情况、所长所短所需，告之其进入孵化器后的权利和义务，可以享受的服务及注意事项等，帮助其了解国家及上海市对农业科技企业的扶持政策和取得各种优惠待遇的条件，包括银企对接、孵化基金、天使投资、校企合作、检验测试、技术联盟、猎头服务等内容，协助其取得相应的资格资质。

对可能进入孵化器的现代农业科技初创企业和有农业科技成果转化条件及有创业愿望的个人，则重点向他们宣传孙桥现代农业国际孵化器的性质和特点，以及进入和不进入孵化器的区别，协助其创办农业科技创新企业。同时重在用事实说话，深耕高新技术创业体验新模式，让更多的人了解孵化器为入驻者提供的一流创业条件，集“创业苗圃—孵化成长—成熟推广—形成产业”于一体的市级孵化基地运行模式，并将创新创业产品直接链接到社区用户，助力创业者零距离获取种子用户，用最低的试错成本进行最快的市场推广，让大众创业万众创新与智慧社区智慧生活完美契合。

实践表明，“交换”是一个过程，需要主动给予、长期保持。

太极思维理论将社会中各种主体的独立利益和相互运动作为一个整体来观察、来对待，不断深化对规律的认识，加强顶层设计、整体谋划，增强各项工作的关联性、系统性、协同性，既不害怕矛盾，也不回避矛盾，不顾此失彼，挖肉补疮，迷失于单个领域、单个层次孤立的工作之中，而是运用太极思维的方法，坚持规律性，尊重差别性，包容多样性，适应多变性，以对话协商的方式凝聚共识，以互谅互让的精神处理分歧，以合作共赢的态度谋划发展，以面向未来的眼光解决现实问题，知常达变，开放融合，交流互鉴，取长补短，兼收并蓄，多元共生，执中致和。这才是行稳致远的长久之计。

三、目的在于求得“平衡”

秩序、交换、平衡，落脚点在于“平衡”。

所谓“平衡”，就是从对立走向统一，从分立走向融和。“平衡”是“交换”的目的，也是新“秩序”的建立。它标志着一个循环的结束，也是下一个更高层次循环的开始。

太极思维既是结构思维也是空间思维，既是静态思维又是动态思维。运用太极思维，会使我们在认识客观世界和决策主观行为时，都能够从主观认知和客观现实二者既和谐统一又相互作用的原理出发，考虑得更全面、更系统、更深入。太极思维更以具有形象性、更直观的方式体现客观规律，更直接地反映了主体和客体的统一、原因和结果的统一，更彻底地肯定了矛盾的不可分离性。因此，它又是一个评价体系、一种行为准则、一条实现路径。

孙桥现代农业国际孵化器从建立之始，就注重努力通过“交换”与依托单位和服务对象建立命运共同体，从而增强孵化器的吸引力、作用力和成功率。主要有以下三个方面。

一是优势资源共享。

孙桥现代农业科技园有五大优势：

①能与现有的孙桥——老港种源农业示范基地、东滩现代农业综合开发示范基地、浦东农耕文化旅游体验示范基地、曹路设施菜田循环农业示范基地、祝桥名特优农产品示范基地五大示范基地实现联动，这是农业科技企业不可缺少的基本条件；

②能与现有的临近孙桥现代农业国际孵化器的深水港、国际机场实现海陆空交通联动，可分享自贸区溢出效应（不久便可直接进入自贸区），便于开拓上海都市农业市场和国内外市场；

③有土地空间优势。孙桥、老港和南汇，具有入驻企业落户所需求的中试用地和未来产业化发展的空间；

④有示范应用的优势。浦东农业种类较多，土地类型多样，为入驻项目进行针对性的中试和商业化示范应用提供了可能；

⑤有政策优惠的优势。浦东新区农委、科经委、上海市自贸区及张江对促进传统农业向现代科技农业转型发展，都有相对应的财政支持或补贴政策，符合条件的农业科技企业都可以申请享受。

此外，孙桥现代农业国际孵化器还拥有自己的专业团队。专家团队有：创新创业领域资深专家陈炜，中欧商会人力资源协会主席、创业导师ZHUDAN，财务专家吴哲岱，招商精英李英杰等；第三方服务团队有：尚信资本、天农投资、上海农科院、上海中科院、上海交大、荷兰瓦格宁根大学、比利时安特惠普学院、荷比卢商会、以色列商会、张江平台经济研究院及研究院理事单位等。

二是公共服务平台共享。

孙桥现代农业科技园主要有四大技术服务平台：

①研发创新的技术服务平台。主要有500平方米分子生物学实验室，高通量植物表型平台，植物生理生态测量设备，湿室精准灌溉系统和专业数据库等；

②质量控制和安全检测的技术服务平台。主要有农业部设施园艺产品质量安全控制重点实验室；

③小试和示范实验技术服务平台。主要有5万平方米的生物育种高温、低耗智能育苗温室；

④农科院高科院和高研院的成果转化平台。主要利用农科院和高研院的科研力量和专家队伍，为国际农业科技成果本土化、高端农业创新成果商业化提供强大的科研平台支撑和人才支撑。

三是信息和技术共享。

目前，孙桥现代农业国际孵化器中的创业者来自全球各地，企业技术交流覆盖荷兰、法国、以色列、日本及国内各地。孵化器定期组织入驻企业交流信息，通过创业辅导、农产品展销、“创业孵化＋农业技术平台＋专业投资”等环环相扣的增值服务，汇聚各类农业创新创业要素，以创业孵化和多元化投融资服务相结合，自建种子投资资金，同时联合天使投资机构、创业投资机构、基金平台及其他合作金融机构，有效解决在孵企业的资金问题。

同时，孙桥现代农业国际孵化器还通过对在孵企业研制阶段的创新性产品或技术进行投资，或以劳务、租金、服务、管理要素换股等间接形式获得在孵企业一定股权等形式，与农业科技企业深度合作，达到企业与孵化器同步成长。

资源、平台、信息、技术，乃至资金不同程度的共享，既为入驻企业提供了良好的基础条件，对孙桥现代农业科技园更好地发挥资源效用有一定帮助，更重要的是增强了孵化器的吸引力、凝聚力、生命力，保证了孵化器活力常新，正常运转，不断发展，成为吸引国内外农业科技企业、科研院所和高校建立农业科技研发机构和开发总部的优选目标地之一。

对于太极思维理论，虽然我接触的时间还不长，理解还不深，但我深深感到，这是一个有实用价值的创新理论。其核心构架秩序、交换、平衡，实际上就是在呈现自然、强调规律，是在讲述方法、指导行为，是在建立标准、增强共识。这对我们落实习近平总书记关于

"让农业插上科技的翅膀"战略目标，在服务现代农业科技产业发展中最大限度地凝聚共识、凝聚智慧、凝聚力量，正确分析、对待和解决各种矛盾和问题，对于我们把孙桥现代农业国际孵化器越办越好，取得更大的成绩，做出更大的贡献，都具有十分积极的现实意义。

【**作者简介：**虞奇虎，安徽省太湖县人。孙桥现代农业国际孵化器（上海新司陆现代农业创业孵化器有限公司）总经理，鸿奇（上海）科技创业投资有限公司总经理，安徽梦奇花都实业发展有限公司总经理，上海市安庆商会副会长。】

万里觅知音——澳洲华人情系太极思维

太极思维研究院

春秋时，楚国有个叫俞伯牙的人，精通音律，琴艺高超。但他总觉得自己还不能出神入化地表现出对各种事物的感受，老师知道后，带他乘船到东海的蓬莱岛上，让他欣赏自然的景色，倾听大海的涛声。伯牙只见波浪汹涌，浪花激溅，海鸟翻飞，鸣声入耳，耳边仿佛响起了大自然和谐动听的音乐。他情不自禁地取琴弹奏，音随意转，把大自然的美妙融进了琴声。但是无人能听懂他的音乐，他感到十分孤独和寂寞，苦恼无比。

一夜，伯牙乘船游览。面对清风明月，他思绪万千，弹起琴来，琴声悠扬，忽然他感觉到有人在听他的琴声。伯牙见一樵夫站在岸边，即请樵夫上船。伯牙弹起赞美高山的曲调，樵夫道："雄伟而庄重，好像高耸入云的泰山一样！"当他弹奏表现奔腾澎湃的波涛时，樵夫又说："宽广浩荡，好像看见滚滚的流水，无边的大海一般！"伯牙兴奋极了，激动地说："知音！你真是我的知音。"这个樵夫就是钟子期。从此二人成了非常要好的朋友。

来自澳洲的华人任传功博士与太极思维研究院院长、太极思维理论体系创立者文叁先生的相识，就犹如伯牙和子期，他们两位第一次在北京南站见面，两人一见如故、相见恨晚，见面时任教授把车票改签，一起畅谈了三个小时。任教授是悉尼大学毕业的哲学博士，对文叁先生的太极思维非常认同。未见面之前，任教授的同学从北京邮寄了《文化精髓·太极思维》一书给任教授。2016 年 11 月 9 日这一次见面，是任传功教授从长春赶往悉尼中途还有部分时间，特意赶到中华文化学院与文叁先生会面。

南怀瑾先生曾经说过:“文化是一个国家的根基!”继承先贤之志,复兴中华民族的文化才是我的事业和志愿。“功勋富贵原余事,济世利他重实行!”如今,文叁先生秉承先人之志,与知音一起,致力于把中华文化精髓——太极思维传播出去,让更多的人们受益。

澳大利亚《新市场报》(New Chinese Marketing Weekly)(2016年11月11日—11月17日),开始登载任传功的【总编辑专栏】的最新文章:《文叁先生及其“太极思维”研究》(www.newchinesemarketingweekly.com.au)。

每个人都会遇见他生命里志同道合的人,也给你生命的画卷留下一丝丝色彩,感恩他们,真诚待之。古贤有言:“积德非所以望报,行善不可以邀名。就吾力之所能,自行其心之所安。”

岁月或许会沧桑了青葱容颜,却也沉淀了人生底蕴。伸手需要一瞬间,牵手却要很多年。无论你遇见谁,他都是你生命中该出现的人,绝非偶然。岁月若云,从容地观云卷云舒;心念如花,静静地在生命里开放。

太极思维研究院祝福您:知音长伴,幸福久远。

以下为任传功总编的文章摘录:

中华文化源远流长,在数千年的历史长河中,谱写了璀璨的文明华章。当代思想家——文叁先生创立的太极思维理论体系,高度精确到六个字“秩序、交换、平衡”,本质上不单单是一种形而上的思想,更是一种形而下的、能够指导人类工作和生活的、实际的方法论。

——总编题记

……拜读文叁的《太极思维》一书,仿佛自己上了一堂极其生动的中华文化教育课,加深了对中华传统文化较为生动的理解。

五千年中华文化底蕴深厚，虽历经风霜雪雨但经久不衰，不仅在人类文明中从未断层，且日显其灿烂辉煌，是照亮人类不断发展前行的灯塔！

记得2016年10月21日，大约不到三个星期前，在北京高铁站候车的闲暇时间里，……老同学为我约来了文叁先生。文叁百忙中亲自驱车赶至车站，才使我能够有机会与其利用午饭时间进行短暂交流晤谈……

前天我奔赴悉尼在北京转机的一个小时的时间里，文叁又派车把我接至“中央社会主义学院”——文叁先生的办公之所（他目前授课、开讲座的地方），我们又进行了匆匆一个小时的交流……

一个小时的短暂交流，虽然一如前往，匆匆如也，但在文叁先生送我到首都国际机场的路上、在前天广州停留的晚上、在昨天一整天的飞机上、直至最后到达悉尼，我一直在想：中国人的形象是什么？中华文化的精髓在哪里？当今中国的软实力，确切地说，应该是我们民族——中华民族的软实力究竟应该如何打造？……

记得应该早在二十世纪八十年代，当笔者还在国内上中学、上大学的时候，祖国执政党及政府就提出应该加强物质文明及精神文明建设，实现物质文明与精神文明双丰收等施政理念……

文叁先生的“太极思维”研究，个人认为具有一定的现实意义。……

本期我的“总编辑专栏”主要向朋友们推荐文叁“太极思维”理论及其作报告演讲的纪实性现场问答，即《文叁说太极》……

太极思维与财富管理

桂泽发

“太极”是中华文化的核心理念，其最大价值是思维价值。太极思维研究院推出的《太极思维》是一套博大精深的理论体系：秩序、交换、平衡，关键点在于平衡；为达平衡，需要有秩序的交换；要善于打破现有的平衡，建立崭新的、更好的平衡，需要掌握规律，尊重科学，应用技术；左上中下右，关键在于中……太极思维关于平衡协调的深刻思想，对于做好财富管理工作有着重要的理论意义和实践价值。

过去 30 多年中国经济一直保持快速增长，国民财富也随之迅速积累，一批批高净值客户群体应运而生。2018 年，中国私人财富总规模达到 40 万亿美元。中国财富管理市场正在大规模兴起和快速发展，中国投资者的财富管理观念趋向成熟，财富管理需求日益旺盛，对商业银行在内的财管机构要求日益提高。金融工作者一定要善于运用太极思想，科学规划、统一部署、协调推进财富管理工作，在满足各类客户金融需求的同时，实现财管业务持续快速健康发展。在笔者看来，财富管理概括起来就是要把握住十个关键环节，即：**一心、二点、三方、四率、五观、六需、七类、八品、九险、十统**。具体而言：

“一心”，即坚持以客户为中心。财富管理的核心理念，就是坚持一切“以客户为中心”，以满足客户需求为主旨，以客户与银行共生共存共荣为主线。这是财富管理与旧的业务范式的根本界限。“以客户为中心”决定了新时期商业银行的战略取向和改革思路，银行组织架构调整不再是基于银行管理本身，而是基于为客户以及客户管理带来便利。“以客户为中心”决定了业务流程优化的原则与路径，强调在细化分工的同时强化弹性和柔性原则，突出客户个性化需求的满足。“以客户为中心”决定了银行经营文化、风险文化、服务文化的演化路径，决定了银行人才队伍引进、培养、选拔、使用机制的优化，一大批客户经理和顾问型人才脱颖而出，贴近市场、专业服务渐成潮流。“以客户为中心”决定了系统改造、数据运维、分析利用的内在逻辑，使一个银行、一个系统、一个品牌、一种文化、一个客户的财富管理框架日渐成型。

在“以客户为中心”理念指引下，商业银行加快转型升级步伐：银行服务由多快好省向客户体验至上转变，银行产品由标准化向标准化和订制化兼顾转变，银行销售由卖产品向卖方案转变，银行人员由柜面业务处理为主向销售服务为主转变，经营管理由供给导向、自上而下推动向需求导向、自下而上驱动转变。银行财富管理业务发展过程，也就是银行转型再造过程。

“以客户为中心”要求财富管理克服“知易行难、行易恒难、前易后难、大易小难、新易旧难”的现实困境，循着“客户分层—渠道分区—产品分类—人员分工—服务分级”的脉络步步深入，不断完善。

“二点”，即抓牢收益与风险两个基本点。财富管理过程中收益与风险是辨证统一的一对矛盾，符合矛盾双方对立统一、依存转化的一般规律。财富管理活动中所有客户和业务问题，归根到底都是收益与风险关系问题。紧紧抓住这一对矛盾，我们就能把财富管理工作捧在手里，抓到点子上。

“三方”，即平衡银行、客户、第三方机构三者关系。银行业务快速发展，日益需要与各类第三方机构合作，分享专业分工带来的红利。财富管理尤其如此，“大数据、大服务、大平台、大资管、大销售”是财富管理区别于以往业务的五“大”特征，合理有效引进并利用第三方资源，实现优势互补、共享共存，是银行财富管理取得长足进步的关键。三者关系中，银行代表客户长期利益，第三方强调客户短期利益，而客户则在银行与第三方机构间进行比较和监督，从而形成动态平衡。

“四率”，即密切关注交叉销售率、产品渗透率、钱包占有率、客户流失率。交叉销售率，着重衡量银行对于特定客户群销售的平均产品数量，从销售视角反映对特定客户群的服务深度和黏度。产品渗透率，着重反映特定产品在目标客户群中的销售达成率，从产品视角反映银行营销推广深度和精准度。钱包占有率，着重衡量特定客户可投资金融资产在理财机构间的分配比例，从同业竞争视角反映银行对于特定客户群的财管竞争力。客户流失率，着重反映客户稳定性和忠诚度，也是财富管理业务成熟度的一个综合指针。当然类似的比率还有一些。相对于客户数量、资产总额、盈利贡献而言，上述比率都是过程指标，能监测到财富管理过程是否顺利，政策措施是否有效。

“五观”，即在宽度、长度、深度、适度、高度上增强对财富管理的观察与谋划。要兼顾宏观、中观和微观，将宏观层面上的形势与政策、中观层面上的区域与行业、微观层面上的企业、项目乃至资产串联起来，综合平衡、整体考量，实现宏观审势、中观定位、微观检鉴“三位一体”。要兼顾近观与远观视角，立足当前，着眼长远。要兼顾客观与主观，遵循客观规律，尊重客户个人主观因素，寻找有效交集。要兼顾悲观与乐观，即使在极端情况下也要帮助客户找到适度平衡点，避免在两个极点间疲于奔命。要兼顾财富观、价值观、人生观，引领客户一起朝着“三观合一”方向迈进。

“六需”，即从六个维度充分洞悉目标客户需求。马斯洛提出人的六个需求层次，往往由低到高层层递进，包括：生理需求、安全需求、社会需求、尊重需求、自我实现需求、超越自我需求，进而归纳出三个次理论，即“X理论”“Y理论”“Z理论”。财富管理也要从分析客户自身有效需求出发，提炼出他的需求层次，一般而言，也有一个由低向高的递进过程，这就是：从财富创造、财富增长到财富保护、财富利用，再到财富转移和财富传承。开始，物质上的需求占主导地位；往后，精神层面的东西崭露头角；再往后，精神内含方面的比重越过财富本身，成为财富管理的主体。人生需求与财富需求基本同步，且相互影响、相互渗透。

“七类”，即针对客户需求，优化七大类财富管理服务模式。对于在校生和一般退休老人，提供以存取款业务为基准的相当保守的服务，满足他们简便、稳定、安全的服务诉求；对于初入社会的年轻上班族，主推贷汇款业务在内的简易服务，回应他们对于方便、快捷、时尚的服务需求。以上统归为“简配类”服务。对于有一些财富结余的中青年客户，主推以理财产品为核心的“经纪类”服务，满足他们风险可控前提下的收益最大化需求；对于中年中产阶层，主推以专业咨询为特色的“顾问型”服务和以直面市场直接操盘为特点的“交易类”服务，满足他们多元、可选的专业需求和直观、直接的操作愿望；对于中老年富有一族，主打以个性化、订制式为特征的“委代类”服务，满足他们对于财富管理长期性、整体性、养老性需求；对于创业者们则根据需要提供相应的“投行类”服务；对于顶级富有家庭/族，主打包括家庭信托、家族基金、家族办公室等在内的各类“家族类”服务，满足他们对于财富保护、传承和基业长青的价值追求。

“八品”，即建立八大产品类别，健全产品服务体系。一是“传统类”产品。存、取、汇、贷、外等是银行传统产品与服务，满足客户基本需求，在财富管理产品体系中占有基础性地位，不可动摇。二是“固收(类固收)类”产品。规模大、种类多，大多从存款中演化而来，满足收益提升需求，兼顾灵活性，抗周期性强，对于多数交易型客户而言具有吸引力。从投资标的看，多为偏债/偏基/偏股型混合类产品，通过投资策略、投资范围、投资比例、风险底线的确立，帮助客户分享债券、资本市场机会。三是大资管背景下的成批“创新类”产品。包括：量化对冲型产品，以量化操作锁定收益，控制风险;分级型产品，通过收益与风险分层对等，各取所需，保证客户获得较为稳定的投资收益;结构型产品，通过结构化设计，帮助客户守住底线，挂钩标的以小博大，分享资本市场博弈带来的超额收益;私募股权类产品等。四是“跨越类”产品。包括跨境、跨界、跨业态，如由内而外的QDII产品、由外而内的QFII产品、内外联动的内保外贷等，助力客户实现资产跨境跨界配置/转移需求。五是“代销类”产品。种类繁多、功能各异，帮助客户获取不同市场、不同平台、不同监管环境下不同机构运作带来的机会。六是“交易类”产品。如黄金T+D、期货买卖等，帮助客户直面市场、实现直接操作和利用杠杆进行市场博弈的投资需求。七是“订制类”产品。包括家族信托、全权委托、专户产品、投行产品、投资顾问等，针对特定富有人群进行的个性化服务，设置一定门槛，执行契约规定，责权利对等。八是“另类”产品。与第三方机构合作，为在艺术品、奢侈品、收藏品等小众非标商品或服务上有特别需求的客户提供支持。产品体系构建要兼顾传统与创新、行内与行外、境内与境外、常规与偶发、本币与外币、保本与浮本、单一与组合、表内与表外、核心与附加等多重关系，使各类产品优势互补，相得益彰。

“九险”，即梳理财富管理九种类型的风险，建立全面风险防控体系。风险无处不在，财富管理过程就是风险防控过程。自下而上、由内而外，有操作不当、违规违法引发的操作风险;有人为故意、内外勾结等引发的道德风险;有网络瘫痪、系统遇袭等导致的系统风险;有市场要素变化引发的市场风险;有对手方或相关方违约失信引发的信用风险;有合同契约签订运管中存在问题带来的法律风险，以及政治、政策环境突变带来的政治、政策风险。这些风险如果控制、处置不力，都有可能引发声誉风险。财富管理风险防控也是一个系统工程，要在事前、事中、事后三个阶段，着重在识别、计量、预警、管控、处置、跟踪等环节上下足工夫。

“十统”，即统筹财富管理过程中若干对立统一关系。统筹好“统”与“分”，做到统分结合;统筹好“新”与“旧”，做到喜新怀旧;统筹好“虚”与“实”，做到虚实相长;统筹好“危”与“机”，做到危中寻机;统筹好“大”与“小”，做到大小兼顾;统筹好“软”与“硬”，做到软硬兼施;统筹好“公”与“私”，做到公私两便;统筹好“批”与“零”，做到批零相通;统筹好“远”与“近”，做到远近同谋;统筹好“取”与“舍”，做到取舍有度。

财富管理是一个庞杂的系统工程，涉及财经领域的方方面面，需要以太极思维核心精髓为引领，统筹兼顾好财富管理过程中各参与要素的关系，充分调动各方面参与交换的积极性。财富管理要始终在平衡、协调的轨道上行进，为广大社会民众提供优质高效的财富创造、保护和传承服务，为协助千家万户发家致富、基业长青，为建设富强文明和谐社会作出应有的贡献。

（作者：桂泽发博士，高级经济师，交通银行总行私人银行副总裁，著有《中国银行业财富管理之路》等著作四部）

财富来自社会，最终服务民生

——青岛科创蓝集团到访太极思维研究院

太极思维研究院

2016年10月30日上午，太极思维研究院院长、太极思维理论体系创立者文叁先生及军旅书法家董绪纯大校在中华文化学院萃园大厦贵宾室接见了青岛科创蓝集团公司迟芳董事长一行。

宾主双方积极交流，气氛热烈。文叁先生向来宾们介绍了文化精髓太极思维的文化内涵和社会价值：“太极思维理论体系的建立，是对人类规律性思考的呈现。太极思维是人类共通的思维模式和管理工具，能够应用于个人思考、家庭生活、社会工作、人生幸福等方方面面，促进人类思想方法兼容、社会发展协调，内可安顿心灵、外可治国理政。主要内容是：一、太极思维的核心架构：秩序、交换、平衡。二、太极思维的能量模型：左上中下右。”

迟芳董事长向文叁先生介绍了科创蓝公司的基本情况及创新之路，长达14年的持续投入和艰辛探索，终于确立了科创蓝公司目前在国内热转换行业的领军地位。

谈话中，迟芳董事长对技术团队的节约和朴实充满感激，对曾经风光一时的朋友没能把握人生表示惋惜。另外，迟芳董事长还展示了高达15米的孔子雕像照片，这是她参与的一个儿童国学教育项目。

“财富来自社会，最终服务民生。”——迟芳董事长深情地说。

文叁先生介绍，目前太极思维理论体系传播的独特载体有原创歌曲——《幸福之树》和《今生相逢》，以及纯蜂蜜酿制的“太极思维蜜酒”，未来太极思维研究院将会通过影视、书法、服饰等更多载体加强太极思维的理论传播和产业转化。

为了让来宾更好地应用太极思维，文叁先生还特意打开会议室，向大家进一步介绍太极思维。在讲到企业运行系统时，文叁先生以科创蓝公司重视科研取得成功为例，用太极思维阐释了企业的运行维度和运行规律。迟芳董事长非常认可，并对太极思维在企业管理中的科学性和实用性表示赞叹。

经济是文化的支撑，文化是经济的后盾。

文叁先生建议，为了持续美好，科创蓝集团可以聘请中华文化学院这样一流的学术机构作为公司的文化顾问。

迟芳董事长则高度评价文叁先生创立的太极思维对中国乃至世界的影响：“我们一起努力，从孩子普及，逐渐传播到国外，人类思维统一，想法一致，就没有战争了……”

秩序交换以平衡，左上中下右循环。

会见结束时，董绪纯大校向迟芳董事长赠送亲笔所书的文叁格言“生命因思考而高远”，恭喜迟董的现有成绩，期待迟董的更大辉煌。宾主双方期待着再次会面和进一步的深入交流。

文叁先生的著作《太极思维》，自2014年12月30日问世以来，经过持续的实践和不断的完善，它的系统性、科学性、实用性已经被社会各界广泛认同。

《太极思维》成功地完成了中华文化的核心理念“太极”从深邃到通俗，从模糊到清晰，从思想认识到思维方式，从专家研讨到普及应用的创造性转化。

太极思维——点拨我的人生

金丽莎(杭州钱塘大厦5010号服装电子商务公司经理)

自去年年初，我喜欢上国学，开始研读《道德经》《传习录》《王阳明传》，后来有幸得到《太极思维》这本书，又研读《太极思维》，并向文叁老师请教《太极思维》。文叁老师说，既然你爱看《道德经》那你也可以看看《中庸》《大学》《论语》。我先看《中庸》，遵循“执中守正”的中庸之道，遵循事物发展的常理性、规律性、循环性。原来思想都是相互交融，相互影响的。

研读《太极思维》一书之后，我坚信《太极思维》的理论体系。《太极思维》书里讲到为人处世必须规范化，具体结合自身所处家庭与社会中的位置，会发现欠缺所造成的相互影响。秩序交换平衡，缺一不可，按太极思维所示左上中下右循环，循环起来，发展就会越来越规律，越来越良性。我所欠缺的是交换、平衡。欠缺可以改正。做到这两点，然后就会自动循环，按太极思维方式来规律性处事，事业与家庭都会更进一步。

我是做服装电子商务的，遇见《太极思维》一书之前，我爱染头发。文叁老师看见我染头发的照片，他说，你工作努力却很难有好的结果，还有你的母亲缘很薄（确实如此），应研读《太极思维》提升思维品质。文叁老师并指点：要求改变，自身着装也要改变。我照做了：

简洁的着装，回归本色的头发。没想到黑头发、简洁的着装居然带给我自信、大方，更显稳重。

问道文叁老师，他告诉我：主动交换，储蓄祝福。我时刻谨记。别人给予帮助就要回馈，要主动付出做善事，我要做到储蓄祝福，努力做得更好，影响大家一起做到。

《人性的弱点》《鬼谷子》《道德经》《中庸》都是增长智慧的好书，需要心领神会，严以律已，改善思维，最终提升自我。《太极思维》是理论与实际结合，具体分析所处位置，发现相互关联相互影响，行为对错关联人生得失，此消彼长，一物一太极。

文叁老师让我用《太极思维》去对照周围人群，我发现：在家庭中做得好的人，在社会中，地位和事业也好。做善事本来就是美德，每做一件善事都是在储蓄幸福。举手之劳本该是条件反射，按太极思维方式处事，能储蓄祝福、改善自我，我们还有什么理由不去做呢?

学习太极思维，提升思维品质，按太极思维做事，增加智慧，改善人生。秩序交换以平衡，左上中下右循环。

如何快速成为富有的人

何汶静（国学研究员）

财富是什么？

仅仅是指金钱吗？

如何能够产生持续不断的财富？

如何将隐形的财富变为实有？

如何才能享有生命本来具足的巨大财富？

一、什么是财富

有价值的东西叫财富。财富源于精神需求，财富源于劳动价值，我们运用太极思维对财富进行解析，人生财富是身体、内心、家庭、社会几个方面的总和，具体就是：以健康为中心，加上地位、名誉、自由和利益四个维度。弄懂财富，第一要知道它有两个部分，内在和外在，精神和物质，阴和阳。从物理学上来说，就是能量和物质。

第二要明白财富的转化规律，财富可以从物质转化成能量，有形转化成无形，也可以从能量转化成物质。

所以，财富是精神和物质的总和，是阴阳的总和，是虚实的总和。比如股票和银行存款是虚的，看不见的财富，现金是实的，看得见的财富。

爱因斯坦早就提出：所有一切的物质都是能量的表现形式。如果能量非常密集就表现为固体，能量稍微疏松就表现为液体，能量再稍微疏松一点就表现为气体，如果能量完全疏松就表现为无形态，连气态都不存在，它就成为看不见摸不着的东西。

虽然这一切看不见、摸不着，但是它可以转化。就好像空气、宇宙射线、太阳能、氮气都是能量，但这些能量我们抓不住，只可以通过一种方法来转化它。

农民就使用了这样的方法，他通过种粮食把太阳能、氮气、土壤的营养、水分等转化成食物，就是从无形转化为有形。

中国古人把正能量叫德,《易经》中说厚德载物。厚德就是正能量，所以一个人无德，也就是说没有正能量，他就不可能获得成功和物质。

有人没德也有钱。一旦有了物质却没有正能量时，悲惨的命运必定来到。

如果有正能量，即使没有物质，一定处处皆是吉祥、喜悦和幸福，最终也能有钱。

所以要明白正能量对生命的贡献，能量是财富重要的表现形式，能量等于看得见加看不见的，等于物质加精神。

一个人的财富，是精神和物质加起来的总和，也就是有形和无形的组合，这是衡量一个人财富的方法。

二、如何获得财富

农民种地是借用大自然的力量创造出瓜、果、粮食，而不是自己去创造。在宇宙中，能量跟物质是一个动态的平衡。在生命中，精神跟物质也是一个动态平衡。

物质的提升比较慢，但是可以快速提升人的精神，精神提升能量便可以提升。借助宇宙规律将能量转换成物质，这就是宇宙规律。

当我们心不安并开始碰到一些麻烦、灾难、不顺的时候，这就提醒我们需要提升精神了。

当我们给别人送去祝福，就会感觉到也很愉快。当我们不欢喜的时候，给予别人一点欢喜，我们就会发现自己变得欢喜了。

因此，财富来自于哪里？文叁先生认为，财富来自于主动交换。

财富就是从福田中诞生的，“福田”一词，在传统文化中就是指德，在物理学中就是指正能量。

佛法中常常说到福田，福田的意思就是像田地一样会生长出福报，比如，财富就是从福田中生出来的。佛法谈到了生命中有三大福田：

第一大福田：报恩福田。父母就是我们的大福田，如果我们没有福田，就好像农民想收获苹果却没有田地一样。

所以一定要有田，田的意思就是生长万物，地的意思就是承载万物。我们这颗心又叫心田，也叫心地。

因此看一个人有没有福，就要看他对父母孝不孝顺。父母就是我们的根，就是我们生命的源头，如果我们把生命的源头堵住了，就不是有没有钱的问题，不是有没有福德的问题，而是整个生命都将没有。

没有父母一切都会消失，但是我们往往把我们的根忘记了。就像没有根的树会长得很空洞，根扎得深的树会长得很茂盛。

我们有了根才会有福报，根越深福报才会越多。所以我们要常常意念自己的父母，当发工资、发奖金、生意红火的时候，我们要第一个想到父母。

第二大福田：功德福田。功德指的是圣贤，我们要礼敬一切圣贤，学习他们的一切优点、真知和智慧，这样做就会产生一种功德。

当我们跟功德大的人互动之后，功德就会传递过来。就像高压线一样，当我们搭一根线连接过去的时候，如果它有一万伏的电压，传过来就是一万伏电压。

所谓的供养不是传统的供养——不仅是给钱给物，更重要的是，敬畏天地和践行规律，同时要把先进的思想传播和发扬，这才是最好的供养。

第三大福田：慈悲福田。慈悲福田又叫作贫穷福田，我们要升起慈悲心，去帮助那些贫困苦难的人。比如，国家有地震之类的灾难，我们就要为那些灾区的人做一点什么。再如，过年过节的时候，看看我们的周围有什么需要帮助的人，就去帮助他。

比如，我们的公司赚了一千万，就可以用二十万去关怀左邻右舍效益不好的公司，也可以救济和关心需要帮助的亲朋好友，这就是主动交换。

主动交换有什么用呢？

主动交换可以储蓄幸福，改善人生。

三、获得财富的终极目的是什么

有了钱拿去干什么？——“有财必有用”。好多人觉得有了钱可以买车买房，逍遥自在。不是！这不是人生的目的。

陈有才，浙江温岭的老板，资产几个亿，今年六十多岁，从事装备制造行业。当初创业的时候，好不容易东拼西凑5万元钱买设备，但是前一天晚上做个梦，观音让他捐3万元钱修庙。第二天，他经过激烈的思想斗争，一番思量，思量一番，就先捐钱修庙，设备没买。他说很奇怪，自从捐钱之后，就有一种无形的力量帮助他，事业特别顺利，好事就源源不断，客户主动打预付款，订单不断增加……

陈有才先生有一个习惯，平时总是主动救济身边搞艺术的、搞教育的、搞研究的。他说，虽然这些事不能帮我赚钱，但是社会需要，孩子们需要，这样做我心安，我们的老祖宗也是一直这么做的。

物有本末，事有终始，知所先后则近道矣。这件事情给我们的启发：不是“等我赚钱了，就做好事”，而是“做好事了，才能赚钱”。

文叁格言里有一句“金钱的本质是生命与血汗”。

只要我们更多地利益他人，金钱就不是问题。金钱是劳动价值的外在形式，而其内涵却是生命。所以我们要想怎样利益到他人的生命。那到底怎么做呢？很简单，主动交换，把握平衡。

我们总是想，怎样才能真的帮到别人，成全生命。成就别人，同时也是成全自我，在传统文化的理念里，就是“厚德”，厚德就自然会产生一个结果——财富。

我们的生命历程是能量随着身体在内心、家庭、社会三者之间互为因果、此消彼长进行守恒转化的过程。内心世界的上下左右、家庭生活的上下左右、社会工作的上下左右以及本能自我的上下左右，在我们生命中的任何一个状态、任何一段旅程都是不可或缺的。

人生最大的智慧和成就不是弄清世界，而是搞懂自己。

最大的财富不是赚得金钱，而是赚回生命的价值和喜悦。

当生命回归了，一切财富：健康、地位、名誉、自由和利益都将无法拒绝地追随和归属。

太极思维让我生命从容

葛春波（北京河山那美环境科技有限公司联合创始人）

时间过得真快，转眼一学期过去了，昨天女儿已回国度假，久违的相见一解相思之苦。这一路走来，我内心感谢申请机构的高效执行，感谢三十年老同学的奇迹相逢，感谢homestay家庭超级nice的Mary奶奶……感谢“太极思维”给予的深沉力量。

我从小是家里长女，并且伴随着家庭的变故，过早地经历悲欢离合，意外神伤，因此骨子里一直有着一种不安全感。在初入社会时，这曾经是我奋斗的动力，也激励了我的成长。但是随着岁月的流逝，生活的平淡，这种惯性思维并没有改变。父母年纪大了，时刻担心他们的身体；孩子出生后，时刻担心她的平安；老公开车出去办事，就惦记他的安全；弟弟出门办个事，就牵挂着是否顺利……总之，操不完的心，时刻生活在不安之中，工作累心更累。

不敢说自己是虔诚的教徒，但也默念着，祈求平安吉祥。自认为诚实坦荡，却也时常感觉迷茫。

一个偶然的机会，在朋友的引荐下，认识了太极思维理论体系的创立人——文叁老师，在他的讲解和引导之下，进而了解和学习“太极思维”。基于中华文明的基础——阴阳哲学而来的太极思维，在文先生的精练定义下，浓缩成“秩序·交换·平衡”六个字，并且形成了一套全新的方法论，可直接运用到当下生活中。

文叁先生常说："把问题烦恼留给社会，那么家庭中自然就安稳。"我开始不懂，就请他进一步解释。他说："这句话的意思就是，你在社会中，遇到弱势群体，有困难的人和事时，就尽力去多帮助，帮助他们解决了问题，那么自然你家里的问题就少了，也就是所谓的有无相生，此消彼长……"

在他的点化之下，我逐渐改变自己的思维。从前我就是个热心肠的人，凡事遇到基本也会尽力而为，现在我再去做"好事"时，心里更加充实。长此以往，很多现象在无形中悄悄改变，父母的身体逐渐更好，孩子远离，有思念但化作生命的乐章，而不是从前的瞎担心，老公与我更"哥们儿"，心里踏实了，做事情就更加沉得住气，从容了。明天怎样，我不知道，但是心灵的轻松，让我期待每个黎明。

2016.12.12

第四篇　明　义

为什么偏偏是中国人创造了中华大一统的奇迹？这与中华文化的传统有关，与中华民族的思维方式有关。我们今天研究探讨太极思维与中华文化的关系，就是力图揭示一个民族的思维方式在什么程度上影响到这个民族文化的发生发展及其特点的形成，只有在了解、理解并怀有一种同情和敬意的基础上，才能做好传统文化的创造性转化和创新性发展的工作，才能真正实现中华文化的复兴。

太极思维的核心在于“平衡”

贺云龙
（上海国际物流行业协会副会长、上海金帮国际物流有限公司总经理）

尊敬的文叁老师，尊敬的主持人、李主任，今天很荣幸有机会参加这场活动。首先请允许我代表上海市河南三门峡商会会长、上海盛农兴股权投资基金总裁刘艳丽女士向研讨会的举行表示衷心的祝贺。

今天大家能够有这么个机会相聚在这里，首先感谢的是文叁老师，他这些年的付出，给我们带来了这样一次研讨的机会。

听了文叁老师的演讲和大家的发言以后，大家又提了很多问题。依我的理解，文叁老师所说的太极思维，尽管冠名叫“太极思维”，实际上它的核心就是在“平衡”，它能不能称为一种“平衡思维”。如果没有秩序，不讲交换，哪来平衡？平衡是一个结果，是一种状态，我们需要的正是这种状态。为什么把它与“太极”联系起来？我想文叁老师在做整个体系建设的时候，这个名字更符合这个体系的表述。

实际上我们讲平衡，因为人类社会跟动物世界不一样。人类社会严格分析，不平衡是绝对的，平衡是相对的。为什么说不平衡是绝对的呢？人是高级动物，人有一个欲望在里头，这个欲望是高级动物的本质特征。为什么说“欲”？“欲”是一个“谷”，边上放一个“欠”，就是你即使有了一堆稻谷还觉得欠缺什么，所以欲望会无限地膨胀。

由于欲望的膨胀，就会导致所谓的不平衡。用的最多的就是说某个人心理不平衡。心理不平衡，根源来自于“心”。只要这颗心存在不平衡的基因在里头，就会不平衡。这个基因就是“欲望”。这个不平衡的状态，作为人类社会来讲，就像刚才讲的，就在那里放着，看你怎么去对比。

从“讲平衡”这个角度，文叁老师提出了秩序、交换、平衡。前面这两个词汇，实际上都是为“平衡”服务的，不是孤立地讲“秩序”。因为当社会不讲“秩序”的时候，就很难去“平衡”。当一个东西没有正常“交换”的时候（我们所说的“交换”不是简单的“交易”，不是这个概念，而是宏观的概念），也不可能有“平衡”。只有你的劳动付出获得社会认同，取得合理回报，是作为正常的循环体形成“交换”，有了这两个环节以后，才有机会实现“平衡”。

我们现在所说的创造平衡，有很多手段，其中有一条就是所谓的思想建设。包括共产党，很多理论权威所讲述的东西，实际上都是在讲思想建设。为什么有人总是唯利是图？关键一点就是没有一个思想指导他自己，实际上就是缺少思想体系来引导。文叁老师这么多年的努力，确实付出了不少，形成了太极思维的体系。这个体系能够拿到各个领域，包括个人的生活当中运用。当我们的欲望跟现实不匹配的时候，怎么来化解？就是要靠这一套体系起作用了。

通过今天这次讨论，最终的目的还是希望今后能不断完善。任何体系的建设都不是一朝一夕的事情，肯定要有长期的过程。刚才文叁老师讲的我也非常赞成，既然我们的定义明确了，明确之后，还需要做好功课，再完善它。我们将来在思想体系建设上还要进一步地完善。

再次恭喜文叁老师，你的这些研究成果也是中华民族的文化瑰宝。这个文化瑰宝能够在社会主义学院这样的文化殿堂进行交流，说明你所付出的辛勤劳动会逐步地被整个社会所认可。

全力打造中华传统文化的新品牌

路　凯
（上海浦东改革与发展研究院原院长助理、区域经济研究中心原主任、高级研究员）

首先，非常感谢中央社会主义学院和中华文化学院提供这么好的条件、支持和帮助，使我们这个会议比较圆满地召开。衷心地感谢我们在座的热心于弘扬中华文化、研究太极思维的学者和专家们。下面，请允许我对今天的研讨会作一个小结。

一、会议的主要成果

文叁先生主创的《太极思维》出版发行以来，今天是第一次在首都北京中央社会主义学院这样的文化殿堂里由这么多高层次高水平的专家学者、社会工作者、企业界人士进行研讨。大家发表的意见代表了不同方面的声音，非常中肯，非常重要。从人类认识的长河来看，太极本身有可能是经过了上万年以上的沉淀才发展出来的。我们在短短的几十年之内，能够有所发现、有所发明、有所创造，并形成成果，已经很不容易，也还有很大的发展空间，需要在更长的时间、更大的范围内进一步检验，进一步完善，进一步发展。

今天的研讨会可以说开得非常成功。太极思维研究院文叁院长阐释了太极思维理论体系的核心概念和基本内容，各位专家学者以具有建设性的学术精神，坦诚、客观、深入、全面地从不同方面分析了太极思维的特点及其现代价值。学者们一致认为，太极思维是中华优秀传统文化中最具特色的重要组成部分。太极思维融合儒道佛为一体，构成了一个比较完整的思想系统，它运用符号进行抽象思维，并为宇宙本体和万物的形成设计了一个框架或模型，影响了中华文化的发展方向和发展模式，铸成了中华民族文化独有的特点。如果说太极思维曾对中华文化的形成和发展发挥了核心作用，那么放眼未来，太极思维也必将对弘扬中国传统文化起到引领作用，从而实现中华传统文化的创造性转化和创新性发展。

概括地说，今天的研讨会至少有三个成果。一是更深入更全面地探讨了太极思维的基本概念和本质特征，使我们对研究和运用太极思维的重要意义认识更明确了；二是更深入更全面地研究了太极思维与中华文化，尤其对实现传统文化创造性转化、创新性发展的作用、方式和途径，为进一步研究运用太极思维指出了方向；三是更深入更全面地把太极思维延伸到现实生活当中，用现代科技的论述，进一步丰富了这一理论体系的内涵。可以说，会议基本上形成了共识，体现了我们研讨太极思维理论的初衷，达到了预期的目的。

二、会议的价值和意义

古人说“欲灭其国,必先断其史，去其文化”。不要说国外的敌对势力，包括在我们国内，也有很多噪声，对我们中华文化不是发扬光大，而是在贬低、抵毁、摧残，在泼脏水。这种动向值得警惕。

以习近平为首的党中央提出弘扬中华传统文化，把文化事业作为一个重中之重，跟政治、经济、科技并列，是非常重要、非常及时的。习总书记提出的一个很重要的概念就是互联互通。这四个字可能是

“十三五计划”期间甚至更长的时期内我们国家工作的标准。包括“四个全面”战略布局，包括大家讲得很多的“一带一路”建设，包括金砖国家、亚投行建设，包括国内主动开放的自由贸易试验区。自由贸易试验区在一年半之后已从上海拓展到另外三个省市，一共是六个城市，来对接国际通则。这些策略实际上都是体现互联互通、与国际接轨的思想。在这个背景下我们开这个会，就显得更有价值。因为，我们应该向世界展示什么样的文化和人文精神呢？我想，应该一定是深邃先进的思想文化。数千年来，使中国能够自立于世界民族之林，能够永远立于不败之地的一个最基本的原因，就是我们的中华文化。中国特色社会主义的文化大繁荣，中华民族的生存和发展，从根本上说是靠其优秀传统文化来维系的。这是最强劲的后盾和力量，是中华文明区别于其他文明的特有的思维方式，特有的文化现象。

“秩序、交换、平衡”作为太极思维的主题词，其核心是引导我们顺应自然，把握和驾驭事物发展的客观规律；同时，又以“左、上、中、下、右”的逻辑顺序，抽象并揭示事物运动的一般发展轨迹。与太极思维有着直接和密切关系的就是中国的农历。农历是一种体现阴阳的合历，是汉民族百姓长期经验的积累和智慧的结晶。日出而作，日落而息；尽人事，听天命。天地不语，四时有序，阴消阳长、阳消阴长、阴阳转化、周而复始的规律。春播、夏长、秋收、冬藏，这也是自古以来劳动人民的经验总结。农民的生产和生活方式，自古以来就遵循着“秩序、交换和平衡”这一客观规律。我在四十多年前插队的时候，下乡以后，发现农民到了秋收的时候，地里的红薯或玉米，有些小的就不收了，不是说没发现，而是看见了不捡；山上的柿子红了，都快掉下来了，收的时候也留几个；到湖里面去捕鱼，捕上来一看，有部分小鱼，就把小鱼再放到水里面去。这些行为给我的印象特别深刻。我一直在琢磨，问当时做这些事情的农民，有老年人、青年人、中年人，他们说自古以来就是这样，我们就是这么做的。后来随着年龄的增长，我悟出来了，这是要留给其他动物做食物，这是农民最朴实的思维方式。尽管他没有文化知识，但是他这种举动、这种传承，这种农耕文化深厚的底蕴，使得他不会竭泽而渔，不能把所有的东西全部占为己有，不能不考虑其他动物的生存。这个世界是大家共同拥有的，这就是天人合一最朴素的体现。太极思维深化了人类社会与自然界“天人合一”这一朴素的古典理论。

前几年出国到欧洲，看到了北欧地区的城市，城乡接合部有大大小小的农场，农场主拿个筐子，把收获的农作物摆在筐子里，旁边放一个小盆或者小盒子，水果、蔬菜，主人不在时过路的人需要什么都可以自取，要放多少钱也自觉自愿。中国有些旅行团，有些大妈们在那儿看到这个现象，就问翻译，问当地的地陪：如果这些游客，路过时把东西拿走了不放钱怎么办？甚至有人把之前别人放的钱也拿走怎么办？就因为提出这么一个问题，当地的人就用很诧异的眼睛看着他，不理解怎么会想到这样的问题。这就是文化的差异，这就是我们长期在短缺经济下形成的一种心理状态。因为生存空间太狭窄，物质太贫乏，就是刚才贺主任讲的欲的问题：他就是有了，还觉得不满足。这样就不可能实现平衡，无论是自己的心态、心灵，还是社会、家庭，都不会平衡。如果国人在境外的一举一动一言一行让别人诧异、不满，甚至鄙视的话，中国又如何能够自立于世界民族之林呢？

今天，我们的讨论体现了太极思维理论框架的价值链。我们有幸参与中华文化伟大复兴之路的历程，通过研究太极思维的理论框架，同时深入探讨中华文化创造性转化以及创新性发展的模式和路径，这对于发掘我国传统文化的精华和深邃内核，推进中华传统文化的现代化，都具有十分积极的意义，同时也将产生深远的影响。

三、今后的研究工作和发展方向

上海太极思维研究院尚在初建阶段，但已经成为文叁先生的一个研究的平台。我们很高兴看到今天的会议开得这样成功，在座的许多学者、专家都是跨界、跨领域而来，也有从事文化体系管理的，以及文化产业研究的领导和学者，这本身就说明了太极思维的建构和运用有着广泛的基础和广阔的前景。应该说，太极思维的研究和运用今天还只是一个起步，今后我们将考虑吸收大家刚才发表的很好的意见，主要是从两个方向来拓展。

一个方向就是让学术更加精准，理论框架更加完整，体系更加经得起推敲，表述更容易被广大群众所接受，实践运用效果更加显著。

另一个方向就是更多地采取大众喜闻乐见的形式和语言，从象牙塔中走出来，变成老少皆宜的东西，从抽象的、无形的东西变成具象的、有形的东西，更好地服务于提升人们的思维品质，提高群众的道德水准，丰富人们的精神生活，在促进个人修养、增添人生幸福、指导企业发展、辅佐治国理政、建设和谐社会等方面下更大的工夫。

同时，立足于弘扬中华文化的正能量，构建易学研究的升级版，打造传统文化的新品牌。我想，我们研究院也希望往这个方向去努力。同时非常渴望在座的各位专家学者和领导，今后继续跟以往一样，在太极思维研究和运用方面给予鼎立支持和帮助。

谢谢大家。

实现太极思维的创造性转化和创新性发展

——“太极思维与中华文化”研讨会综述

叶庆（安庆市政府原副秘书长）

由中央社会主义学院（中华文化学院）中华文化研究中心与上海科技文化与人才研究院太极思维研究院联合举办的“太极思维与中华文化”研讨会2015年5月30日在中央社会主义学院教学楼102室举行。来自北京、上海、江苏等地40余位从事或关注有关太极思维与中华文化研究的专家学者、社会工作者和企业界人士出席会议。

会议由中央社院中华文化教研部主任李道湘教授、于铭松教授先后主持。太极思维研究院院长、全国道德教育宝山示范基地副主任文叁作主旨发言。中国思维学会（筹）学术研究中心学术委员会秘书长、无锡社科院陶伯华研究员，中央党校研究生院原党委书记、副院长段若鹏教授，中科院国家纳米科学中心刘洪海书记，中科院理化所原副所长赵震声研究员，军旅书法家、原解放军总参谋部办公厅董绪纯大校，上海市科协原副主席、教授级高工、上海市老科技工作者协会陈积芳会长，上海市对外文化交流协会赵小鲁副会长等近20人发言。太极思维研究院常务副院长、上海浦东改革与发展研究院原院长助理、区域经济研究中心原主任路凯研究员作会议小结。大家围绕贯彻落实习近平总书记关于学习、研究、应用中国优秀传统文化的论述，聚焦近年来异军突起的有关太极思维的理论和实践，以坦诚客观、实事求是的态度，对发掘中华优秀传统文化精华，深入探讨太极思维对实现传统文化创造性转化、创新性发展的作用、方式和途径，推进传统文化现代化，更好地发挥太极思维对提升思维品质、提高个人修养、增进人生幸福、指导企业发展、辅佐治国理政、建设和谐社会等方面的积极作用，形成了广泛共识。

一、太极思维的基本概念与本质特征

与会代表认为，“太极”是中华民族的宇宙观，是《易经》的核心思想。太极思维，就是用太极对事物和现象进行结构解析，阐释能量转化的自然规律，从而揭示事物的本质和事物间规律性的联系。作为中华文化的精髓，太极思维是中华优秀传统文化中最具特色的重要组成部分，对中华文化的形成和发展发挥了关键作用，在中国乃至人类思想史上都占有重要的一席。

太极思维的核心架构是秩序、交换、平衡。秩序是基础，需要规范行为、遵循规律；交换是过程，需要主动给予、长久发展；平衡是目标，需要主动平衡、关爱人生。因此，太极思维既是结构思维又是空间思维，既是静态思维又是动态思维，它最大的特征是使思维具有整体性、系统性和形象性。运用太极思维，会使我们在认识客观世界和决策主观行为时，都能够从主观认知和客观现实二者既和谐统一又相互作用的原理出发，考虑得更全面、更系统、更深入。

太极思维与主张“对立统一法则”的唯物辩证法相比，有不少共通之处。两者都是一种认识世界的方法，一种思维方式，一种“术”。

但相对而言，太极思维更具有形象性，更直观地体现了客观规律，更直接地反映了主体和客体的统一、原因和结果的统一，更彻底地肯定了矛盾的不可分离性。因此它又是一个评价体系、一种行为准则、一条实现路径，更多地表现出"道"的性质。特别是文叁先生的太极思维理论采用一套简单的图表表达方式，建立了一个动态的思维参照系统，开辟了一个全新的科学评价自我的领域，因而更全面、更形象、更易于被普通人所理解和掌握。

二、太极思维与中华传统文化的继承、转化和创新

会议认为，中国人民的理想和奋斗，中国人民的价值观和精神世界，是始终深深植根于中国优秀传统文化沃土之中的，同时又是随着历史和时代前进而不断与日俱新、与时俱进的。

中国特色社会主义的文化大繁荣，中华民族的生存和发展，从根本上说是靠其优秀传统文化来维系的。因此，必须善于把弘扬优秀传统文化和发展现实文化有机统一、紧密结合起来。只有不断发掘和利用人类创造的一切优秀思想文化和知识成果，我们才能更好地认识世界、认识社会、认识自己，才能更好地开创人类社会的未来。如果不能传承优秀的传统文化，那就割断了民族精神的命脉。

会议认为，研究太极思维，就是认识中国人的民族特性、认识当今中国人精神世界由何处来往何处去的一个重要途径。太极思维理论中包含的哲学原理、人文精神、道德理念等，适合于调节社会关系，引导人们向上和向善，可以为人们认识和改造世界提供有益启迪，可以为治国理政提供有益启示，也可以为道德建设提供有益启发。

当然，"太极"文化在其形成和发展过程中，由于受时代限制，不可避免会存在从现在来看已陈旧或过时的东西。虽然太极思想长期以

来主要被用于卜筮勘舆、强身健体，被蒙上了一层神秘色彩，但只要还原其合理精华，就会重新焕发其青春活力。这就要求我们，在学习、研究、应用时有鉴别地对待，并结合新的实践和时代要求进行创新，努力使其与现实文化相融相通，实现传统“太极”文化的创造性转化、创新性发展，更好地服务“以文化人”的时代任务。

与会代表指出，虽然20世纪80年代就有人提出过“太极思维”的概念，可惜没能得到足够的重视和深入的研究。会议高度评价太极思维研究院文叁院长在诠释太极思维理论体系方面作出的全新探索和取得的独创性成果，充分肯定其以“独到、精细、通俗、正面”的特点倡导和运用太极思维理论，在传播社会主义核心价值观和提升人们思维品质、提高群众道德水准、丰富人们精神生活、指导企业健康发展等方面取得的成绩。

“太极思维”把太极跟思维结合在一起，既是一个古老的现实，又是一个崭新的概念。这个概念科学地概括了中华民族的基本思维方式，抓住了中华传统文化与现代文明相交叉、相结合的精髓，拓宽了“太极”文化的内涵和外延，是中华文明特有的思维方式，特有的文化现象。

太极思维的核心构架秩序、交换、平衡，实际是在呈现自然、讲述规律。从思维科学的角度讲，太极思维理论体系创造性地解构了“负阴抱阳，冲气为和”的太极思想，在辩证法的基本范式与矛盾问题的“精髓”上有自己独特的理论建树。这就是，阴阳互根、阴阳对立、阴阳消长、阴阳转化、阴阳合一。太极思维强调从整体上把握大的局势、态势、趋势，在“分”的同时重视“和”（合），在承认个性、相对、差异、矛盾、斗争的同时，强调共性、绝对、统一、依存、包容，在着手“局部”的同时着眼“全局”。这对我们在落实以习近平总书记为首的党中央“四个全面”战略布局过程中最大限度地凝聚共识、凝聚人心、凝聚智慧、凝聚力量，正确处理一致性和多样性的关系等方面，都具有十分积极的现实意义。

三、太极思维在社会经济文化生活中的运用

与会代表认为，我们学习运用马克思主义的观点、方法，一定要回答当今中国现实中的问题，既要管用，还要好用。这是最重要的。而太极思维的重要意义和最大价值就在于，可以直接运用到实际工作中，通俗易懂、简便易行、行之有效。

思维方式决定行为结果。无论是一个国家，一个民族，一个地方，一个单位，还是一个人，都是如此。有什么样的思维，就会有什么样的行为，最终则决定有什么样的命运。运用太极思维，能够分析现象，能够解决问题，能够指导行为，可以实现对陈旧思维方式的转换，有利于化解矛盾，增强共识，促进创新，服务于“四个全面”，为弘扬中国传统文化起到引领作用。

我们提出传统文化的复兴，从某种意义上讲就是呼唤道德的回归，就是要陶冶人们的理想人格，增进社会和谐、阶层融合，创造健全的社会。要做到这一点，可以运用太极思维的方法，全面把握整个社会的基本面貌和发展方向，把社会基本矛盾作为一个整体来观察、来对待，把人生中或人际关系中遇到的困惑、矛盾、挫折、问题都作为“太极”来认识、来对待，在正视矛盾对立性的同时，立足于对立面相互依存的“不可分离性”，调整心态，调适行为，化解矛盾，强化自律，通过“交换”达到“平衡”，实现矛盾的适时、全面和正向转化。

我们提出全面深化改革，从根本上来说是为了解决当前面临的突出矛盾和问题。要做到这一点，可以运用太极思维的方法，不断深化对改革规律的认识，把生产力和生产关系的矛盾运动同经济基础和上

层建筑的矛盾运动结合起来，作为一个整体来观察、来对待，加强顶层设计、整体谋划，增强各项改革的关联性、系统性、协同性，既解决好生产关系中不适应的问题，又解决好上层建筑中不适应的问题，坚持把实现好、维护好、发展好最广大人民根本利益作为推进改革的出发点和落脚点，不顾此失彼，挖肉补疮，迷失于单个领域、单个层次孤立的改革之中。

我们提出建设和谐社会，最重要的就是要践行“富强、民主、文明、和谐，自由、平等、公正、法治，爱国、敬业、诚信、友善”的社会主义核心价值观。要做到这一点，可以运用太极思维的方法，发掘和弘扬中国传统文化的精华，在分析历史上社会不和谐原因的基础上思考解决的路径。虽然构建和谐社会是一个复杂的系统工程，但必定有其“秩序”，有其主要矛盾。许多不和谐问题都首先表现在“内部”，根源于“内心”。人是社会生活的主体，更是社会和谐的主体。只要每个单位、每个家庭、每个人都能运用太极思维的方法，坚持规律性，尊重差别性，包容多样性，适应多变性，以对话协商的方式凝聚共识，以互谅互让的精神处理分歧，以合作共赢的态度谋划发展，以面向未来的眼光解决现实问题，知常达变，开放融合，交流互鉴，取长补短，兼收并蓄，多元共生，执中致和，切实把各种不和谐的因素、苗头和问题都解决在自己内部，那就在很大程度上铲除了社会不稳定、不和谐的土壤。

四、太极思维理论体系研究的深化和发展

会上大家一致认为，一个新概念、新命题从提出到基本形成一个比较成熟的理论体系，往往需要经过长期磨砺和多方面验证。作为有别于其他民族的独特标识，太极思维积累了中华民族历史上对处理人、

社会、自然三者关系的重要认知和经验，又融入了今人创造的应对现实问题的智慧和探索，形成了一个内涵丰富的全新概念。为了让太极思维的概念更精准，理论框架更完整，体系更经得起推敲，表述更容易被广大群众所接受，实践运用效果更显著，会议呼吁，重视和加强对太极思维的研究、宣传和运用，不断延伸太极思维文化的价值链，进一步走向社会、走向群众，不断促进传统太极文化的创造性转化、创新性发展，构建易学研究的新领域和太极思想的升级版，打造中华文化的新品牌，更好地为落实“四个全面”战略布局服务。

生命因思考而高远，我们因太极思维而结缘

牛尧（教育工作者）

十月的时候到朋友家拜访，我一直在向她诉苦生活中的不开心、工作上的不顺利。

朋友笑着说："别再抱怨了，静下心看看这本书吧。"早听朋友推荐看文叁先生的《太极思维》一书，一直好奇都有什么内容，有什么吸引她、吸引大众的地方，后来抱着很大的期待读完全书，怀着学习的心态思考书中的理论，果然没有让我失望，对于秩序、交换、平衡的思想我感触颇深，受益匪浅。

本书可谓由浅入深地诠释了太极的思维模式，利用一些看似简单却很有方法论意义的方式告诉世人，万物都处于一个能量守恒的状态为最佳。当然上下相生，左右相克也是告诉我们，一切自有规律，凡事过度则损，适度则益。

遵循万物的秩序则益，违背则损，平衡则益，失衡则损。而一切损益某种程度上是可以交换的，倘若换个条件，换个时机。比如书中提道：太极思维对人生幸福与否的评价标准不是财产的多少，而是只要真正熟练掌握"遵循秩序，主动交换，把握平衡"来面对人生，你就是幸福的。

这些理论都是经过时间考验，历史见证的。从古至今，研究历史中响当当人物的人会发现，打破一个平衡必然换来下一个构建平衡的过程。

比如：秦始皇统一天下，有功。统一文字，焚书坑儒，严刑酷法，大兴土木，徭役征发无度，却从某种程度上打破了平衡，没有主动交换，秩序也是他独断，最终打破统一的平衡，进入农民起义、推翻一个王朝、构建新王朝的过程。

太极思维一书中说道：

天清地浊　天动地静

有无相生　此消彼长

上长下幼　左大右小

同声相应　同气相求

天清地浊在穿衣服方面最常见，上身的衣服颜色浅——为清爽；下身的衣服颜色深——为厚重，这样搭配会带给我们沉稳的感受。头脑是天——为思想，手脚是地——为行为。思想指导行为也是天动地静的表现形式。

又如，家长主动教育和示范，子女积极呼应；领导主动思考和统筹，下属服从和执行，这都是天动地静的表现。

这些我们日常中熟知的事物，如果不是文叁先生这样深入浅出的解析，我是绝对不能认识到的。

好人在一起，我们称之为志同道合；坏人在一起我们称之为臭味相投，或者一丘之貉。

高科技设备的无线遥控，就是摇控器和设备两者具有相同的气息，也就是频率相同，它们才能互动，共振，产生结果。

生活中遇到烦恼往往埋怨别人:“如果当初不听某某的意见就不会有这样的结果；如果当初不是谁谁做错了也不至于有今天……”实际是你自身具备某种气息，某种动机，旁人外在的建议或行为也仅仅是吻合了你内心的主观愿望，所以你才有那样的选择。

烦恼源于错误，内心决定有无。

各类精英能够从当初的普通发展到后来的卓越，就是因为他们内心具有坚韧不拔的浩然正气。当我看到文叁先生书里这样的描述之后，我一下子就明白了朋友让我静下心来看看这本书的用意。

文叁先生书里还说:“目标实现要遵循规律，首先付出智力、体力，用勤劳去创造财富，给别人带来价值，最终才能换取。‘做’比‘说’更接近目标，说到只是你的想法表达，做到才是你的能量付出。以身作则远远大于坐而论道。

人生一定是地位越高，名声越大，从而越自信越自由，进而实现追求目标，获取更多利益。”

这句话使我顿悟，让我更加明白，自己以后在工作中应该端正自己的态度，主动付出。

书中有许多的文叁格言，无论是“万卷诗书吟不尽，一图太极道自然”还是“人生，挫折与顺利同在，给予和索取平衡”，无论是“笔走江河山有色，墨洒乾坤人重情”还是“落叶常怀枝上梦，智者普度世间人”，都能看出来文先生的学术素养和对人生哲理的深层次认识。

其实从太极思维的研究背景，以及思维的结构框架，不难看出本书对于广大世人的方法论作用，它可以指导我们工作、学习和生活的方方面面。依据太极思维左上中下右的秩序划分，气息相通，相互作用，给予与索取平衡，能量守恒，可以指导我们生活中做人讲求礼尚往来以便平衡，工作各自发挥优势以便相互作用，学习不断思考、创新，以便此消彼长、与时俱进。我是一名教育工作者，我关注了太极思维研究院微信公众号以后，我看到一篇写太极思维与班级管理的文章，内心已经完全认可太极思维，这对我们的工作具有深刻的指导意义啊，我马上把它分享给同事了。

感谢朋友推荐，感谢文叁先生对学术的研究及推陈出新，让我全方位了解了太极思维及中国几千年文化的博大精深。听朋友说，一群志同道合的人因为太极思维而相聚到了一起，从相识到相知，从陌生到熟悉，我希望自己也能早日融入太极思维这个大家庭里，成为太极思维的朋友。

附：关于友谊的诗歌一首《这就是友谊》

欲望无限却不和功利相连。
距离产生美，
距离也会分割美，
无遮无拦的是我们心灵中的美感和憧憬。

环抱无骨的温柔，
体验炽热的绽开，
聆听无序的倾诉，
这是我们对没有距离、甚至没有间隙的拥有所期待的境界。

真实、热切而不牵强。
情感之巅，我们看不到别的诱惑。

孤独是一种经验，
这让我们成熟而不世故，厚重而不老成。

伫立人世间最隐蔽的那块岩石，
我只让身边的松涛声和灵魂的放纵，
伸展柔软的藤须。
不想让太多规矩和道理，抹杀流畅的性情，
手与手的相握，
灵与肉的融合，
心与心的感知，
都是快乐，都是战栗，都是对无聊和寂寞的摆脱。

为此，我想对你说，
友谊，还有友谊带来的一切，
都是寄托，
无边无际、无始终。

太极思维解读榜样

刘艳丽
（上海长盛实业发展股份有限公司副董事长、
上海盛农兴股权投资基金有限合伙企业总裁）

文叁先生的《太极思维》一书讲到，为人处世的态度可分为三个层次：榜样、普通、反面。

今天我们来谈谈第一个层次——榜样。榜样，主动给予，可以换来长久的发展。态度端正，主动帮助，能够成为社会楷模，这是最高层次。从事科学研究、政治活动，或者是从事生产经营，只要我们抱着服务他人的态度做事就能够赢得信任，换来长久发展。社会交往中多给予少索取，就是在储蓄祝福，改善人生。

曾国藩是清朝末年最有权势的人之一，也是儿孙们的好榜样。他虽然位列三公，拜相封侯，却并不为子孙积攒金银，购置田地，反而教育孩子必须勤俭，要求他们一生铭记十六个字“家俭则兴、人勤则健、能勤能俭、永不贫贱”。

“上长下幼左大右小”的社会秩序，更是一种自然规律的体现。父母生育我们，在上为长，这是自然秩序。

曾国藩的小女儿，只有十几岁时，跟随母亲来到他所任两江总督的总督府。她认为进府，总要穿得光鲜体面一点，所以上面穿了一件蓝色的小夹袄，下面穿了一条缀青边的黄绸裤。

这条黄绸裤其实也不是她的，而是她的长嫂给的。但就是看到这条裤子的青色花边，曾国藩都觉得太繁复，太华丽了，认为小女儿不应该穿这样的裤子，让她马上换掉。小女儿赶紧回房，换了一条没有花边的裤子。

曾国藩就是这样，从每一件细小的事情要求自己儿女做好，让儿女从小养成简朴是美的好习惯。

曾国藩认为：子女在骄奢淫逸的环境下成长，是不可能树立大志的。开始是放逸，继而就是放荡，然后就是败家。官宦之家能够传上几代都不衰败的，真的是少之又少。所以应该由勤俭入手，教孩子应该如何生活，如何做人，这才是最好的教子之道。

曾国藩不仅要求孩子这么做，自己也给孩子做出了榜样。在他吃饭的时候，如果碰到饭里有带壳的米粒，他就把壳磕开，把里面的米吃掉。而他的住处也非常普通，后来的府第“富厚堂”没有雕梁画栋，就是一种非常拙朴的木结构建筑，整个房子只不过比一般农户的院落大一些而已。即使如此，曾国藩听到盖房花费的钱数，都舍不得去住。

在那个时代，官宦人家一般都坐轿子，可是曾国藩却在信里告诉孩子，要步行去办该办的事，绝不许使唤轿子。同时他还要求孩子们不许使唤奴婢添茶倒水，自己能做的事情，一定要自己去做。

曾家的家训，曾被许多名人奉为经典。曾国藩一生，没有为子孙留下丰富的物质财富，却给他们留下了清正、勤俭、廉明的德行，让子孙受用一生。

望子成龙，光宗耀祖，是天下人的普遍心愿。然而，成“龙”也好，成“虫”也罢，这中间都有一个由量到质的转化过程。如何抓好这个过程使之有利于孩子成长，使之达到平衡，却不是每一个做长辈的都能清醒明白的。

有些老人对子孙的未来总是忧心忡忡，总觉得不留下点财产心里不踏实，怕子孙怪罪自己。有的老人含辛茹苦地攒下几个血汗钱，只为子孙将来能有个“安乐窝”，一心为了孩子寻找轻松自在。

至于孩子的做人基本素质如何，却很少顾及。殊不知，这种畸形溺爱的结果，只能使子孙养成贪图享乐、不思创业的恶习，个别缺才少德的分子，还有可能滑入犯罪的泥潭，成为社会的蛀虫。

所以在培养孩子成长的路上，孩子的品德与修养才是重要之处！林则徐说：“子孙若如我，留钱做什么，贤而多财，则损其志”。“子孙不如我，留钱做什么，愚而多财，益增其过”。林则徐明确表态，不赞成给子孙留下钱财，这与曾国藩对待儿孙的态度也是一样的。

曾国藩和林则徐以自身作为榜样，他们的子孙贤孝，后代人才辈出。人们共同生活和工作都在顺应自然规律：“天清地浊，天动地静。有无相生，此消彼长。上长下幼，左大右小。同声相应，同气相求。”一个人、一个团体、一个组织、一个社会，如果没有依照上面的自然规律运行，最终都会出现混乱，出现冲突，甚至夭折。道德透支风险不可预期。

古人说：“命里有时终须有，命里无时莫强求。”其实人生与任何事物一样，是个能量中转站，事物转化“克制”与“生发”两种能量的基本秩序是，克进—生进—事物—生出—克出，克出回到克进再进行下一次循环。平衡，既是我们的生活状态，又是我们的人生追求，我们时刻需要它，其表现形式有：文明、和谐、美好、团结……做任何一件事情既要自己舒服，各方受益，更要维护环境，符合规律。

行为，养成“主动平衡，心静神清”的习惯；

观念，形成“储蓄祝福，改善人生”的意识；

修养，达到“小爱伤己，大爱受益”的境界。

崇尚简朴、不慕奢华，自力更生、艰苦奋斗，这些中华民族的传统美德，遵循太极思维“秩序·交换·平衡”的核心架构，主动交换，才是真正的无价之宝，我们应该传给后世弘扬光大。

太极思维令特色小镇建设如虎添翼

太极思维研究院

太极思维：智慧源泉

中华传统文化，将为特色小镇注入永恒的活力。周易是群经之首、大道之源，而太极智慧则是中华文化发展的核心动力。

人类思维有三个层次：逻辑思维、形象思维和太极思维。前两个层次是当今人类习惯了的已知思维方法，后一个层次实际也是古今高贤在不自觉中的常用之法，只是还没有把它当作一种独有特征的思维方式来有意识地运用罢了。太极思维与前两种不同，是带有哲学意味的思维能力，既非逻辑亦非形象，而是全息思维。

中华民族的太极思维和古希腊的辩证思维，是马克思辩证思维的间接来源，黑格尔的辩证法思想，是马克思辩证思维的直接来源。太极思维更高，因为既强调一分为二，也强调合二为一，来去循环。

人类群体的日常活动多用前两种思维，很少用后一种思维，只有少数先驱者的生命活动经常用后一种思维。确切地说，中华先驱者的太极思维一般是参差错落混元一体，常常从线性思维轨道进入全息思维，点燃那深层智慧火花。不过西方有些实录记载，科学界不少名人也常有先发现某个结论而后才补上详细证明的事例，这就是不自觉的太极全息思维的闪耀现象。

三种思维的阴阳关系是，浅层的第一第二思维为阳，深层的第三思维为阴。东方古老哲学是以太极思维为主、第一第二两种思维为补的“阴中有阳”。西方现代科学是以前两种思维为主、太极思维为补的“阳中有阴”。两方运转阴阳思维各有侧重。

太极，是东方传统文化的一个古老学术概念。大凡一个民族性的文化内涵，往往会有代表性的图示以记之，这是自古以来常见的方式。东方有个太极图，西方有个十字架，分别代表了东西方不同的民族文化特征。但太极图比起十字架来，宗教色彩少，更重要的是它那哲学科学与大自然相融的天人合一观和博大精深底蕴。

太极图，不是二维或三维的，而是无极宇宙多维全息图在二维平面上的投影。太与极二字，表示大的那一头是极端，小的那一头也是极端，两极端之间包容无限层次无限数列却又浑然一体，其深层含义可用“全息”二字来表达，因此太极图是个全息图。华夏五千年文明史，各个文化领域无不渗透着太极哲理。

太极学问是哲学的也是科学的，它软硬兼施，全面通吃。哲学是链，科学是环，哲学包含着科学，科学寓于着哲学。

特色小镇发展要素

中 | 小镇

主体

特色小镇建设，是中国新型城镇化的重要抓手，是当下城镇化运动的重中之重。小镇位于太极思维模型的中间。

太极思维就是运用太极阴阳对事物和现象进行结构解析，阐释能量转化的自然规律从而揭示事物的本质和事物间规律性的联系。随着时间和科学的发展，更加证明了我们中华文化的核心理念——太极思想（阴阳）的科学性和先进性。太极思维把认识论变为方法论，告诉我们：秩序交换平衡以，左上中下右循环。因为秩序·交换·平衡是事物发展的规律，也是中华民族的精神特征；秩序·交换·平衡是人们心灵深处共通的自然法则。是当下城镇化运动的重中之重。充分发挥中华古老智慧的思维模式，无疑将使中国特色小镇建设的画卷更加丰富多彩、蔚为壮观。

特色小镇建设是促进经济转型升级，推动新型城镇化和新农村建设的有效途径。

左 | 环境 调研

环境是基础，位于太极思维模型的左边。

通常按环境的属性，将环境分为自然环境和人文环境。

自然环境，通俗地说，是指未经过人的加工改造而天然存在的环境，是客观存在的各种自然因素的总和。

人类生活的自然环境，按环境要素又可分为大气环境、水环境、土壤环境、地质环境和生物环境等，主要就是指地球的五大圈——大气圈、水圈、土圈、岩石圈和生物圈。

人文环境是人类创造的物质的、非物质的成果的总和。物质的成果指文物古迹、绿地园林、建筑部落、器具设施等；非物质的成果指社会风俗、语言文字、文化艺术、教育法律以及各种制度等。这些成果都是人类的创造，具有文化烙印，渗透人文精神。人文环境反映了一个民族的历史积淀，也反映了社会的历史与文化，对人的素质提高起着培育熏陶的作用。

特色小镇建设，绕不开环境。

人是环境的产物，离开了环境，人就无法生存。特色小镇的环境布局，须讲求均衡，又要有重点，是点与面的完美结合。

在太极思维中，阴阳五行生克制化的“天人合一”整体宇宙观是其核心。宇宙是物质的，万事万物皆分阴阳，“孤阴不生，孤阳不长”，阴阳交合才能“三生万物”。没有正负这两种不同的阴阳电性，就不会有自然万物层出不穷的组合变化，没有阴阳两性之分，也不会有生命万物丰富多彩的物种进化。

上 | 文化

规划

文化是灵魂，文化位于太极思维模型的上面。

特色小镇的“魂”是文化，它能让人们记住乡愁。近几十年来城市大拆大建，出现“千城一面”，而许多农村地区正在步城市后尘，在乡村改造中搞“万村一面”，湮灭了乡村文化的个性及独特的农耕文化遗产，特色小镇之“特”就是要恢复千姿百态的传统村落文化。

人类发展中形成的文化自觉和文化保护等概念，在特色小镇建设中具有非常重要的基础作用。但从目前建设情况看，一些地区在特色小镇文化保护方面，存在认识上的误区与偏差。对古村落盲目改造，破坏植被、水系、农田等生态系统，一些民间劳作方式等遭到遗弃。应依照太极思维模式，建立人类发展、文化遗产保护和特色小镇建设“三位一体”的发展模式，充分尊重当地文化原貌与特色。

区域文化在特色小镇建设中扮演着重要角色。特色小镇建设中，区域文化再造主要体现在“文化支撑小镇”与“小镇创新文化”两个方面。首先，区域文化不仅为特色小镇建设提供丰富的文化内核，而且能够助推旅游，提升小镇整体规划，汇聚产业以及扩大小镇的知名度，在促进区域文化传播等方面都发挥着重要价值。其次，特色小镇是一个“家”，在这个新的家园里能够形成一种高度认同的社区归属感，并营造出一种新的生活方式，这是特色小镇再造一种新文化传统的重要途径。

中国传统小镇文化结构基于乡土礼仪，形成稳固的乡土社区共同体。而集产、城、人、文四位一体的特色小镇，文化被置于突出的位置。文化是特色小镇的内核，新型社区的认同与维系需要新的文化凝聚力。同时，新型社区需要新型社区文化作为生产与消费的动力。因此，在特色小镇建设过程中，要努力营造中国小镇“文化模式”新路径，实现区域文化与特色小镇建设的协同发展。

文化存在于生活里。在特色小镇建设中应保留文化特点、乡村特点，保存乡村风貌、民族文化和地域文化特色。要大力挖掘每一个村落的文化特色。同时，要打造一支跨学科团队，对特色小镇建设进行合理文化规划。

下 | 产业
实施

产业是支撑，产业位于太极思维模型的下面。

缺乏独特而有力的产业支撑，特色小镇不会有真正的发展。产业的发展，同样离不开太极思维。

小镇最核心的内容应该是产业，发展特色小镇应从产业抓起，依靠产业集聚人口、发展经济、提供服务。以产立镇、以产带镇、以产兴镇，实现产镇统筹和协调发展，促进从小镇资源到小镇产业，从小镇产业到小镇经济，从小镇经济到小镇发展，为中国特色小镇持续健康发展提供源源不竭的动力和支撑。

一是从资源优势出发，确定主导产业。产业是人口合理聚集、城镇健康发展的基础。从小镇的自然资源、人口结构、产业基础等条件出发，因地制宜，确定小镇发展的主导产业和支柱产业。应充分考虑区域定位，做好小镇建设和产业发展的规划设计，防止重复建设和低水平恶性竞争。依托主导产业，形成拳头产品，引领市场发展。

二是培育龙头企业，发挥带动效应。龙头企业是产业发展的代表，是产业先进生产力的掌握者。在一定程度上，龙头企业的发展水平，代表着一个地方产业的发展水平。要加大对龙头企业的支持，在财政支持、税费优惠、用地用电、产品流通等领域要加大扶持力度。

三是推动产业聚集，提高规模效应。产业集群发展，通常指的是相互独立又相互联系的产业，按照区域化布局、产业化经营、专业化生产的要求，发挥各自比较优势，在地域和空间上形成的高度集聚的集合和融通发展。

四是突出特色优势，创新品牌市场。建设特色小镇，主要体现是特色产业、特色产品和特色服务。发展特色产业，不能墨守成规、不能千篇一律，要加强创新和品牌建设。

五是产城融合共建，促进公共服务一体化。当前一些地方把城镇化等同于“房地产化”，忽视了产业的发展，推进城镇化应大力发展城镇产业化，以“产城一体化”破解“城镇房地产化”困局。

六是发展配套产业，提高综合发展能力。在小城镇区域范围内，一、二、三产业发展都具有一定的基础和条件。要结合各自条件和发展阶段，进一步挖掘产业内涵和潜力，推动相关配套产业发展。

右 | 特色
目标

每个小镇都必须要有自身的特色，特色位于太极思维模型的右边。

所谓特色，就是一个事物明显有别于其他事物的风格和形式，是由事物赖以产生和发展的特定的具体的环境因素所决定的，是其所属事物独有的。因此，建设特色小镇之前必须认真考量，找准定位，找到自身核心竞争力，找到“特色点”所在。从这一点来看，茂名的特色小镇创建基本还是找到了点上的。如沙琅镇是围绕龟养殖特色经济向产业化方向发展，而马贵则是依托当地独特的山地气候和高山草甸，以高山运动为主题向“新三高”（高山、高标准、高寿）产业延伸发展。特色小镇应该按照创新、协调、绿色、开放、共享的发展理念打造，要具有明确产业定位、科技元素、文化内涵、生态特色、旅游业态和一定社区功能的发展空间平台，应呈现产业发展“特而精”、功能集成“聚而合”、建设形态“小而美”、运作机制“活而新”的鲜明特征。

总　述

运用太极思维，促使政府机构的行政与执法日益理性和规范。将小镇、环境、文化、产业、特色五要素结合起来，在遵循秩序、主动交换、把握平衡的前提下，使之在“左上中下右”的模型中达成良好循环。国家发改委、国土部、环保部、住建部四部门近日联合印发了《关于规范推进特色小镇和特色小城镇建设的若干意见》，强调创新工作思路、方法和机制，着力培育供给侧小镇经济，努力走出一条特色鲜明、产城融合、惠及群众的新路子，防止“新瓶装旧酒”“穿新鞋走老路”；立足各地区要素禀赋和比较优势，挖掘最有基础、最具潜力、最能成长的特色产业，做精做强主导特色产业，打造具有核心竞争力和可持续发展特征的独特产业生态，防止千镇一面和房地产化。

遵循这样的思路和部署，中国特色小镇建设将走得更加扎实稳健，中国新型城镇化必然会步入一个光辉灿烂的新时代。

太极思维在量子纠缠中的价值研究

太极思维研究院

物理学里最小的不可分割的基本单位叫量子。通俗地说，量子是能表现出某物质或物理能量特性的最小单元。

量子物理学是研究微观粒子运动规律的学科，是研究原子、分子以至原子核和基本粒子的结构和性质的基本理论。

量子纠缠，又称量子缠结，是当代量子力学的一个关键性概念，是一种量子力学现象，由爱因斯坦、波多尔斯基、罗森塔尔于 1935 年提出。量子纠缠是指两个或多个量子系统之间存在非定域、非经典的强关联，是指粒子在由两个或两个以上组成系统中相互影响的现象，即使相距遥远距离，一个粒子的行为将会影响另一个粒子的状态。当其中一颗被操作（如测量）而状态发生变化，另一颗也会即刻发生相应的状态变化。这种被爱因斯坦称为“鬼魅似的远距作用”，引起了科学界的高度重视。

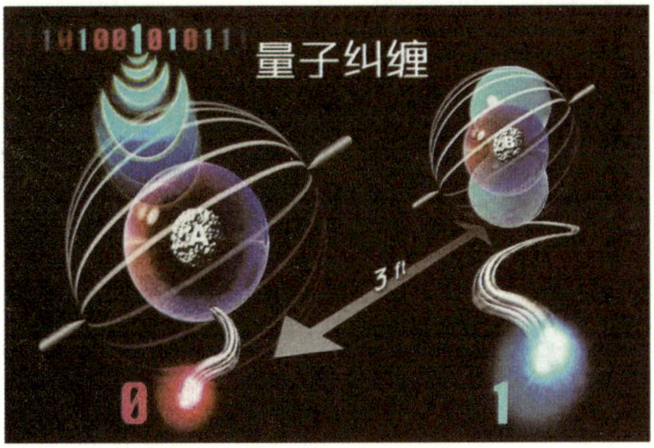

量子纠缠，微观世界的客观存在，形象地呈现了太极思维的阴阳状态。太极思维，就是运用太极阴阳对事物和现象进行结构解析，阐释能量转化的自然规律从而揭示事物的本质和事物间规律性的联系。太极本元，一物无限相；阴阳二仪，你中有我、我中有你，时时处处在纠缠；物质和意识，太极能量的二元存在，彼此也处于纠缠态；五行——阴阳转化的不同阶段，也在无休无止地纠缠——相生是纠缠，相克也是纠缠，通过把握一方的情况，可知另一方的情况；六爻纳甲也在纠缠，六亲关系，更是你影响我、我影响你；八卦也纠缠，纠缠的结果就是演绎出六十四卦，卦卦相通，各自作用；风水也纠缠，二十四山向，对宫比较，一宫的变化，直接关系到对宫的信息，这是典型的纠缠。

量子纠缠是宇宙万物全息规律性的具体体现，它揭开了许多以往不为我们所知的时空秘密。

我们原来认为世界是物质的，没有神，没有特异功能，意识是和物质相对立的另一种存在。现在我们发现，我们认知的物质，仅仅是这个宇宙的5%。没有任何联系的两个量子，可以如神一般地发生纠缠。把意识放到分子、量子态去分析，意识其实也是一种物质。

一、太极思维打开宇宙的生成原理

易云：无极生太极，太极生两仪，两仪生四象，四象生八卦。

无极是什么？无极是宇宙的最初状态，是无古无今、无四方上下的一种存在，是一种完全没有分别的一致，无大小，无质量，无方向……它是“混沌”状态。

宇宙由没有中心点的混沌状态变成了有中心点的太空，古圣先贤称之为“无极生太极”。

无极生太极。无极既能生出太极，说明无极并不仅仅只是概念上的存在。在无极里孕育了“变化”，当变化起始，区分便出现了，便生成了太极。

太极是什么？太极是阐明宇宙万物的基本结构以及宇宙万物的演化过程。

现代科学认为：大约 135 亿年前，无极的混沌状态起波澜，不知名的物质相互碰撞，碰撞使不知名的物质产生磁性，磁性又使不知名物质相互吸引，不停地聚集在一起。聚集在一起的不知名物质继续相互碰撞，碰撞使得不知名的物质产生了高温。体积和温度不断提高，体积越来越大，温度越来越高。终于，温度和体积到达了极艰，发生了前所未有的“宇宙大爆炸”。

宇宙大爆炸时，在相互的作用力之下，大部分极高温度的物质被瞬间推向外部，形成了一个巨大的虚无空间，古圣先贤在文言文中把这个空间称之为“太虚”。

“太虚”就是现代人所认识的“太空”。“太空”指的是一个极度巨大的虚无空间。在这个空间里已经可以区分出上下、左右、前后。

能量转换模型

基础结构

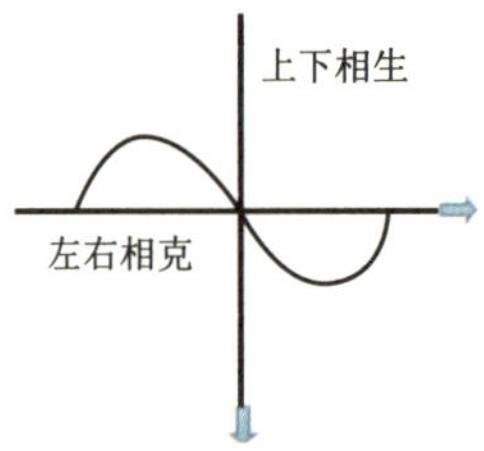

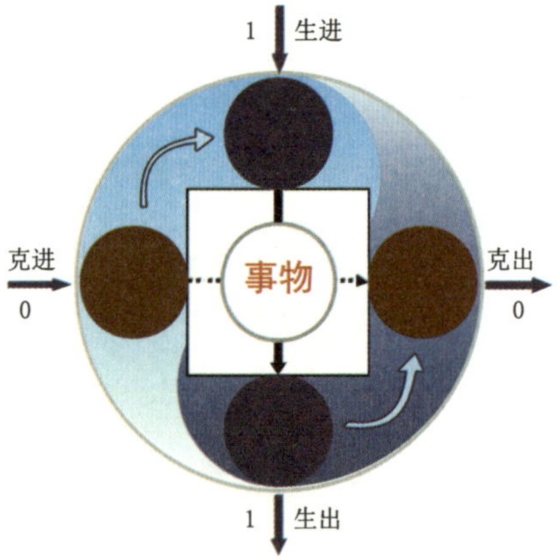

秩序 1 左 2 上 3 中 4 下 5 右 循环

古圣先贤把“上下、左右、前后”称之为“六合”或者“宇宙”。

在“太极”中物质继续相互碰撞，相互吸引，产生着高温，散发着光芒。它就是万物之源，我们赖以生存的“太阳”。

宋儒周敦颐在《太极图说》开篇就说：“无极而太极。”这把《老子》中提到的无极一词注入了理学含义。也就把无极的概念与太极联系在一起。清代乾隆年间太医院汇编的《医宗金鉴》则采用了五阶段说法：“无极太虚气中理，太极太虚理中气。乘气动静生阴阳，阴阳之分为天地。未有宇宙气生形,已有宇宙形寓气。从形究气曰阴阳，即气观理曰太极。”

《系辞》又说：“两仪生四象，四象生八卦。”其意指浩瀚宇宙间的一切事物和现象都包含着阴和阳，以及表与里的两面。而它们之间却既互相对立斗争又相互滋生依存的关系，这即是物质世界的一般规律，是众多事物的纲领和由来，也是事物产生与毁灭的根由所在。

太极思维的核心——秩序交换平衡以，左上中下右循环。

天地之道，以阴阳二气造化万物。天地、日月、雷电、风雨、四时、子前午后，以及雄雌、刚柔、动静、显敛，万事万物，莫不分阴阳。人生之理，以阴阳二气长养百骸。经络、骨肉、腹背、五脏、六腑，乃至七损八益，一身之内，莫不合阴阳之理。太有至的意思，极有极限之义，就是至于极限，无有相匹之意，既包括了至极之理，也包括了至大至小的时空极限，放之则弥六合，卷之退藏于心。可以大于任意量而不能超越圆周和空间，也可以小于任意量而不等于零或无。这个小于任意量而不等于零或无，在科学世界现代物理学里，叫作最小的不可分割的基本单位——量子。

二、量子纠缠的太极思维分析

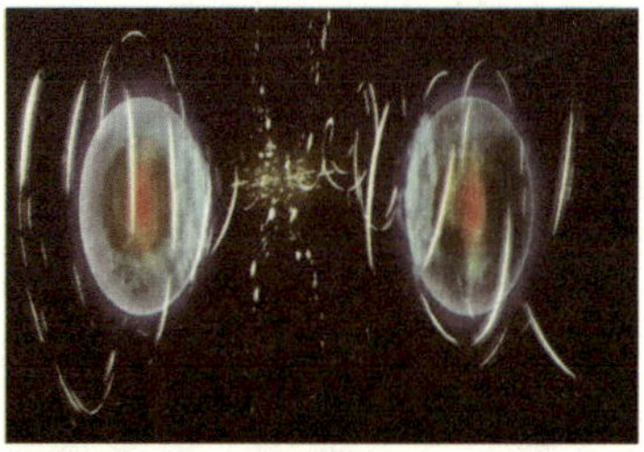

大家都知道量子纠缠，可为什么会纠缠，是什么原理呢？

用太极图解释目前的宇宙和量子理论就一目了然了，用阴阳的对立、互补、转化、统一的关系来看待就更显得不足为奇了。

中国上古圣人伏羲演示太极图的核心，越来越显示着宇宙运行的大原理，用古人的话说其大无外其小无内，就目前人类研究的结果来看，还没有一样思维认知超出太极图的范围，不管是以前的爱因斯坦还是现在的霍金，不管是我们看到的宇宙星系状态还是目前最前沿的量子理论，同样以太极图的阴阳理论推演宇宙的恒星和黑洞对应，推演引力波的此消彼长，推演物质和能量的万物守恒定律，推演时间和空间物质和能量的相互关系，这一切的一切都没有跳出太极图的原理范畴。

太极，可以看作是一个本源量子，我们姑且叫它为太极量子。

而阴阳二仪，实际上就是本源量子的能量投射。

根据太极生两仪，两仪生四象，太极量子投影在三维世界就分化为波或粒子（阴或阳）。不过古人认为阴阳是同时存在的，只不过“阳飞则阴伏，阴飞则阳伏”（阳显现时阴为隐态潜伏，阴为显态则阳为隐态，阴与阳是同时存在的）。用之解释我们观测粒子时为什么波函数坍塌，使得观测到的不是波就是粒子，其实就是投影或解析在三维世界只能表现出一种状态，出现或显态或隐态的特征。

明儒王阳明在《传习录·下》中也说过一句有名的话：“你未看此花时，此花与汝同归于寂；你来看此花时，则此花颜色一时明白起来……”如果王阳明懂量子论，他多半会说：“你未观测此花时，此花并未实在地存在，按波函数而归于寂；你来观测此花时，则此花波函数发生坍缩，它的颜色一时变成明白的实在……”

宇宙存在一个另外的维度，量子间通过这个维度发生相互作用，这个维度我们感知不到，也没有相关仪器来检测，但其确实存在，并不因我们的感知与否而改变，我们称之为太极波或太极场（最基本最基础不可分割的频率）。

物质、空间、能量，三者其实是一个东西，或者这三个东西，其实是某个事物在不同频率表现出的三种方式，三者之间在不同的外界条件诱发下可以相互转换。爱因斯坦的质能公式是从我们这个维度描述了物质和能量间的转换，其他物质和空间，能量与空间的转换还有待于发现和发展。

而发现上述三个事物本质的关键或许就在前面提到的那个新的维度，在那个维度里或许我们能看到物质、空间、能量三者的本质。

其实两个（多个）处于纠缠态的量子，在本源上是同一个“太极量子”。

量子与我们理解的宏观事物最明显的区别在于，它是处于叠加态，就像薛定谔描述的“猫”（量子），既是死的又是活的。用古人的阴阳哲学来形容就是处于阴阳未分的“混沌态”，也就是我们常说的无极状态。

由量子聚集关系所呈现的宏观事物，是由无极生太极、太极生两仪（阴与阳、波动与粒子）的过程，不再表现出混沌态，而是阴阳分别的状态。所有宏观的“猫”不是阴就是阳，不是生就是死。

为什么会出现微观与宏观的截然不同，可以理解为微观的量子更接近本源的状态，而宏观事物只不过是微观量子相互作用的一种呈现，就如同主板上运行的电子与显示器上的图像（暂且这么比喻），众多微观的量子（更接近本源，如同计算机里运行的电子）通过某种高维度的机制，投影在三维宇宙中的影像，就是——我们及其身边的事物，故现象是阴阳已分的两仪状态。

“太极量子”在我们三维宇宙的映射产生出几个处于纠缠态的量子。当一个量子左旋，处于纠缠态的位于几百千米外的另一个量子就可能会同步右旋。

如同两面镜子中放一粒小球，小球在两面镜中的印象虽然有所不同，但是这两个印象就具有了“纠缠态”。

要理解，处于纠缠态的两个量子，之间的关联时间与这两个量子在我们三维世界的距离无关。所以处于纠缠态的两个量子信息传递的速度就是所谓的“超光速”。

谈量子纠缠，不能不提到全息理论，二者是子与母的关系。全息理论很好地解释了超距作用的原理。

为了便于理解，美国当代量子物理学家戴维·玻姆用“鱼缸里的鱼”来做比喻：在一个长方体玻璃鱼缸中放进一条鱼，两台相互垂直的摄像机“观察”鱼的活动，图像直接在两台电视机上播放出来。在电视机里我们可以看到，“两”条鱼分别做着方向相反、速度相等的游动。如果其中一条鱼的状态改变了，另一条鱼的状态也立即随之改变。玻姆以此展开对超距作用的解释:“两个同谋粒子应当被视为同一六维现实的两个不同的三维投影，在三维空间看来，二者没有相互接触，毫无因果关联;而实际情况是，两个粒子之间相互关联的方式，非常类似于上面所说的鱼的两个电视图像之间相互关联的方式。因此普遍地说，隐秩序必须被扩展到一个高维现实，这个高维原则上是不可分割的整体，其包含整个具有其全部‘场’和‘粒子’的整体宇宙。于是我们必须说，全运动在高维空间中卷入与展出，其维数实际上是无限的。”在玻姆所构想的宇宙的本体论图景中，宇宙真空的高维隐秩序被激发而展开和投影为三维物质世界的显秩序，而这种物质显秩序又不断卷入为宇宙真空中的隐秩序。用简单的话说，就是我们肉眼直接可见的三维物质世界的独立个体，实际上是更高维整体的一个投映，我们由于不能理解更高维度的整体性而误以为我们所看到的一个个人或物是独立的个体。玻姆不仅用他的理论来解释量子跃迁与EPR关联等量子力学现象，而且用它来解释宇宙的演化和人类意识等一系列科学与哲学难题。

事实上，玻姆本人在发明全息技术前已对佛教华严宗理论有着非常深的造诣，其全息理论正是《华严经》“于一微尘中，悉见诸世界”一句的极好印证。

三、太极思维在量子纠缠中的呈现

易经文化与“量子纠缠”有着紧密联系。《易经》蕴藏着古老的量子纠缠思想，“量子纠缠”原理可以在易经文化层面得到科学诠释；“量

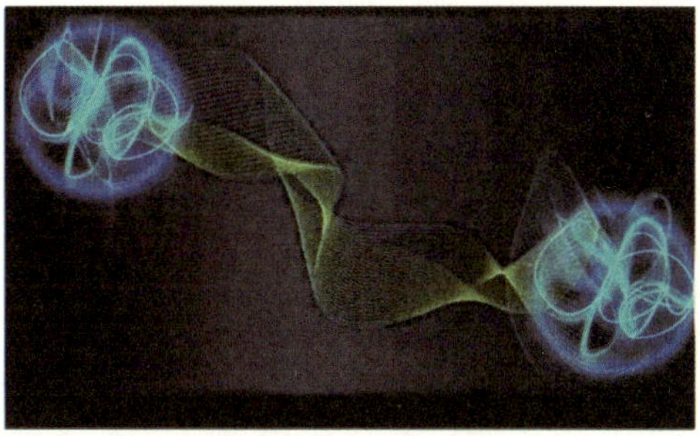

子纠缠”就易学而言，主要体现为“阴阳纠缠”“数相纠缠”等；易经文化有助于“量子纠缠”研究，科学界应重视并借鉴易经智慧；易经文化与量子纠缠、易学与量子力学的融合研究具有重要意义。

不管两个微观粒子被分开多远，只要对一个粒子进行扰动，另一个粒子立即就有感应（立即知道这个扰动）。量子力学把这个近几十年来最重要的科学发现称作“量子纠缠”。

“量子纠缠”对哲学、科学和宗教产生了深远的影响，西方的主流世界观亦深受其冲击，被认作是科学中最奇特的现象。自笛卡尔、伽利略、牛顿起，科学界总以为宇宙是没有意识、相互独立的，于是，可用个体研究来认识整体，而量子力学的新发现却与此相反。“量子纠缠”的认识使人类认识超越了自身思维时空，意识到宇宙万物应是一个不可分割的整体，万物在冥冥中存在一种相互间深层次的内在联系，且整体大于个体之和。若通过易经，可以断定，人的意识、灵魂是存在于六维以上时空，是六维时空作用到人类身体和物质之上。六维以上宇宙时空，或可以无限小，或可以无处不在，正是“几近于道”。

易学术数，特别是上层术数奇门遁甲、大六壬，先查验咨询者的隐秘情况，以把握命运关键点和枢纽所在，为运势调整与策划找到根据。这当中显现的“机密”，俱存在于易道时空中，人事、命运解读根本不需要报出生时间或八字。既然咨询者在一个特定时间、地点寻求答案，其命运信息自然通过术数显现出来。无论距离多远，也无论时间多长久，该与咨询者命运相连的影响因素，总是跟随咨询者，且对咨询者发生作用影响。这就是“量子纠缠”中看似荒谬的超距感应。

“量子纠缠”虽然是现代物理学的一个新名词和新概念，但其内涵和机理在古老《易经》中早已涉及。易经哲学观认为宇宙是个不可分割的整体，并倡导“天人合一”。《周易·中孚·九二》曰：“鸣鹤在阴，其子和之，我有好爵，吾与尔靡之。”意思是说：鹤在树荫鸣叫，小鹤应和；我有好酒，我与你同杯分享。这说明，在冥冥中，一切都有感应。孔子在《系辞传》中将这一爻辞引申说：“君子居其室，出其言，善则千里之外应之，况其迩者乎？居其室，出其言，不善则千里之外违之，况其迩者乎？言出乎身，加乎民；行发乎迩，见乎远；言行君子之枢纽，枢机之发，荣辱之主也。言行，君子之所以动天地也，可不慎乎。”意思是说：君子在私室说的话，如果是好的言论，在千里之外，也会使人感动，产生共鸣，更何况近在身边的人呢？相反地，如果是不正当的言论，在千里之外，也会引起人的反驳，更何况近在身边的人呢？言论由自己口中发出，在民众身上造成影响；行为在近处发生，在远处产生作用；言论与行为，对君子来说，像是门的轴，弩箭的扳机，门轴与扳机，一旦发动，就已经主宰了光荣或耻辱。

为什么“鸣鹤在阴”，其子能“和之”？为什么千里之外能“应之”？为什么“行发乎迩”，却能“见乎远”？这是不是一种“量子纠缠”现象呢？“量子纠缠”理论告诉我们，当人们对一对纠缠中的一个量子进行操作、测量时，不管相距多远，另一个量子也同时被操作和测量，这是不是“行发乎迩，见乎远”？易经智慧里可以寻找到答案。

量子纠缠在易经中的纠缠有以下几种形式。

1. 阴阳纠缠

《易经》认为“一阴一阳之谓道”，天地万物均由阴、阳两种最基本的元素构成。天空有一阴一阳之月、日，山坡有一阴一阳之北、南，动物有一阴一阳之雌、雄，人类有一阴一阳之女、男，电荷有一阴一阳之负、正……阴、阳为什么产生纠缠？我们首先来看看天文数。易经数相思维认为，宇宙是由“数”构成的，宇宙起源于数，宇宙万物本质是数。根据易经数相理论，宇宙最初的数相为“11”，其中一个“1”为空间物质，另一个“1”为空间里的雄性物质——天核，“空间”“天核”是没有体积的物质。按照“久静则动，动则主生”的宇宙大法则，宇宙在经过漫长的安静后，其中“天核”这部分物质开始以“左旋”方式运动起来，并在其周围形成“正、反”两种“力”，这两种力在易学上称为阴、阳。“天核”运动形成“天质”（太极），原先的天核“1”，变成了具有阴阳属性但无体积的天质“2”。此时宇宙的数相表示变成了“21”，其中“2”为天质，为阴；“1”还为最初的空间，为阳。由是，“2、1”即“阴、阳”，“阴、阳”即“2、1”。“天核”形成“天质”后，再经过一段漫长时间，随着“天质”（太极）的不断膨胀，大约在123亿年前，天质（太极）发性爆炸（易经《震》卦时期），进而产生了木、火、土、金、水五大星系，原先只具备阴阳属性但不具有体积的“天质”，进而演变成了具有体积的实体物质。由于实体物质均存在于空间中，此时的宇宙数相表示仍然是“21”（阴阳）。事实上，组成易经八卦符号的“--”（阴爻）、“—”（阳爻），对应的是两个数（2、1），其中“--”（阴爻）为“2”，“—”（阳爻）为“1”。同时代表“2”的阴爻“--”，实际上是由两个“1”组成，再加上代表阳爻“—”（空间）的那个“1”，宇宙实际上由三个“1”组成。这正是我们常说的：“一生二，二生三，三生万物。”如果从量子力量角度来看，由于“2”是由最初的“1”变化而来，两颗量子产生纠缠也就顺理成章了，因为它们本来是一体。

2. 六九纠缠

在易经六十四卦中，只有《乾》《坤》二卦有“用爻”，其中《乾》卦“用九”，《坤》卦“用六”。为什么《易经》要强调“用九”“用六”？为什么要强调用“九”“六”二数而不是其他数呢？让我们首先来看看十个天文数：0123456789，在这十个天文数中，能够互为颠倒的只有两个数：6、9。6颠倒为9，9颠倒为6。6、9为什么能互为颠倒，因为在易学里，6、9分别代表阴、阳两种宇宙基本元素。阴阳之间，相互依存，相互制约，相互消长，相互转化，相互衍化。阳中有阴，阴中有阳。为什么要用6、9分别代表阴、阳呢？因为易经八卦中，代表“阳”的乾卦为3画，代表“阴”的《坤》卦为6画，根据“阳可以兼阴，阴不能兼阳”法则，所以乾阳用9（3画＋6画＝9画），坤阴用6（6画）。当我们将6、9合在一起时，其形就是一个“太极图”。太极图由阴、阳两部分组成，阴中有阳、阳中有阴。如果用数字进行表达，太极图由6、9二数组成，6中有9、9中有6。此外，在易学里，6为坎，为地球。9为申，为人（申为猴，人猴变）。“6、9”表示：地球上有人，人立地球上。民间关于“6、9”还另有说法，认为“6是天掉一根藤，地结一个瓜。”“9是天上一个瓜，掉下一根藤。”从量子力学角度来说，如果我们把6、9看成两颗量子，“量子纠缠”是否可以说是“69纠缠”？

3. 数相纠缠

天地中的万物，如果从易学角度来进行分类，不过为“数”与“相”两类。天空中众多的繁星，地球上众多的山川、河流、植物、动物、有机物、无机物，等等，以“相”的形式呈现在我们面前，但其本质均是“数”。几何学中，三角形、四边形、梯形、圆等几何图形，以“相”的形式呈现在我们面前，但如果从“角度”来认识则全部是数。宇宙中的万物不仅本质上是“数”，而且有其规律。如将“圆”不断等分，会发现角度的众数和都指向9。如圆周长360°，360的众数和为9；圆平角180°，180的众数和为9；圆直角90°，90的众数和还是为9，如此继续等分下去，其角度的众数和一直是9。对此，古希腊毕达哥拉斯学派认为：数是万物的本源，万物的本源是一。如果我们将“数”与“相”看作两颗“量子”，“数相纠缠”又是不是“量子纠缠”？

四、心灵感应的量子纠缠分析

心灵感应，源于古希腊语，是1882年英国“心灵调查协会”的专家弗雷德里克迈雅斯提出的，它被认为是一种不通过感官，而以某种不可见的方式在人与人之间传递信息、交流思想的能力，是一种超感官知觉，又称心电感应。心灵感应常和远视、读心、预知等类似现象被归为一类，统称为超心理学。

心灵感应在生活中很常见，许多人都有切身体会。苏联的研究人员把几只小兔子放进核潜艇，潜艇潜入被冰覆盖的海水中。而在莫斯科的实验室里，给小兔的母亲脑内埋入电极，在指定时刻，每次杀死1只小兔，同时调查母兔的反应。结果每当1只小兔被杀死的瞬间，母兔都有反应。表明：心灵感应通过水也能到达距离数千公里之外的地方，且确认动物也有该能力。

同卵双胞胎常在相近时刻和相似部位发生相同的疾病，孪生子之间心灵感应一般发生在基因完全相同的同卵双胞胎之间，表明该现象的发生与基因的相似程度有直接相关性。

心理学家所做的甘兹菲尔德实验对于这种超感觉现象更具说服力。“接受者”躺在只有微弱红光的房间里，处于放松状态，并用劈成两

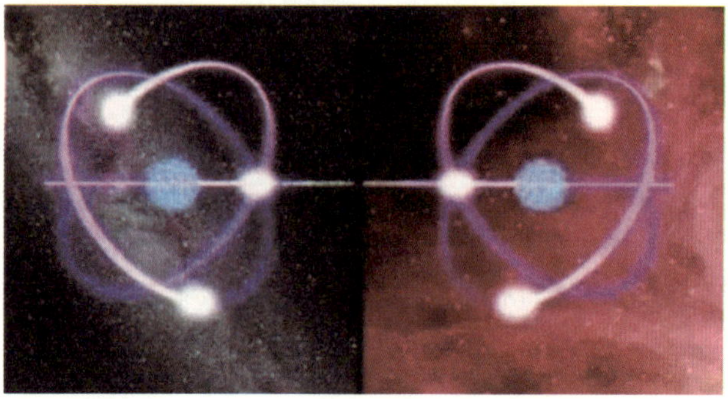

半的乒乓球盖住双眼，戴上耳机，里面播放着白噪声，剥夺其感官信息。“传递者”在另一间屋子观察一个随机选定的目标，如上图所示，并通过心灵感应将画面传递给“接受者”。之后，“接受者”要描述实验中观察到的图像，并在 4 幅图中指出所观察的图像。从 1974—2004 年，共进行了 88 次甘兹菲尔德实验，在 3145 个测试案例中有 1008 例命中（32.1%的命中率），这明显高于 25%的随机猜测的概率。

根据量子力学理论，在相互耦合的微观粒子之间存在某种神秘的远距离上的关联，如果我们对其中的一个粒子进行测量，另一个粒子将会瞬时“感应”到这种影响，并发生相应的变化，无论它们相距多远。

量子纠缠是粒子在由两个或两个以上粒子组成系统中相互影响的现象，虽然粒子在空间上可能分开，即使相距遥远距离，一个粒子的行为将会影响另一个的状态。当其中一颗被操作（如量子测量）而状态发生变化，另一颗也会即刻发生相应的状态变化，仿佛两个离子拥有心灵感应。

很多人可能都有这样的感觉，到了一个陌生的地方，心里会突然咯噔一下，感觉这里曾经来过，甚至还能回想起曾经发生过的事。这种现象，学术上有一个专门的名词叫“既视感”，或者叫“海马效应”。然而，对于既视感的成因，始终没有明确的结论，科学上也一直争论不休。

神秘的似曾相识的感觉，量子纠缠提出合理解释的情况下，人的左右脑会同时处理信息，但有时候会出现左右脑信息处理速度不一致的情况。医学解释认为，此时，相对滞后的脑会误认为几秒前见到的画面，是以前发生的画面，或者说大脑首先会把眼前看到的画面缓存下来，当你身处某个具体场景，或许会激发以前类似画面的缓存记忆，你就有一种似曾相识的感觉。

现代心理学认为，在日常生活中人接触的信息会很多，但是大脑是有限的，会选择性地记忆。如果相同的事情再做一次，人类只会感觉到好像做过类似的事情，但是不知道具体什么时候什么地点做过。于是便产生了神秘的既视感。

我们这个世界有很多时空，每个时空都按照一定的规律运行着，一般不会有交叉。当你站在时空交错点上，你或许会被带入未来的时空，但是很快时空又正常了，你脱离了错乱的时空，但是你却看到了不久后的未来。

随着现代科学，特别是量子力学的发展。科学家们发现，动物脑中的磁受体被光照射时会产生一对自旋相关，或者说相互纠缠的自由基。自由基中的单一电子和地球磁场相互作用可以引起自旋的变化，从而引发纠缠电子的自旋变化。通过两个维度的自旋变化。动物可以“看到”磁场（甚至有分析认为鸟类正是通过不同地理位置的磁场变化进行导航的）。科学家发现，任何动物，包括人类都自带了一套先进的量子力学系统。按此说法，我们常有的似曾相识的感觉，往往就是自身系统接受到了某处的磁场感应，产生了相同的自旋或者说纠缠态。具体而言，就是对特殊场合或者说波的感应能力。这种量子纠缠解释为研究既视感打开了新的方向。

结 语

我们有必要将太极思维与量子纠缠进行融合研究，其意义主要体现在以下几个方面：

一是有利于拓展研究新视角。从太极思维角度来研究量子纠缠问题，可以得到一个研究新视角。

二是有利于提供研究新方法。物理学、量子力学固然有其研究量子纠缠问题的方法，如逻辑推理、实验等，但太极思维对此有其独特的思维方法，如数相推理等，这种独特的思维方法无疑将大大有益于量子纠缠研究。

能量转换模型

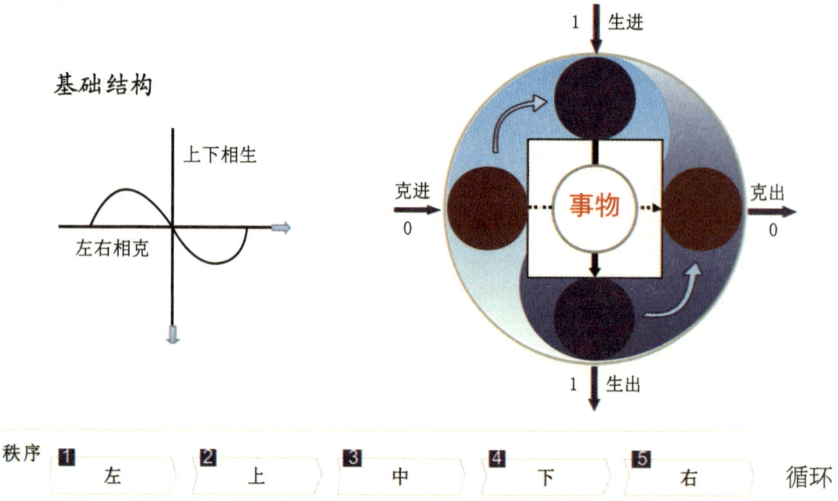

太极思维

文化精髓

文叁 著

线装书局

图书在版编目（CIP）数据

太极思维．文化精髓 / 文叁著．-- 北京 ：线装书局，2018.8（2019.4）
ISBN 978-7-5120-3325-2

Ⅰ．①太… Ⅱ．①文… Ⅲ．①太极－研究－中国
Ⅳ．①B221.5

中国版本图书馆CIP数据核字(2018)第178030号

太极思维：文化精髓

作　　者：文　叁
责任编辑：和　谐
出版发行：线装書局
　　地　址：北京市丰台区方庄日月天地大厦B座17层（100078）
　　电　话：010-58077126（发行部）010-58076938（总编室）
　　网　址：www.zgxzsj.com
经　　销：新华书店
印　　制：浙江天台海帮印务有限公司
开　　本：710mm×1000mm　1/16
印　　张　16.5
字　　数　196.5千字
版　　次　2019年4月第1版第2次印刷
定　　价　197.00元（全2册）

太极思维

左 上 中 下 右

秩序 交换 平衡

作者简介

文叁，姓凌，名文叁，号金山。1972 年 11 月出生于安徽省合肥市庐江县，周易世家第四代传人，家学渊源。

文叁先生自幼就有细致观察社会现象、深入思考自然规律的习惯。在科技与文化单位工作后，自 2005 年起，文叁先生秉承“执古之道，御今之有”的宗旨，专注于中华优秀传统文化的研究和传播。

“你我智慧，天下财富”，是文叁先生深刻的人生感悟。生活阅历丰富的文叁先生，态度端正、精益求精、济世利民、造福社会，足迹遍及全国各地。

在传播文化的过程中，文叁先生对生命规律的认识不断有新的提高，逐渐提炼出一个对个人思考、家庭生活、社会工作、人生幸福都具有指导性意义的完整理论体系——太极思维。

太极思维——中华民族的精神特征，人类社会的文化精髓，人们共同生活及工作的行为准则。

管理的本质：约束行为，按规律办事，其根源是文化。

文叁先生将文化精髓“太极思维”应用于现代管理，为科学管理提供了崇高的价值理念和指导，并结合领导、计划、预测、组织、平衡、沟通、变革、控制等管理元素，形成了具有系统分析、科学诊断、统筹优化和战略规划功能的评价系统。

“失道而后德，失德而后仁，失仁而后义，失义而后礼。夫礼者，忠信之薄而乱之首。”太极思维理论体系是从道的层面揭示中华传统美德的规律所在，朴实而自然。

为了中华优秀传统文化的传承、重塑和崛起，构建起太极思维理论体系的文叁先生祝福大家——

太极思维，幸福久远！[①]

---

① 太极思维（遵循秩序、主动交换、把握平衡）。
幸福久远（生活轻松、生命从容）。

文 叁

太极思维理论体系创立者

太极思维呈现自然，太极思维讲述规律。

——王 凯

太极思维的“秩序、交换、平衡”，是认识论，也是方法论。太极思维糅合了国学与哲学，自成体系，但又浅显易懂，应用广泛，可以指导社会生活的方方面面，这正是学习和推广她的价值所在。

—— 方实义

——目 录——

本篇对人类社会的文化精髓作了系统的提炼和原创性定义，定义为太极思维。文叁从太极思维与现实生活的关联、太极思维的核心架构“秩序、交换、平衡"、人生太极思维系统、社会太极思维系统、太极思维的社会价值与实践等方面系统地阐述了一个对人的内心思考、家庭生活、社会工作、人生幸福都具有指导性意义的系统理论体系——太极思维。

本篇，记录的是文叁的人生经历，每个事例中的主人公都是真人真事，读完之后，您或许有身临其境的感觉。人生境遇不同，生命规律相通。

秩序决定成败，态度决定输赢。运用太极思维，提高思维品质，是我们追寻真理、完善自我、享受幸福的有效途径。

本篇，每个表述都是独立的，它们是文叁对生活、对工作、对人生、对自然的某个角度、某个侧面的深入思考。

思想，激荡中精进，

精彩，品味中永恒。

当祝福变成习惯，人生五彩斑斓……

导 言
太极思维铸魂中华文明

太极思维研究院

中华文明也称华夏文明。

夏，大也。中国有礼仪之大，故称夏；有服章之美，谓之华。华、夏一也。华夏皆谓中国，而谓之华夏者，言有礼仪之大，有文章之华也。中国者，聪明睿智之所居也，万物财用之所聚也，贤圣之所教也，仁义之所施也，诗书礼乐之所用也。

中华文明是世界上最古老的文明之一，是人类历史上唯一没有中断的文明。

中华民族之所以从远古一路走来，绵延不绝，就是因为我们的祖先在对宇宙万物的把握上抓住了本质，掌握了事物间规律性的联系。祖先最初用图形“—”“--”来表述阴爻、阳爻，进而演化出八卦和六十四卦体系，用以揭示宇宙万事万物的规律——这是人类历史上最早表达宇宙间普遍规律的模型，也是中华文字的源头。

可以说，中华民族的语言文字、社会制度、科学技术、民族精神、文化理念等各种文明成果，都是运用太极阴阳进行规律性思考之后实践的产物，是客观要求与主观努力共同的结果。

中华文明这种一脉相承、持续发展，呈现出了极强的秩序性、交换性和平衡性。

太极思维与中华汉字

《周易·系辞下》说：“古者包牺（伏羲）氏之王天下也，仰则观象于天，俯则观法于地，观鸟兽之文与地之宜，近取诸身，远取诸物，于是作八卦，以通神明之德，以类万物之情。”这段话既是演绎大易道理，也是创造汉字的基本原理。

汉字的演变过程，可以简略归纳为五个阶段：声，形，象，数，理。

“声”是任何一种语言的必要组成部分。在遥远漫长的太古时代，人类从本能的哭声、笑声或模仿大自然的鸟鸣、虫叫、兽吼、风声、雷声、雨声等，逐渐分化出具有一定意义、代表一定事物的“声音”，这就是语音的进化。例如：“ma、ba”用于代表“妈、爸”可能是从哭声“啊”中分化出来。语音进化到现代，已是一个十分复杂的系统，汉语中大约有 $4 \times 400 = 1600$ 种声音。语音的分化必定有其自身的规律，从现代语言中可以分辨出一些线索。例如，“鹅、鸡、鸭、猫”等家禽和家畜，可能是依据其叫声而定其名的。“哈、喔、嘘、哎哟”等声音，是直接表示人类在不同情绪下的自然发声。“五－午”“苗－渺”“木－目”等音相通、意相联。

“形”是语言的第二个重要组成部分。在远古时代，人类主要面临的是生存和种族延续问题。在与大自然和猛兽毒蛇等的斗争过程中，有时需要用“形”或“画”来表示事物。如，远出狩猎，为了不至于迷失道路，可能在岩石上或树干上做一些标记。人类在狩猎时，也注意观察野兽的足迹，以辨别出野兽的特性。另外，人类也可能出于对神秘大自然的崇拜或对美的事物的追求，在岩洞壁画上日、月、人、山、木、草、动物、祖先等图象。《说文解字》说，黄帝的史官仓颉看见鸟兽的脚印，明白可以用形来区分事理，开始创造文字。“审（審）→宀番→宀釆田”，“番”谓田中野兽的脚印。“釆”辨别也，像兽指爪。“审”，悉也。由“图画”经过一个简化过程，取事物的主要特征，开始了文字的进化过程。拼音文字是由原始图像向表示声音的字母方向发展，以语音作为主体。汉字由原始图像向“象、数、理”方向发展，用不同的图像来表示各种各样的意思。

“象”是创造汉字和说理言事的主要方法。“日、月”等属于象形文字，是造字的基本部件。这些基本部件相互组合，产生各种各样的“象”，创造出更多的字。基本部件和字还可以进行更高层次的组合，产生用于表示各种事物、各种意念的诸多文字。如“明→日月”“易→日勿→日月”“旦→日一”，造字之理和易理在这里完全相通，即所谓“取象生理”的模糊思维和“阴阳互动”的二分原理。

“数”概念是人类长期进化过程中逐渐形成的。人类首先掌握的概念可能是“无”和“有”。没水喝会渴，没东西吃就会饿。“有”字上半部表示手，“月”表示肉。“有”字原意“手下有肉”，有肉吃就不会挨饿。“有”进一步分化形成“一、二、三、多”等数的概念。“数”向易符方向演变，逐渐从文字中分离，形成八卦，并在历史上的夏、商、周时期形成“易经”（《连山》《归藏》《周易》）。如，奇数（一、三、五、七、九）和偶数（二、四、六、八、十）是两组不同性质的数，若奇数属阳，偶数则属阴。又如：金→鑫，木→林→森，水→淼，火→炎→焱，又→双，人→从→众，乂→爻，……。通常，字根相重表示“多”，三重表示“众”。

“理”是“象、数”的扩展。汉字外延的演变主要是通过“理”来扩大的，即相“象”的事物，“理”也相通。如，“明”本意是明亮，延伸出“眼睛看得清楚、心里明白、事情变得明显”等。

上述汉字演变的五个阶段“音、形、象、数、理”，本质上也是创造汉字的五种基本方法。举一例说明：“猫”字，“犭、艹、田”都属于象形，猫叫声“miào”，所以，“猫”声定为“māo”，造字时声部用“苗”字表示。“苗→艹田”，音通“渺”，意为“田中渺小之草”。猫可能是在神农氏农业耕种时期，才被人驯养用于对付损害农作物和粮食的老鼠的。定十二生肖可能要早于这个时期，这也许是猫没被收录的原因。上文说到，汉字造字时，两个重叠表示多。“艹→屮屮”表示草多，这是汉字造字中“数”的概念。“苗”字本意小草，延伸为“可培育的人才”，小孩、小草相像，理又相通。这样，“苗”字外延就扩大了，这是字理的例子。从“猫”字的解剖中，可以看到“声、形、象、数、理”五种基本造字方法，看到汉字演变的历史沿革，并看到汉字造字过程中“字”与“易”相融的太极思维机理。

太极思维与社会制度

“制度”一词在先秦文献中并不少见。《国语·周语下》有“钟声不可以知和，制度不可以出节”，《左传·襄公二十八年》有“为之制度”，《商君书·一言》有“凡将立国，制度不可不察也”。但在这三例中，制是制订，度才是幅度、规矩、标准等今日所说的制度之义。在《管子》和《易传》等文献中，制度一词的意思才接近于今日。(《管子·法法》:“太上以制制度”。《周易》节卦彖辞:“节以制度。”)

我国古代非常重视制度建设，这与我国古代的社会状态有关，如国家、地域、人口、交易、习俗等，统一的国家需要统一的制度规范，否则必将混乱离解。先秦文献的《逸周书》《周礼》《仪礼》中的许多内容，就是十分详细的制度范本。我们民族始终是追求国家统一，和而不同，社会制度也是围绕这个中心来调整制定。

制度是人类社会演变到一定阶段才出现的。首先是生活实践和认知活动的丰富，其次是社会规模或人口地域的扩张，再次是强智阶层的凸显和随之而来的国家的形成，这一条才是制度产生的直接和根本的原因。因为，在强智阶层凸显和国家形成之前，人们完全可以根据习惯、风俗、道德进行社会调试。而强智阶层凸显和国家形成，必定意味着社会分层、社会分工、利益分歧趋向各异，而制度就是或者说应该是对“分、异”进行调谐整合、规范约制。

老子的《道德经》一书阐述：上德社会是纯然天德社会，也是完全合乎大道的社会，根本不需要制度；下德社会是道德觉醒、道德自觉的社会，也用不到制度；上仁社会是用道德教化约束的社会，没有形成制度；上义社会是用社会共识、公平正义约束的社会，实际上就是积淀下来的习惯、习俗和社会压力制约人们的行为，也没有形成制度；上礼社会则是用礼仪规范制约行为，“礼”就是制订的行为准则，就是制度。再往后，就是我们补充的法律社会，这更是制度凸显的社会。法律以禁止、制裁为主，而礼制则以遵循、规范为主。

老子在《道德经》中坚定地主张守道奉德、抱一归根、袭常不妄作、辅自然而不敢为，从而避免祸殃、遗患后世。正如大道调理宇宙万有，宇宙万有和谐有序、自然运演；正如天德调理生命机体，机体健康、活力常具。老子认为制度的社会效应就是和谐有序、民生康乐。

中国社会制度的变迁："宗法制"封建制度→中央集权封建制度→半殖民半封建制度→社会主义制度。

1949年新中国成立之前的很长历史时期均是属于封建制度，这之后迈入社会主义制度，并向共产主义制度出发。

封建制度是中国西周时期和西欧中世纪出现的，以贵族统治阶层层层分封、占有土地和农民（或农奴）等财富为基础的社会制度。这种制度下出现等级森严的社会阶层，整个社会犹如金字塔一般。

封建制度的根本是土地权利的使用，他们的主要矛盾是地主阶层与农民阶层的冲突。可是秦朝之前与秦朝之后，为什么很多人都说它迈入一个新的社会制度？这还是因为土地权利的问题。

秦朝之前，以西周为开始，这个时候周天子将当时的中国领土分给家族成员以及有功将臣，这种土地管理被称为"分封制"，而这种封建制度称为"宗法制"。它的特点是：土地管理权归皇帝，土地划给贵族个人所有，贵族的领土设有自己的军队及机构，俨然是一个"国中国"。特别是当时的西欧更是如此，因此历史上有一句话叫"我的附属的附属，不是我的附属"。

西周的"分封制"。秦朝大一统后，土地管理发生根本改变，始皇帝采用"郡县制"管理土地，这种封建制度被称为"中央集权制"。它的特点是：不再将它封给私人，而是建立专制中央管理郡县，从而控制土地。并且这种"郡县制"的土地管理方式在中国一直沿用两千余年，直到清朝灭亡才得以结束。

秦朝的"郡县制"。可以说，秦朝统一之后，中国进入了新的社会制度，究其根本是土地管理方式的改变。可是，始皇帝仅仅是改变了土地管理方式，从管理结构上讲，却并没有得到改变。土地仍旧被地主贵族占有，农民依旧是租地主的田地耕种且交租，两者之间的矛盾依旧存在，也就是生产资料并未得到变化。因此，从狭义上解释：西周至秦朝是一个“宗法制”封建制度，秦朝至清朝是中央集权封建制度；从广义上讲：西周至清朝均是封建制度。

到了清朝时期，鸦片战争至清朝灭亡，即1840-1912这72年间，这时的中国应该属于半殖民地半封建制度。它的特点是：国家形式上保持独立和主权，而实际上政治、经济都被帝国主义所控制。

在清朝灭亡之后，随之而来的便是三大制度的厮杀（资本主义制度、社会主义制度、专制封建制度，其代表分别是国民党、共产党、军阀）。

1949年，新中国的成立标志着中国从此迈入新的社会制度——社会主义制度。它的特点是：国家机关在其法定的职权范围内依照法定程序，创制、认可、修改和废止法律及其他规范性法律文件，人民当家做主。

太极思维与民族精神

中华民族精神是中华民族特有的理想信念、价值取向、思想品格等的总和。在中国文化意识的构成中，它处于核心位置，是中华民族之所以为中华民族的最根本、最集中的标志。中华民族精神是中华民族薪火相传、生生不息的内在驱动力,它指引和支撑着我们伟大的民族不断发展进步。

在五千多年的发展中,中华民族形成了以爱国主义为核心的团结统

一、爱好和平、勤劳勇敢、自强不息的伟大民族精神。

“四书五经”翔实地记载了中华民族思想文化发展史上最活跃时期的政治、军事、外交、文化等史实资料，以及影响中国文化几千年的孔孟重要哲学思想。四书指的是《大学》《中庸》《论语》《孟子》，五经指《诗经》《尚书》《礼记》《周易》《春秋》。历代科举选士，试卷命题无他，必出自“四书五经”，足见其于为官从政之道、为人处世之道的重要程度。时至今日，“四书五经”所载内容及其哲学思想仍对我们具有积极的意义和极强的参考价值，它对社会规范、人际交流、社会文化等产生不可估量的作用，其影响传播于海内外，福荫子孙万代。“四书五经”是延续中华文化的千古名篇，是人类文明的共同遗产。

“四书五经”等传统经典，已经全面反映了中华民族对人生、对自然、对宇宙的认识高度。

《孝经》里面的名句：“居上不骄，高而不危；制节谨度，满而不溢。高而不危，所以长守贵也；满而不溢，所以长守富也。”“居上不骄，高而不危”强调权力，侧重从政态度。“制节谨度，满而不溢”强调金钱，侧重从商态度。我们有了居上不骄、高而不危的前提，所以才能享受后面的“长守贵”，有了前面的制节谨度、满而不溢，才有后面的“长守富”。这里面表达了什么？表达了一种前后关系，另外还表达了一种因果关系，也就是表达了前因后果。而前因后果的本质是秩序，秩序是因果关系的基础。只有高而不危的时候才能长守尊贵，只有满而不溢的时候才能长守富裕。这里面蕴含的，其实就是一个秩序的概念。

《道德经》说：“见小曰明，守柔曰强。”“小”和“明”“柔”与“强”是相反的概念，“见小曰明，守柔曰强。”这个正反两面的结构性表达，是强调从细节处见真知，是老子对社会及自然的深刻认识。对一个事物或一个现象的完整表达都有一个基本结构，这是我们中华民族独有的思维特征。思想的结构性表达，我们的前辈是早已内化于心、外化于行。我们早已习惯了这种结构性表达方式。

中华民族独有的结构性表达的思维特征在一句话里面怎么体现？是用性质相对、形状相对、色彩相对等状态的正反来表达，也就是对称性地描述。虽然我们的客观世界是体，但我们的视觉是面，所以从面的两端来表达，从而给我们呈现体的感受。

“夫慈，以战则胜，以守则固。天将救之，以慈卫之。战则胜，守则固。”慈的过程是什么呢？是理解，是给予，是关怀。有了“慈在先”这样一个信念，才能做到给予和关怀，进而做到战则胜、守则固。“战则胜，守则固”首先是我们的内心需求，最后外在的现象符合内心的需求，实际上就是一种平衡。《道德经》的这句话，整个表述体现了三个自然概念：秩序，交换，平衡。慈在先，有了付诸行动和努力的过程，才有战则胜和守则固的结果，这种结果是我们内心的期待，从自然规律的角度来说是一种平衡。所以中华文化经典的每一句完整表达都蕴含了深刻的自然规律，体现了三重概念——秩序、交换和平衡。

“合抱之木，生于毫末；九层之台，起于累土；千里之行，始于足下。”有先有后，有因有果，最后达到目的，体现平衡。“大丈夫处其厚，不处其薄；居其实，不居其华”，厚与薄、实与华是正反两个概念组成的完整结构。孔子在注解《易经》的过程中就对事物的基本结构，也就是阴阳正反两端有了深深的体悟，进而整合构建出一个整体概念——太极。

喜欢用结构性表达是中华民族的精神特征。比如我们居家要强调处理好左邻右舍的关系；干事业需要左膀右臂的帮助；我和你们交流必须专注，不能左顾右盼；我们的先辈为了民族独立和民族解放南征北战；我们做事情必须做到表里如一，否则事情的结果会南辕北辙；太极思维理论体系的创立是在做什么？在做一个承前启后的工作，把我们中华优秀传统文化进行创造性转化和创新发展。

《弟子规》是传统文化复兴活动中大家用得比较普遍的一个教本。《弟子规》的总叙说："弟子规，圣人训；首孝悌，次谨信；泛爱众，而亲仁；有余力，则学文。"首孝悌，"孝"是孝顺父母，讲上下关系；"悌"是照顾好兄弟姐妹，照顾好亲朋好友，强调的是左右关系。次谨信，"谨"是严谨，强调的是做事。人和事之间，人是主体，事是客体，是上下关系。"信"是信誉，就是社会对我做的事情给我的评价，是左右关系。泛爱众，而亲仁，就是内心看待大家人格平等，人格上的平等，是左右关系。而亲仁，要亲近有品德的人，亲近贤能、尊师重道，那就是上下关系。《弟子规》总叙是对我们传统文化经典中心思想的概括性表达。用太极的基本结构阴阳概念来分解，就是告诉我们，无论在家庭还是在社会，无论是做事还是做人，整体来说就有两种关系：上下关系，左右关系。中华优秀传统文化的所有经典讲的就是如何处理上下关系，如何处理左右关系。

《大学》里还有另一句话，"物有本末，事有终始，知所先后，则近道矣。"事物从头到尾的本末我们容易看见，但事情从始到终的步骤我们难以把握。所以我们做人做事，能够把先后的顺序做好，就等于把握了规律。这个先后是自然秩序。我们人为的精心安排与事物客观的发展轨迹吻合，就是遵循规律，懂得先后，接近天道。

我们民族始终是追求国家统一，和而不同。中华一统作为一种思想观念，其内涵非常丰富，并随着历史的演进而发展变化，其主要内容表现为政治一统、思想一统、民族一统。太极是一种辩证思维，也是一种整体性思维。太极思维强调变化发展，太极思维更强调“一”的整体性、本体性、本源性，它是一切事物存在的基础或前提，也是人们追求的最终目标和最高境界，表现在社会政治领域就是中华一统意识的形成，中华民族追求统一、尊崇统一的意志和决心，这是世界少有的。

太极思维与科学技术

四大发明是关于中国科学技术史的一种观点，是指中国古代对世界具有极大影响的四种发明，是古代中华民族劳动人民的重要创造，一般是指造纸术、指南针、火药及印刷术。

火药是中国古代炼丹家在炼丹过程中发明的，从三国时代开始发明，当时被用来当爆竹，到了宋代才被用到军事上。东汉元兴元年（公元 105 年）蔡伦发明造纸术。宋仁宗庆历年间出现毕升活字印刷术。指南针没有具体的发明者，中华先民用天然磁石制成指示方向的司南之勺，三国时马钧利用磁铁和差速齿轮制造了能指示方向的机械装置——指南车（宋代科学家沈括在其《梦溪笔谈》中记载了制作指向用的磁针的方法），后来又发展成磁针和方位盘联成一体的罗盘。

还有人们熟知的天文历法、二十四节气、古建筑、陶瓷、汉服、中医中药、堪舆风水……这些伟大的中华文明，几千年来贯穿于我们的生活。

天文历法。天文学是历法的基础。中国古历采用阴阳合历，即以太阳的运动周期作为年，以月亮圆缺周期作为月，以闰月来协调年和月的关系。古人根据太阳一年内的位置变化以及由此引起的地面气候的演变次序，把一年又分成二十四段，分列在十二个月中，以反映四季、气温、物候等情况。这种由太阳运动而确立的二十四节气反映了一年四季的变化，与农牧业生产密切相关，因此又叫农历。在汉初的《淮南子·天文训》中首次出现了完整的二十四节气名称，与现今通行的名称一致。

节气是根据太阳在星空间视运动的视位置来决定的。节气概念产生于中国古代，它反映了地球绕太阳公转时地球上春夏秋冬四季的变化，反映了农时季节，在农村家喻户晓。随着中国古历外传，华侨足迹所到之处，节气概念也广为流传。

古建筑。作为炎黄子孙，建筑文化也是中国传统文化的一部分，不仅要发展现代建筑，更要吸收古建筑中的营养，走出中国特色建筑之路，让中国古建文化得以传承和延续。

中国三大古建筑群分别是北京故宫、曲阜孔庙和承德避暑山庄。

北京故宫是明清两朝的皇宫，为世界五大宫殿之首。这里有屋8700余间，建筑面积15万平米。是全世界规模最大、保存最完好的古代皇宫建筑群，也是代表中国古代建筑最高水平的杰作。

山东曲阜孔庙、孔府、孔林于1994年12月被列入《世界遗产名录》。曲阜孔庙，又称“圣庙”，是中国古代封建王朝祭祀孔子的礼制庙宇。其位于曲阜城正中，是一组具有东方建筑特色、规模宏大、气势雄伟的古代建筑群，被古建筑学专家称为世界建筑史上“唯一的孤例”。

承德避暑山庄曾是中国清朝皇帝的夏宫，距离北京230公里。它由皇帝宫室、皇家园林和宏伟壮观的寺庙群所组成。与北京紫禁城相比，避暑山庄以朴素淡雅的山村野趣为格调，取自然山水之本色，吸收江南塞北之风光，成为中国现存占地最大的古代帝王宫苑。

陶瓷的发展史是中华文明史的一个重要组成部分。中国作为四大文明古国之一，为人类社会的进步和发展做出了卓越的贡献，其中陶瓷的发明和发展更具有独特的意义。中国历史上各朝各代有着不同艺术风格和不同技术特点的陶瓷。英文中的“china”既有中国的意思，又有陶瓷的意思，清楚地表明了中国就是“陶瓷的故乡”。早在欧洲人掌握瓷器制造技术一千多年前，汉族就已经制造出很精美的陶瓷。中国是世界上最早应用陶器的国家之一，而中国瓷器因其极高的实用性和艺术性而备受世人推崇。在中国，制陶技艺的产生可追溯到纪元前4500年至前2500年的时代，可以说，汉族发展史中的一个重要组成部分是陶瓷发展史，汉族劳动人民在科学技术上的成果以及对美的追求与塑造，在许多方面都是通过陶瓷制作来体现的。

汉服，全称是“汉民族传统服饰”。又称汉衣冠、汉装、华服，是从黄帝即位到公元17世纪中叶（明末清初），在汉族的主要居住区，以“华夏·汉”文化为背景和主导思想，以华夏礼仪文化为中心，通过自然演化而形成的具有独特汉民族风貌性格，明显区别于其他民族的传统服装和配饰体系，是中国“衣冠上国”“礼仪之邦”“锦绣中华”“赛里斯国”的体现，承载了汉族的染、织、绣等杰出工艺和美学，传承了三十多项中国非物质文化遗产以及受保护的中国工艺美术。

与汉人一词类似，汉服中的“汉”字的词义外延亦存在着由汉朝扩大为整个民族指称的过程。如《马王堆三号墓遣册》关于汉服最早的记载：“美人四人，其二人楚服，二人汉服。”其中的“汉服”是指汉朝的服饰礼仪制度，即《周礼》《仪礼》《礼记》里的冠服体系。而成书于唐朝的《蛮书》记载:“初袭汉服，后稍参诸戎风俗，迄今但朝霞缠头，其余无异。”其中的“汉服”指的则是汉人的服饰礼仪制度。

汉服“始于黄帝，备于尧舜”，定型于周朝，并通过汉朝依据“四书五经”形成完备的冠服体系，成为神道设教的一部分。因此后来各个华夏朝代均宗周法汉以继承汉衣冠为国家大事，于是有了二十四史中的舆服志。“黄帝、尧、舜垂衣裳而治天下，盖取自乾坤”，是说上衣下裳的形制是取天地之意而定，是神圣的。汉服还通过华夏法系影响了整个汉文化圈，亚洲各国的部分民族如日本、朝鲜、越南、蒙古国、不丹等服饰均具有汉服特征。

中医诞生于原始社会，春秋战国时期中医理论已基本形成，之后历代均有总结发展。中医对汉字文化圈国家影响深远，如日本汉方医学，韩国韩医学，朝鲜高丽医学、越南东医学等都是以中医为基础发展起来的。

中医承载着中国古代人民同疾病作斗争的经验和理论知识，是在古代朴素的唯物论和自发的辨证法思想指导下，通过长期医疗实践逐步形成并发展成的医学理论体系。

中医学以阴阳五行作为理论基础，将人体看成气、形、神的统一体。通过“望闻问切”四诊合参的方法，探求病因、病性、病位，分析病机及人体内五脏六腑、经络关节、气血津液的变化，判断邪正消长，进而得出病名，归纳出症型，以辨症论治原则，制定“汗、吐、下、和、温、清、补、消”等治法，使用中药、针灸、推拿、按摩、拔罐、气功、食疗等多种治疗手段，使人体达到阴阳调和而康复。

堪舆（风水）是中华民族历史悠久的一门玄术，也称青乌术、青囊术，较为学术性的说法叫作堪舆。风水是自然界的力量，是宇宙的大磁场能量。风就是元气和场能，水就是流动和变化。风水本为相地之术，即临场校察地理的方法，也叫地相，古称堪舆术，它是一种研究环境与宇宙规律的学问。风水的核心思想是人与大自然的和谐。人既然是自然的一部分，自然也是人的一部分，风水追求“天人合一”的境界。风水的创始人是道家女神九天玄女，比较完善的风水学问兴起于战国时代。早期的风水主要关乎宫殿、住宅、村落、墓地的选址、坐向、建筑等方法及原则，为选择合适地方服务的一门玄学。

以上这些发明，无一例外都源于中华古人对事物的本质和事物间规律性联系的把握。万事万物的基本结构是阴阳，事物间规律性的联系从本质上说就是事物间的阴阳作用，物理学叫作事物间的能量和信息互动。

太极思维与文化创造

“太极”一词源出《周易·系辞》，是中国古代的哲学用语，其孕育出我国古代儒、道两家的哲学思想。太极智慧体现了中华民族的宇宙观，是《易经》的核心思想。

太极的基本结构是阴阳，而阴阳的创立者是中华民族的人文始祖伏羲。所以八千年前上古时期阴阳的创立之时就是太极的应用之始。太极这个概念首先由孔子提出，是他在注解《易经》写《易传》的过程中提炼的：“易有太极，是生两仪，两仪生四象，四象生八卦。”《易经》的作者是周文王，周文王是在伏羲阴阳八卦的基础上演绎的八八六十四卦。周文王生于公元前1152年，孔子生于公元前551年。

回望历史，太极思想从起初的内容(阴阳)到后来的概念(太极)，前人经历了漫长的探索：从阴阳到《易经》，用了大约5000年，从《易经》到“太极”，又用约600年。

历代的仁人志士一直都在不懈地努力，努力把这个概念形象化，形象便于理解。今天被人们广泛认知和普遍接受的太极图案是直到宋朝才固定下来的，由道学大师陈抟（公元871年）创作，陈抟的学生周敦颐还对太极图写了注解《太极图说》。这样，从春秋时期太极概念的诞生到宋朝时期太极图案的固定，再次经历了1400多年的历史。太极是我们中华民族特有的万物全息的宇宙认识和自强不息的精神追求，当抽象的概念与形象的图案达到了协调统一时，体现中华民族文化核心的太极思想就已经完备。

太极思想完备之后继续发展，由传教士带到西方，在科学方面演化出二进制（18世纪，德国的哲学家、数学家莱布尼茨），变成数学语言。二进制创立之后又过了240多年，从科学转化成技术，1946年2月15日诞生第一台数字计算机（美国宾夕法尼亚大学莫尔实验室）。今天的网络世界、今天的即时通信、今天的3D打印等高科技，就是把太极的阴阳变成二进制的0和1，再把二进制的0和1变成计算机语言才实现的。在哲学方面，从德国的康德到黑格尔，再从黑格尔到马克思，形成了马克思主义的唯物辩证法：对立统一规律。马克思主义是中国共产党的思想武器，马克思主义1848年2月诞生，中国共产党1921年7月成立，这中间又经历大半个世纪。

因此，指导人类发展的伟大思想从雏形到成熟到应用到普及，需要通过漫长的智慧积累来日臻完善。

中华民族文明史就是太极思维应用史

五体一体：左上中下右循环

历代中国在多次的朝代更迭和民族融合过程中，经历了数次文化浩劫，但无论是哪个民族掌权，太极思想最终还是主流思想，究其根本是因为建立在太极思想之上的太极思维能够源源不断地生成智慧、创造文明、解决问题、推动进步。

太极思维深深影响着中华民族的思维模式、心理结构、价值取向、伦理秩序和行为方式，是中华传统文化中的智慧精华。任何民族的任何文化最终能被大家接受、被认可的一定是核心理念的科学性和先进性。而这种科学性和先进性在我们文化的源头就早已存在，并且在漫长的文明进程中不断发展日益完善。

太极思维应该发挥其独特功能，为国家服务，为时代造福。

太极思维植根于五千年中华文明史的深厚沃土，承载了中国传统优秀文化的基本精神，构筑起一个基础扎实、特色鲜明的优秀文化体系。它讲求秩序、交换、平衡，体现了身心平衡、人际平衡、天人平衡的平衡观。“秩序、交换、平衡”作为太极思维的核心构件，是太极思维长盛不衰的主动力。

太极思维强调的“秩序交换平衡以，左上中下右循环”，对于建立人、自然、社会的和谐发展关系，以及对于构建社会主义和谐社会，塑造国家形象，铸魂人类文明，具有重要的理论意义与实践意义。

对中国传统文化中蕴涵的丰富思想进行挖掘、整理与阐述，从文化的维度探索构建和谐社会的有效途径，有助于促进人类自身的全面发展，符合我们时代的大需求。进一步提升人们对太极思维的深层理解，弘扬太极思维的育人功能，为构建社会主义和谐社会提供坚实的文化基础和有益的理论依据，为现代社会创造价值，当是我们的不二选择。

序　一

独到，精细，通俗，正面[①]

段若鹏（中共中央党校教授、博士生导师）

我来之前已经看了年轻的文叁先生的大作《太极思维》，今天在会上又听了文叁先生的讲演和几位专家的发言。应该说，文叁先生做了一项关于如何弘扬优秀传统文化的很好的工作。中国特色社会主义文化大发展大繁荣，中华民族伟大复兴，没有优秀传统文化的继承和弘扬是不可想象的。我送文叁先生一联：三千年前文王拘而演周易，三千年后文叁继而演太极。

凡认真看书听会，总是有所感觉的。文叁先生钻研《易经》、钻研太极，世界上千千万万的人钻研各种各样的学问，都是搞研究。但搞研究同不搞研究，真搞研究同假搞研究，区别在哪里呢？就在于有没有自己的东西。只有现成的别人的东西，没有自己的东西，就不叫搞研究。现在有人背个专家学者的名义，到处讲课，到处写文章，可他表达的与经典文献、权威文件一模一样，他顶多起到一面镜子的作用。

① 本文为段若鹏先生在2015年5月30日中央社会主义学院“太极思维与中华文化”研讨会上的发言。

但问题来了，我为什么非要看镜子里的影像呢？我直接看镜子外的真人不就行了吗，不是更好吗？所以，搞研究一定要有自己的东西，就是司马迁说的“成一家之言”。司马迁的为文境界，文叁先生达到了。我对文叁先生的书和讲演的第一个感觉是“独到”。文叁先生研究《易经》、研究太极，有他自己的东西，有他独到的见解，并且基本形成体系。

我对文叁先生的书和讲演的第二个感觉是“精细”。大家看一看文叁先生的《太极思维》，从里面的内容到外表的装帧，是不是精雕细琢？算不算佳作精品？回答是肯定的。大家再回味一下文叁先生刚才的讲演，是不是字斟句酌？是不是咬文嚼字？答案也是肯定的。现在有些精神文化产品，传统媒体的也罢，新媒体的也罢，漏洞百出，太粗糙了！惨不忍睹啊，简直是在戏弄广大受众。由此我想到《儒林外史》里的范进中举。范进为什么能中举呢？有人说是久考必中。我认为没说到点子上。你看那个考官初一看范进考卷寻常一般，再一看范进考卷拍案叫绝，谓之一字一珠。可见，范进之所以中举是因为范进和决定范进命运的考官都秉持精神作品精品意识。细节决定成败，精细者胜出，文叁先生也是范进。

“独到”“精细”是要落地的，落地还得有声。我对文叁先生的书和讲演的第三个感觉是“通俗”。通俗才能接地气，才能落地有声。《易经》不易，研究难，普及更难，搞不好会被误解成宣扬封建迷信、卜卦算命，更多是被认为天书天机高深莫测、可敬可畏不可亲近。研究学问，要自己懂，也要别人懂，别人可以不研究你的学问，但需要了解你的学问，不一定透彻了解，一知半解就够了。否则，你的学问就白做了，孤芳自赏。现在有人做学问，名气很大，地位很高，但看他的文章，听他的报告，无法入脑，不知道他的想法。他做学问就是要让别人不明白、永远不明白。恐怕他自己也不明白。文叁先生下了苦功夫，弄懂了《易经》，明白人。他用我们外行人也能理解的通俗语言讲《易经》演太极，我们与他思想共鸣了，达成共识了，目的实现了。

文叁先生的书和讲演给我的第四个感觉是“正面”。正面至关重要，比独到、精细、通俗更重要。思想要有力量，但必须是正能量，如果是负能量，则能量越大破坏力越大。现在有些文艺作品甚至学术文章，负面的东西多，正面的东西少，充斥负能量，很有破坏力。不接触这些“负货”，还知道正常为人处事，接触多了就难免犯糊涂，因为坏人很英雄、很光荣，好人很窝囊、很悲惨，坏事不坏是好事，好事不好是坏事。这不是教唆人，尤其是青少年，走邪路吗？太可怕了！文叁先生的书和讲演充满正能量，展示“正品”，使人向上向善，很有力度，很有风度。毫无疑问，不是只有“负货”才有买家、负能量才有力量，“正品”更有买家、正能量更有力量。

最后，我续上给文叁先生对联的横批：伏羲立阴阳。

祝文叁先生把学问做得更大更好更亮丽！

序　二

太极思维理论体系的文化内涵

胡开建（太极思维研究院书记，《科学方法100问》主编）

太极思维理论体系（以下简称太极思维）具有丰富的文化内涵，值得我们每一位认真研究。

太极思维是文叁先生多年以来深入研究《周易》和《道德经》并密切结合社会实践提出的一个理论体系，它用太极阴阳对事物和现象进行结构分析，阐释能量转化的自然规律，从而揭示事物的本质和事物间规律性的联系。中国传统文化资深研究学者杨郁先生两年前在《易经新学》一书中提出过“易象思维模式”的概念，他认为，易象思维模式是《周易》中充分体现的思维模式，它吸收了理性的逻辑思维模式和感性的形象思维模式。从理论渊源上看，易象思维模式与太极思维同根同源，从基本概念上看，易象思维模式与太极思维有一定趋同性。但太极思维未在概念上原地踏步，而是深入广泛地从太极思维与现实生活的关联方面系统地进行了思考、论证，使其在理论体系上更趋于完整缜密。

首先，太极思维体现了创新型文化的特点。

创新是一个民族进步的灵魂，也是一种文化形态可持续发展的动力。在我国绵延几千年的历史长河中，有难以计数的先哲学人对《周易》进行了研究和传播，使其核心思想太极概念得到最大化的普及和应用，并同其他中华优秀传统文化的精髓一道，深深植根于中华民族的精神世界中，深深融化在中国人民的血液里，深深影响着中国人的思维方式、行为方式。毛泽东同志说:“中国现时的新文化也是从古代的旧文化发展而来，因此，我们必须尊重自己的历史，决不能割断历史。”抛弃传统、丢掉根本，就等于割断了自己的精神命脉。当然，中华传统文化有精华，也有糟粕。一定的文化是一定社会的政治和经济的反映。中华传统文化就整体性质而言，是与农业文明和宗法制的社会结构相适应的，存在着内在的矛盾与缺陷，集中反映在德性与知性、道义与功利、整体与个体之间的紧张、对抗。余秋雨先生说过，“一个人面对一种宏大的文化，就像一个小孩面对一座大山。”在无数先哲学人探索攀缘过的《周易》这座蕴藏丰富的大山里，太极思维如同一座新开发的金矿，以其在理论体系上的创新而熠熠生辉。太极思维是结构思维也是空间思维，它具有整体性、系统性、形象性的特征。太极思维提出了“秩序、交换、平衡”的核心架构，建立了基础模型和能量转化模型，使“易有太极，是生两仪，两仪生四象，四象生八卦”的传统理论概括有了新义，可广泛运用于当代社会，充分体现了太极思维在文化上的创新。所以，中国思维科学学会专家委员会秘书长、国务院专家津贴享受者陶伯华先生称赞太极思维填补了《周易》研究中的空白，是“思维科学皇冠上的一颗明珠”。文化引领风气之先，是最需要创新的领域，创新是文化富有生机和活力的不竭动力。太极思维植根于中华优秀传统文化的沃土，它的理论体系不仅是对中华优秀传统文化的继承，也是对传统文化、中国传统认识论的超越。习近平同志指出：“我们要善于把弘扬优秀传统文化和发展现实文化有机统一起来，紧密结合起来，在继承中发展，在发展中继承。”太极思维的创立过程就是一个向中华优秀传统文化认真学习借鉴的过程，在这个过程中，下了番“去粗取精、去伪存真、由此及彼、由表及里"的真功夫，强化了自主、自立、自强的主体意识，择善而从，继承创新。

千川汇海阔，风好正扬帆。党的十八大以来的大好形势，为各行各业的创新提供了不竭的动力，创新方式和成果层出不穷。就拿科技工作的创新方式来说吧，有阶梯式创新、集成式创新、协调式创新等。正像斯坦福大学教授、《从 0 到 1》一书的作者彼得·蒂尔所说：“实现从 0 到 1，最重要的第一步是独立思考。只有重新认识世界，如同古人第一眼看到这个世界那样新奇，我们才能重构世界，守护未来。”对《周易》研究而言，太极思维的创新方式可以称之为开发式创新。它运用深入浅出、通俗形象的方法，诠释和阐发了中华优秀传统文化的精髓，赋予其与当代文化相适应、与现代社会相协调、与大众需求相贴近的时代内涵，正所谓“苟日新，日日新，又日新”。

其次，太极思维体现了智慧型文化的特点。

智慧型文化的一个基本特征就是崇尚知识，追求理性。在这里，理性包括了工具理性和价值理性。

工具理性作为人类理性的基本形式，从其实质上讲属于精神领域，是人类智慧型文化的重要内容。它是外在的行动的智慧，主要体现为对技术产品的重视和偏好，反映人与物的关系，是智慧型文化的物质性、自然性内涵。太极思维认为，“人生时刻处在生发和克制两种自然力量的同时作用之中，它们均衡作用，人生才能稳步发展"，而人们在工作、学习、生活中使用的各类产品承载着文化信息，它们“是信息终端，时刻影响着我们的气场和状态”。这是因为人们需要的各类产品都是从社会中获取的，依据太极思维左上中下右的秩序划分，它们在生产商和用户之间均居于中间，气息相通，相互作用，给予与索取平衡，能量守恒。因此，太极思维对人生幸福与否的评价标准不是财产的多少，而是只要真正熟练掌握“遵循秩序、主动交换、把握平衡”三要素面对人生，你就是幸福的。在这里，太极思维把财产作为客体放在决定幸福与否的次要位置，认为一个人在金钱增加、物质拥有时没有付出劳动就不会幸福，对工具理性作了限制性的强调。

价值理性属于内在的心灵智慧，主要体现为对社会精神和人类伦理的重视，是智慧型文化的精神性、社会性内涵。价值理性也是推动人类社会重大发展变革的思想武器和强大动力。太极思维继承了中华优秀传统文化突出理学知行合一的学风，它以研究人的思维方式为出发点，落脚于修身、齐家、治国、平天下的豪迈情感。它认为，人们的内心、家庭、社会各为系统，相互作用，同气相求，此消彼长，因此要“自觉地有序生产，和谐生活，从而减少社会矛盾”。

一尺之锦，足以见其巧。太极思维在这里充分阐释了中华优秀传统文化中最具显著特点的“天人合一”理论，告诫人们在各类社会活动中要注重人道（人类社会法则）和天道（宇宙普遍规律）的一致，人的根本在于人与自然要直接融通，天与人之间没有任何障碍，而不主张把天和人割裂开来。这种追求人与社会、人与自然和谐的思想，对促进经济社会全面协调可持续发展，具有重要现实意义。著名数学家、翻译家、科普作家谈祥柏先生曾对笔者说，太极思维继承了中华优秀传统文化的精髓，是一种入世与出世的交融统一，是一种哲思的积淀与升华，也是一种真善美的融会贯通，展示了中华优秀传统文化的大智慧。

再次，太极思维体现了包容型文化的特点。

包容型文化是一种具有包容心态和性格的文化，其最基本的内涵是认同不同的文化享有同等的发展机会和地位。它的关键词包括：开放、宽容、多样性和对话。包容型文化与开放是天然盟友。开放的观念、开放的资源、开放的要素可以不断凝聚文化的能量；开放的心态可以为观念、文化、思想的交流提供自由空间。中华优秀传统文化并不是一个封闭的系统，它始终以开放的姿态实现着走出去和对外来文化的兼容。所以，多年前，多国的诺贝尔奖得主聚集法国巴黎并发表宣言，指出“人类要在21世纪生存下去，必须回首2500多年前，去汲取孔子的智慧”。现在，强大起来的中国更需要展示自己，在我们走向世界舞台中心时，有责任也有条件向世界宣介自己的主张、弘扬自己的价值、讲好自己的故事，以获得更多理解和支持，其中的主要内容，一个是“文化”，一个是“变化”。

历史和现实告诉我们，必须以开放的姿态弘扬中华优秀传统文化，这是增强国家文化软实力的主要保障，是提升国际感召力、亲和力、影响力的最有效途径，是让世界更好地了解、认识、理解中国的一扇窗，是打开世界大同之门的一把金钥匙。在这方面，上海太极思维研究院已开始起步。例如，北京研讨会就邀请了上海中外文化艺术交流协会副会长赵小鲁先生参加；研究院专家委员会聘请旅英华人专家加盟。包容型文化还应具有良好的宽容意识。宽容既表现为对各种异质文化的兼收并蓄，又表现为没有排外意识，不打压观念上的新奇和不同的观点，容忍和鼓励怀疑、批判、求异、创新等文化观念和思维方法。要使源远流长的中华优秀传统文化永葆活力、远播八方，就必须以宽容的姿态广泛吸纳丰富的文化养分。

太极思维从今年一月份初步自成体系以来，文叁先生以近贤则聪、多闻则知的古训规范自己，虚心向专家学习请教，广泛向社会征询意见。在《太极思维》新书推介座谈会上、在太极思维与中华文化研讨会上、在登门求教和盛邀座谈的过程中，他以“虚己者，进德之基”为座右铭，认真听取专家们的批评和建议，并将其消化吸收。

包容型文化还要承认文化的多样性。文化因多元而可爱，不因单一而高贵。尊重文化的多样性，百花齐放，百家争鸣，就可以让想像力和智慧充分迸发。同样源于《周易》，经过几千年的演变而产生了建筑学、围棋、网罟、舟楫、弓矢甚至数学上的二进制（德国·莱布尼茨）、物理学上的量子互补原理（丹麦·玻尔）。《周易》如根本，不同领域的成果犹如枝叶。一个根本，可以生长出千枝万叶：一个根本，可以结出千万个果实。同样，太极思维在形成过程中引经据典、旁征博引，其理论体系的内容涉及科技、医学、法律、文学、历史、政治、外交、音乐及社会学、心理学等多个领域，从而产生了受众喜闻乐见的效果。

包容型文化还主张和重视文化间的对话。包容不是一个简单的多种文化的共存过程，而是各种文化的好奇、倾听和对话中相互欣赏、相互学习、相互交流乃至相互吸引、相互交融的过程。太极思维十分注重这种对话。例如，太极思维认为中华优秀传统文化中最牵动人心的内容就是家风。家庭教育中“上行下效，身教重于言教”体现了能量转化与传递的规律。家庭建设不只是私人的事，更是组成社会结构的重要细胞。中华民族的祖先认为，天下之本在国，国之本在家，家正而后才有天下。所以，在《周易》这样的经典中，家庭建设有着极其重要的地位。中国古代的“礼”不只是礼仪，“礼”本身是社会秩序，是法制的一部分。古代社会治理，比较依赖每个人的道德自觉，而这种自觉正是通过家风传承下去的。可见，礼仪是长久积淀的社会基本规范。在任何时代，人们都需要清清白白做人，谦和有礼待人。这些基本的做人准则并不会随着时代的改变而改变。在社会转型期，我们更需要优秀传统家风发挥作用，凝聚起同频共振的力量，为实现中华民族伟大复兴中国梦而不懈奋斗。

最后，太极思维体现了力量型文化的特点。

力量型文化指的是一个民族文化结构中属于血气的部分，强调的是何谓正义的价值品性，它是对文化的理性结构的矫正和强化，一般表现于文化的软实力上。上海市统计学会副会长、上海大学副教授陈新光先生在一篇文章中这样描述道：“文化软实力主要包括理想的感召力、精神的凝聚力、文化的吸引力、智慧的创造力、道德的感染力、理论的指导力、舆论的引导力、艺术的战斗力、情操的鼓舞力、语言的说服力等。”太极思维认为，同其他事物一样，国家的软实力与硬实力这“两类能量始终在此消彼长、相互依存的变化之中，即阴阳互根、阴阳对立、阴阳消长、阴阳转化”，存在着普遍联系。

以社会治理为例看，中华优秀传统文化中蕴含着极其丰富的社会治理思想资源，在社会控制与社会秩序的营造上有着广泛而深入的研究和应用，学界称之为社会控制文化。社会控制文化是强调在社会控制中文化对人的情感、思想、观念、价值、认知等产生的潜移默化的影响，从而约束、规范人的行为以实现统治意志的一种社会治理模式。可见，社会文化作为一种不可见的思想观念高度内化于主体思想之中，并形成思想主体的精神意识而深入地影响着主体的世界观、价值观、人生观，影响和塑造着人的行为以及人的生活方式，它对人的影响和改变是极其深入而有效的。因此太极思维认为社会治理“在任何时候都应同时考虑政治、文化、生态、经济四个维度”，运用能量转化模型，准确把握社会运行规律。

在社会治理中，以文载道，以文化人，就是用人类在长期共同生活中创造的、为人类共同遵从的行为准则和价值标准，塑造、提升人和社会的品格，这足以证明在社会治理中，社会文化控制是比法律控制还要广泛、还要深入的控制方式，其力度更是强大无比，正所谓此处无声胜有声。

孔子说：“文王既没，文不在兹乎？”太极思维在传播中华优秀传统文化的过程中，承担了创新发展的重任。我们研究和宣传太极思维，就必须要加强文化自信，必须对绵延几千年的中华优秀传统文化下功夫学习、思考、借鉴，以经世致用的精神收纳其中的精华，从而古为今用，推陈出新。

2015 年 6 月 19 日

大道精芒匿千年，又见微光凿壁间。
秩序交换平衡以，左上中下右循环。
同声相应华夏地，同气相求万众篇。
片纸载道犹可以，欲说天机几人前?

——张春秋

太极思维理论在经营实践中得以发挥，可以使组织的凝聚力、执行力取得显著的强化与提升。事实上，组织理念与社会理念是协调统一的。

——刘艳丽

开 篇

太极的历史与发展

太极，中华民族的宇宙观，《周易》的核心思想。

太极的基本构成是阴阳，而阴阳的创立者是中华民族的人文始祖伏羲，所以大约八千年前阴阳思想的创立之时就是太极的应用之始。但太极这个概念首先由孔子提出，孔子是在写《周易》注解《易传》的过程中提炼的，“易有太极，是生两仪，两仪生四象，四象生八

① 伏羲（旧石器时代中晚期，公元前 6000 年）；
周文王（公元前 1152—公元前 1056 年）；
孔丘（公元前 551—公元前 479 年），春秋末期；
陈抟（871—989 年），宋朝；
莱布尼茨（1646—1716 年），德国哲学家、数学家；
恩格斯（1820—1895 年）。

卦，八卦定吉凶，吉凶生大业”。《周易》的作者是周文王，周文王的八八六十四卦是在伏羲阴阳八卦的基础上演绎的。八卦诞生于甘肃天水，六十四卦诞生于河南安阳。周文王生于公元前 1152 年，孔子生于公元前 551 年。回望历史，太极思想从起初的内容到后来的概念经历了漫长的探索：从阴阳思想到《周易》著作用了大约 5000 年，从《周易》著作到太极概念又用了约 600 年。

那么，如何让社会大众都能理解和应用“太极”呢？

太极这个概念诞生前后历代的学者和文人都在探索如何把这个抽象的概念用具象的形式来表达，所以现在我们可以从史书上看到各种各样的太极图形，但直到后来宋代的道家学者陈抟（871—989 年）所创建的黑白互抱的阴阳鱼才被大家普遍接受，也就是今天我们所看到的太极图形。陈抟的学生周敦颐也是《爱莲说》这篇文章的作者把它公布于世，周敦颐还对老师的太极图写了注解《太极图说》。这样，从春秋时期太极概念的诞生到宋朝时期太极图形的固定再次经历了 1400 余年的历史。

太极是我们中华民族特有的万物全息的宇宙认识和自强不息的精神追求，当实现了抽象概念与形象图形的协调统一，体现中华民族文化核心的太极思想就已经完备。

太极思想完备之后，蓬勃发展，17 世纪由传教士带到西方，西方的先哲们继续深入研究，之后在科学和哲学两个方向得到了很好的发展。在科学方面，形成了二进制（1679），变成数学语言（德国的哲学家、数学家莱布尼茨）二进制创立之后又过了 240 多年，从科学理论转化成工程技术，1946 年 2 月 15 日应用二进制进行运算的第一台电子计算机诞生（美国宾夕法尼亚大学莫尔实验室）。今天的网络世界、便捷的即时通信是把太极的阴阳变成二进制的0、1，再把二进制的0、1变成计算机语言才实现的文明成果。另外，在哲学方面，以康德哲学、黑格尔辩证法为基础形成了马克思主义的自然辩证法（恩格斯），其核心是“对立统一规律”。所以，真理——指导人类发展的伟大思想从雏形到成熟到应用到普及，需要经历漫长的智慧积累来日臻完善。

从本质上讲中华民族的文明史就是太极思想的应用史。中华民族之所以从远古走来，一直绵延不绝，没有间断，就是因为我们的祖先在对宇宙本源的把握上已经抓住了本质，掌握了事物间规律性的联系，并用形象一横（—）两小横（--）来表达，也就是阳爻、阴爻。这是人类历史上最早表达普遍规律的图形，也是文字。人类今天和将来的一切活动，无论是自然科学还是社会科学，依然要用阴和阳，仍然要用0和1。

中华民族因为有了太极思想的阴阳结构作指导，历史上曾经创造了无与伦比的文明，如中医药、火药、指南针、造纸术、印刷术等。可惜，有史以来虽然人们都在运用太极进行思考，但是缺少统一的理论指导，没有太极思维理论体系；人们在研究中华文化经典，特别是《周易》和《道德经》之后对自己的工作和生活都有一些具体指导，但是在相互交流的时候，还不能准确系统地阐释和传播。为了与当代文化相适应，与现代社会相协调，与大众需求相贴近，我们有必要把太极思想从认识的深刻细化到方法的通俗，让它继续创造灿烂文明。

古今中外各行各业的精英之所以在事业上不断发展，成就卓著，是因为他们擅长规律性思考，即太极思维。太极思维是结构思维也是空间思维。

历经艰辛探索，直到2014年末，笔者以多姿多彩的现实生活为基础，以始祖伏羲的阴阳思想为指导创立的太极思维理论体系，把中华民族的深邃思想、人类社会的文化精髓从朴素的认识逐步升华到科学的理论架构，这样人人都可以从对太极思想的感性认识出发，掌握太极思想精髓，应用太极思想精髓，指导现实生活。

完美体现中华民族宇宙认识和精神追求的太极思想，简而言之“太极”，必将通过人类社会的伟大实践——太极思维，继续创造新的辉煌！

第一篇
太极思维理论体系

本篇对人类社会的文化精髓作了系统的提炼和原创性定义，定义为太极思维。文叁从太极思维与现实生活的关联、太极思维的核心架构“秩序、交换、平衡"、人生太极思维系统、社会太极思维系统、太极思维的社会价值与实践等方面系统地阐述了一个对人的内心思考、家庭生活、社会工作、人生幸福都具有指导性意义的系统理论体系——太极思维。

太极思维的实践，开辟了一个全新的科学评价自我的领域，它是一种思维模式、一种评价体系，更是一种行为准则、一种实现路径。

——傅　平

以太极思维的方式看世界，世界将会变得简单。太极思维能做到世界和平、社会和谐、家庭和睦，值得探究！

——高维阳

绪　论

文化是人类所创造的物质财富和精神财富的总和，尤指精神财富。文化的基础是生活，文化的核心是真诚。知识是点，文化是面。知识改造自然，丰富生活；文化规范思想，提升境界。

为了更好地弘扬中华优秀传统文化，使人们具备做人自信、做事自立、遇事自省的高尚品格，促进人类发展，我们有责任有义务把人类社会的文化精髓提炼出来，传播出去。

“秩序、交换、平衡”是事物发展的规律，是中华民族的精神特征。

“秩序、交换、平衡”是人们心灵深处共通的自然法则，是人类社会的文化精髓。

“秩序、交换、平衡”是人生价值自我实现的法宝，是我们追寻真理、完善自我、享受幸福的必由之路。

“秩序、交换、平衡”也就是“太极思维”的核心架构。太极思维的社会意义是：提高思维品质、把握生命规律，维护社会秩序、享受幸福人生。

“太极思维”，是一种哲学与实践相融合的理论体系，可以探究和解释人类社会出现的种种困惑。

第一章
太极思维及其本质特征

第一节　太极思维的定义与本质特征

“太极”是中华民族的宇宙观，是《周易》的核心思想。“太极”最早出现在《易传·系辞上》：“易有太极，是生两仪，两仪生四象，四象生八卦，一物一太极。”

太极是中华文明特有的民族智慧，既是万物全息的宇宙规律，又是和谐共生的精神追求。太极——最基本的结构——阴阳。

太极，阴阳二气合一的实体，此实体自身具有运动的本性和变化的规律，是事物的基本结构，寓于天地万物之中，一切现象都是此阴阳统一体不同的表现形式。

太极图，阴阳互抱模型的构建，揭示的是宇宙一切事物和现象的基本结构及其发展变化的基本规律，即万事万物共通的自然法则及其产生与毁灭的根源。

太极思维的定义

用太极阴阳对事物和现象进行结构解析，阐释能量转化的自然规律，从而揭示事物的本质和事物间规律性的联系。

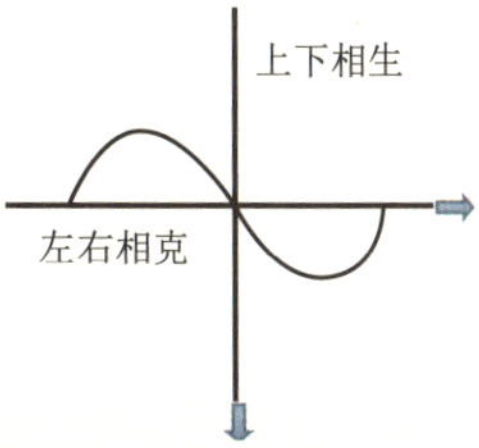

“太极思维”的核心架构

1.秩序——上下相生 左右相克

2.交换——有无相生 此消彼长

3.平衡——内外兼顾 和谐共生

思维是人脑对客观现实概括的和间接的反映，它反映的是事物的本质和事物间规律性的联系，包括逻辑思维和形象思维。思维这个概念有两方面重点：一、事物的本质；二、规律性的联系。

太极思维：用太极阴阳对事物和现象进行结构解析，阐释能量转化的自然规律，从而揭示事物的本质和事物间规律性的联系。

太极思维是结构思维也是空间思维，它具有整体性、系统性、形象性的特征。太极思维既有逻辑思维的推演，又有形象思维的直观，具有兼容性，是个开放的系统。太极思维是《周易》四大功能“象、数、理、占”中“理”的部分的现代表达。通俗地理解，太极思维也就是规律性思考。面对问题，运用太极思维我们会考虑得更全面、更系统、更深刻；面对人生，运用太极思维我们能够明白内心的主观认识与外在的客观现实之间相互作用、和谐统一的根本原理。太极思维是人生需要的分析方法，是解决问题的有效工具。

第二节　太极思维与中华文化相关理论溯源

一、太极思维与阴阳五行学说的关联性研究

万事万物，时刻都在能量转化，始终处于“收”“放”之间。

生发、克制两类自然力量时时刻刻左右人生和事物发展。

人生的基础：学习和工作，即能量的吸收与应用。

按系统观来分析中华文化的太极，阴阳五行学说是太极的基本理论。“今人不见古时月，今月曾经照古人。”为了解释所有事物的基本结构及其发展变化的基本规律，古圣先贤深入研究千姿百态、变幻莫测的世间万物。他们仰观天文，俯察地理，中通人事，创立了阴阳五行学说。

同声相应，同气相求。时时刻刻作用于人生及事物的自然力量可归纳为两类：一、生发，阳；二、克制，阴。阳——属于积极的一面，让事物出生、成长；阴——属于消极的一面，让事物衰老、消亡。

阴阳学说的基本内容是：两类能量始终处在此消彼长、相互依存的变化之中，即阴阳互根、阴阳独立、阴阳消长、阴阳转化。金、木、

水、火、土是用来表明阴阳二气此消彼长的转化过程所呈现的五个阶段、五种状态、五类特征。五行是用具象的物质来表述抽象的概念，用金、木、水、火、土这五种具体物质之间相生相克的性质来表示事物发展的自然规律。金生水，水生木，木生火，火生土，土生金。火克金，金克木，木克土，土克水，水克火。

用阴阳对应黑白、对应天地、对应虚实、对应气血、对应表里、对应内外……，阴阳代表某个角度看世界的基本结构；用五行对应五脏、对应五味、对应五色、对应五官、对应五情、对应五音……，五行代表某个角度看世界的变化状态。就这样，从宏观到微观、从自然到人生，中国古人用阴阳五行把宇宙万物的内在共性找到，形成天人合一的宇宙观，并建立起一套完整的辩证思维系统。

中国的辩证思维系统又是一套缜密的理论体系，在古代，它同时指导着中国哲学和中国科学的发展。所以古代中国才创造了璀璨的人类文明。干支纪年是阴阳五行在天文学方面的应用。中医是阴阳五行在医药学方面的应用，《黄帝内经》是代表性著作。孙子兵法是阴阳五行在军事学方面的应用。堪舆（风水）是阴阳五行在环境选择方面的应用。奇门遁甲、八字四柱等是阴阳五行在决策分析方面的应用。太极拳是阴阳五行在运动健身方面的应用……，总之，太极思维（阴阳五行应用）是中国传统文化之核心，中华文明之灵魂。

二、太极思维与自然法则的规律性研究

（1）天清地浊，天动地静

（2）有无相生，此消彼长

（3）上长下幼，左大右小

（4）同声相应，同气相求

“天清地浊，天动地静”，这是我们所能感受的自然规律。

以易经的视角看世界，一物一太极，万事万物存在着普遍联系。蓝天在上，黄土在下；雨落屋檐，花开坡地，这是天清地浊。出现沙尘暴或雾霾漫天，那是秩序颠倒，生态失衡。日月交替、风起雨落，但是我们脚踩的大地，没有因为时间的变化而变异；天时走近黄昏，耕作就要停止；天地无语，四时有序。这是天动地静。

天清地浊，天动地静在生活中应该如何应用?

天清地浊在穿衣服方面最常见，上身的衣服颜色浅——为清爽；下身的衣服颜色深——为厚重，这样搭配会带给我们沉稳的感受。头脑是天——为思想，手脚是地——为行为。思想指导行为也是天动地静的表现形式。又如家长主动教育和示范，子女积极呼应和效仿，领导主动思考和统筹，下属积极服从和执行，这都是天动地静的表现。

“有无相生，此消彼长”也是自然规律的表现形式。

无论是家庭中的相处、商业中的买卖，还是社会中的交往，其本质都是能量交换：如劳动交换智慧、金钱交换技术、学识交换财富等。现实生活中“有无相生，此消彼长”的规律还表现在哪些地方？例如：两个人在咖啡厅里的开怀畅谈，就是交换意见，互通有无，收获彼此。又如，早晨在家里吃饱了——（能量）有，到中午肚子饿了——（能量）无，“有无相生，此消彼长”在这里怎么转化呢？中午虽然饿了，但换来一上午的薪水。再如，买东西，我付出了金钱——（金钱）无，交换到了物品——（物质）有。

“上长下幼，左大右小”的社会秩序，更是一种自然规律的体现。

父母生育我们，在上为长，这是自然秩序；上级领导下属，这也是上长下幼。自然排序中左大右小，哥姐在前弟妹在后。我们感知的秩序是日出东方渐渐明亮，视野扩大，日落西山渐渐昏暗，视野缩小。日常生活中，水龙头普遍是热水在左凉水在右，偶尔碰到水龙头凉水在左热水在右，你会觉得意外，热为大在左，冷为小在右，这种习惯的养成是遵循着日月运行的规律而来。道在生活中，不易被察觉。我们每天状态良好，积极工作、愉快生活，能够和谐相处，只因为始终都在遵循“上长下幼，左大右小”的秩序运行。

“物以类聚，人以群分”是“同声相应，同气相求”的表现形式。

好人在一起，我们称之为志同道合；坏人在一起，我们称之为臭味相投，或者一丘之貉。高科技设备的无线遥控，就是摇控器和设备两者具有相同的气息，也就是频率相同，它们才能共振，产生互动。生活中遇到烦恼往往埋怨别人：“如果当初不听某某的意见就不会有这样的结果；如果当初不是谁谁做错了也不至于有今天……”实际是你自身具备某种气息、某种动机，旁人外在的建议或行为也仅仅是吻合了你内心的主观愿望，所以你才有那样的选择。烦恼源于错误，内心决定有无。各类精英能够从当初的普通发展到后来的卓越，就是因为他们内心具有坚韧不拔的浩然正气。

人们共同生活和工作都在顺应自然：“天清地浊，天动地静。有无相生，此消彼长。上长下幼，左大右小。同声相应，同气相求。”一个人、一个组织、一个国家，如果没有依照自然规律运行，最终都会出现混乱，出现冲突，甚至夭折。道德透支风险不可预期。

第二章
太极思维的核心价值体系

第一节　太极思维的核心架构

太极思维的核心架构：秩序，交换，平衡

秩序是基础，简而言之：上下相生，左右相克

交换是过程，简而言之：有无相生，此消彼长

平衡是目标，简而言之：内外兼顾，和谐共生

一、秩序

秩序·太极思维

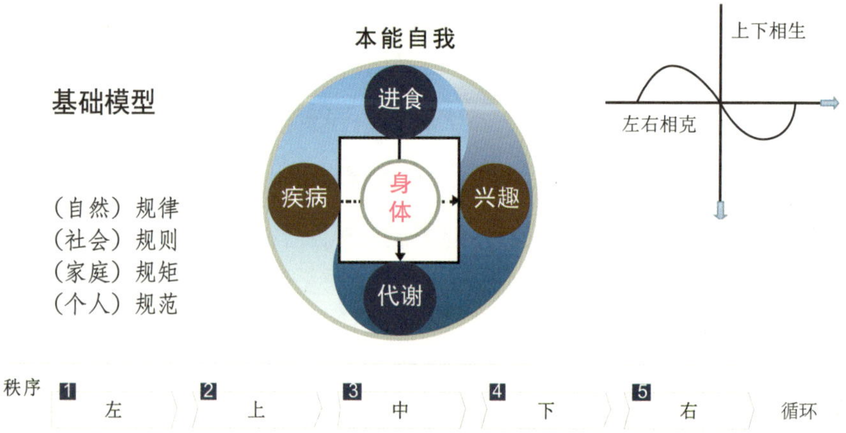

太极思维的核心之一：秩序

秩序，整齐而有条理，就是有先后、不颠倒。父母在先，子女在后；抚养在先，赡养在后；劳动在先，收获在后；错误在先，惩罚在后；学习在先，工作在后；奉献在先，福气在后……

秩序，在不同层面有不同体现。在个人叫规范，在家庭叫规矩，在社会叫规则，在自然叫规律。然而规范、规矩和规则，必须服从和服务于规律，这样才能被人们广泛认同，才能在世界影响久远。

事物是“生发”和“克制”两种能量的综合体。一个事物，无论承受多少外力，其实也是两种能量:生发和克制。任何事物都是能量枢纽，既有公转又有自转，即外部的能量进出与自身的能量收放同在。我们用上下左右来表述事物与外部进行能量转化的先后次序，左和上是来处，下和右是去处，“生发”和“克制”的能量转化来去循环。

能量转化过程中，能量进入事物时是”克制”在先，“生发”在后；能量离开事物时是“生发”在先，“克制”在后，这是客观规律。生发与克制的能量转化时刻都在进行，人生也不例外，它们消长转化的不同阶段表现为:出生、成长、衰老、消亡。例如我们身体需要进食才能抵御疾病，但每次进食一定有量，不会因为欲望大小、心情好坏，就可无限增减，这说明事物在吸收能量时是克制在先，生发在后。兴趣是身体对事物的克制，它消耗能量，但有个前提必须是代谢正常、精神自主，这说明事物在释放能量时是生发在先，克制在后。建成模型就呈现“上下相生，左右相克”的状态。

事物转化“生发（1)”“克制（0)”两种能量的基本秩序是：克进—>生进—>事物—>生出—>克出—>克进，再由克进开启下一轮循环，其运动轨迹呈现正弦波，左上中下右循环（例如蜜蜂跳8字舞)。

万事万物的发展变化就是缘起、存续、重生三个阶段，缘起是阴阳结合，存续是阴阳一体，重生是阴阳分离，当三者之间的能量转化高度均衡时，就呈现稳定的正六边形。八卦表示事物的粒子态，六十四卦表示事物的波动态，二进制是描述事物的数学语言。波浪式前进、螺旋式上升，是能量转化规律（左上中下右循环）的形象体现。

能量转化模型

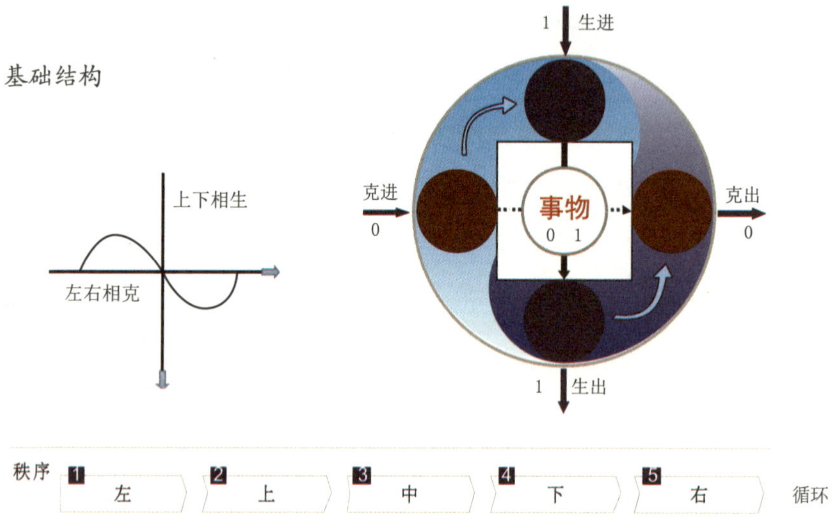

图形的正弦波的数学表达式为:$sin(\theta+\pi)$，其中θ为状态角。

正六边形的面积公式可表示为$\frac{3\sqrt{3}}{2}a^2$，其中a为边长。

能量转化模型揭示和解释了，从宏观到微观的宇宙万象，都有波粒二象性，既公转又自转，频率不同，形态各异。物质、能量、信息是宇宙构成的基本要素。物质是信息的载体，信息传递需要能量，能量和质量相互转换。$E=mc^2$，E为能量、m为质量及c为光速。

从系统论的角度看能量转化模型，中心位置是系统的主体，左、上可以看作系统的输入，下、右可以看作系统的输出，这属于一个开放的系统，比如生物系统，跟外界有能量的交互，也即有着信息的交互。一个好的系统一定是一个开放的系统，相反封闭系统就不是一个好的系统，如生物的生命结束了就不能跟外界能量交互，形成一个封闭的系统，系统就会变得无序。

热力学第二定律告诉我们，封闭的系统是一个熵增系统，即变得更加无序混乱，这里熵的定义为：$S = -\sum_i p_i \log p_i$ ，其中 p_i 表示微观态 i 的出现几率，熵 S 的大小反映了系统无序程度的大小。一个开放系统由于跟外界有能量交互，可以从外界引入“负熵”，其熵不一定增加。生命就是这样一个开放系统，由于引入负熵流，总熵变也可以减少，从而形成更有序的结构。在自然界中，一个优化的开放系统会在与外界的能量交换中形成动态平衡，成为一个有序的结构，而这个有序的结构同时也和外界形成信息交互，成为一个优化的信息传递系统。

从信息论的角度看能量转化模型，其中输入左、上（克进、生进）形成了一个空间的完备正交表示，而经过中心（系统主体）后，形成输出下、右（生出、克出），当这个信息传递系统是最优时，它们（生出、克出）也会是正交的。一旦输出不是完全正交（信息传递不够通畅，表现出系统失衡、无序），系统就不是一个优质的系统。

上面我们从自然科学的角度讨论了能量转化模型与物理学、数学、系统论、信息论及控制论等现代科学之间的关系，本质上它们都有着深刻的联系且都揭示和解释了自然界中的一些基本的自然规律，能量转化模型揭示出来的自然规律跟这些现代科学揭示出来的自然规律完全一致。这些规律同样适用社会科学，可广泛应用于国家治理、企业管理、人际交往、心理分析等各个方面，为它们提供一些基本的准则和规范。因为能量转化模型可以深刻描述如何构建一个优化的系统，一个优质系统一定是一个开放的系统，不仅自身具有内在的秩序，而且需要通过与外界的相互交换来达到一种动态的平衡。

秩序决定成败，态度决定输赢。工作顺利、生活幸福都需要一个良好的人际关系。如何构建？用太极思维进行解析。一、为家庭为社会做到积极努力。二、在与上面的领导和长辈，下面的下属和晚辈，左右的夫妻和同事等沟通时做到客观公正，不去片面地强求别人。因为地位需求、名誉需求、自由需求与利益需求同等重要，人生缺一不可。对上尊敬，对下爱护，对左右尊重，看表面是修养，看本质是规律。有情有义有世界，无怨无悔无障碍。

二、交换

交换·太极思维

态度三层次

（榜样）主动给予，持续发展

（普通）即时交易，眼前利益

（反面）只想索取，阻碍前程

太极思维的核心之二：交换

交换，伴随着变化而存在，贯穿于运动的始终，其表现形式有：发生、发展、工作、生活、交流、沟通……

为人处世的态度可分为三个层次：榜样、普通、反面。

第一，榜样。主动给予，可以换来持续长久的发展。主动给予的本质是主动交换，是自转服从公转、环境优先，表现为承担责任、分担烦恼、积极帮助……爱、慈悲、公益、善良的行为都是主动给予，其本质是主动交换。主动交换构建的是开放的人际系统，给予之时快乐之始。自身的能量收放主动配合外部的能量进出，保持均衡，是交换的最高层次。储蓄祝福，改善人生。

第二，普通。普通层面的交换表现为关注眼前利益，即时交易。我们老百姓普遍属于这个层次，别人主动给予，我们被动回报，而且力求一次一结清、一次一平衡，我不欠你，你别欠我。

第三，反面。只想索取，一定阻碍发展。很多人甚至走上了违法犯罪的道路，只因为他们待人接物的态度是处于最低的一个层次。想要地位高、名誉好、爱情美、金钱多是他们的权利，但是他们不愿意担责任尽义务，只想投机取巧、坑蒙拐骗，结果南辕北辙，成为现实中的反面。胡同里走得越深，离马路越远。

社会矛盾普遍存在，关系紧张时而有之。有的年轻人关心收入多不多，福利好不好，有没有双休日，但是很少主动重视自己的真实才能，做事的真正态度。他们考虑问题往往比较自我，只知道索取不懂得给予。这是因为他们的思维有短板，不懂得自然规律——只有做到“交换”事物才能发展。

“和而不同、美美与共”，是一个家庭，一个组织，一个社会的平衡之道，发展之基。个体面对群体需要做到:顾全大局、步调一致；群体面对个体需要做到：以人为本、尊重个性。人类的历史进程表明，这两者关系谁处理得更好，谁就更有活力。关系平衡遵循能量守恒。

那些只强调群体不关注个体的社会风气同样违背自然规律。我们既然欢迎别人主动给予、积极奉献，那么就要关注他的自身需求、实际情况，只有做到尊敬与尊重互动、劳动与收获对等，社会才能平衡。

人生与任何事物一样，始终处于能量的收放之间，收和放缺一不可。社会中的反面事例，都是人们的思维没有抓住本质，没有把握事物发展必须遵循交换这个原则的客观规律。没有交换就没有发展，交换是太极思维的核心架构之一。

三、平衡

平衡·太极思维

（行为）主动平衡，心静神清
（观念）储蓄祝福，改善人生
（修养）小爱伤己，大爱受益

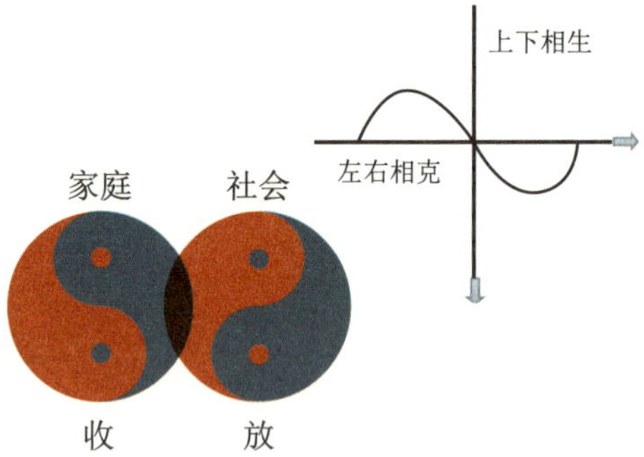

太极思维的核心之三：平衡

平衡是一种状态，是一种有序的状态，是一种处于交换的动态有序的状态。我们时刻需要平衡，其表现形式有：健康、文明、尊重、和谐、民主、团结……

平衡的达成和平衡的持续都是能量有序交换的实现。结构决定功能,空间影响状态。一个念头、一个语言、一个行为、一个作品、一个事物、一个组织、一个人生等世间万象都有一个完整的结构，都是能量枢纽，与外部空间的能量交换时刻都在进行，始终处于动态变化之中。

一个个体或一个系统的持续发展，需要自身与外部的能量交换始终保持一种动态平衡。中间是结构，上下左右是空间，结构与空间互通。中间是身体，上下左右是自然，身体与自然和谐。中间是个体，上下左右是群体，个体和群体融合。中间是组织，上下左右是环境，组织与环境互动。线是点的集合，每个瞬间，既是上个瞬间的结束，又是下个瞬间的开始。前因后果解析，实质就是对事物与外部环境上下左右的状态分析。

物质与精神、科技与思想、经济与文化、家庭与社会等互为表里，同源一体。做任何一件事情既要自己舒心，各方受益，更要维护环境，符合规律。集体贪污、团伙作案、合伙分赃，虽然各方受益，但是破坏社会规则，造成社会不公，败坏社会风气，所以终究会受到司法机关或自然规律的惩处。科技进步、社会发展、生活富裕，但是水质污染、土壤板结、天气雾霾，环境遭到严重破坏，这是发展没有做到内外兼顾，违反自然规律的结果。社会语言里之所以出现词汇“生态文明”，就是为了解决社会发展跟自然环境的不平衡问题。那么，在家庭生活和社会工作的现实中如何才能更好地把握平衡呢？

行为，养成**“主动平衡，心静神清”**的习惯；

观念，形成**“储蓄祝福，改善人生”**的意识；

修养，达到**“小爱伤己，大爱受益”**的境界。

第二节　太极思维的系统构建

一、人生太极思维系统

人生太极思维系统

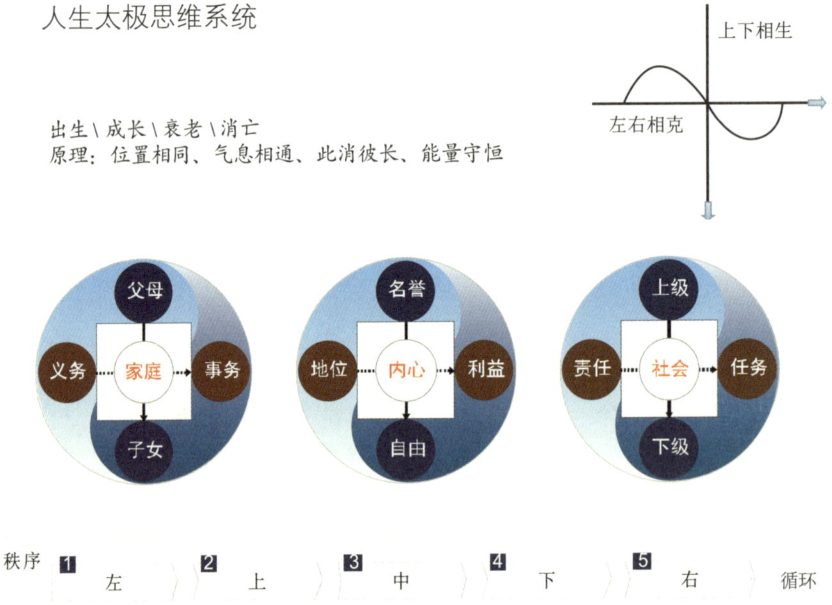

人生太极思维系统揭示生命运行的基本规律

人类的生命历程，从本质上讲是个能量的转化过程，人们身心始终在接受两种力量的作用：一、生发，二、克制。这两种力量合二为一、此消彼长地转化，使得人们在各自特定环境下进行出生、成长、衰老、消亡的生命循环。整体而言，人们生活在内心、家庭、社会三个环境之中。每个环境里能量流通的基本秩序都是：左、上、中、下、右，再回到“左”进入下一个循环，这是能量转化的自然规律。人们在这三个环境之间进行着有无相生、此消彼长的能量转化，从事着富强、自由、文明、和谐的幸福追求。

我们从自身的内心世界谈起，无论是少年还是成人，是学习还是工作，是普通还是优秀，每个人内心世界始终关注四个方面：地位、名誉、自由和利益；同时也被家庭、社会从这四个方面进行评价。这既是个人的心理需求，也是我们的精神感受，是人们的正常思维。这四个方面实际上也就是价值观的内涵，人生的四个维度。

内心世界的第一个需求：地位

地位是人生位置，指实际表现也是内心认同，表现为专业水平、工作岗位、行业层级、话语权力等。

我们心灵与身体合二为一，始终在家庭和社会两个现实世界中。那么在家庭里如何才能拥有地位？一定是尽义务越多，你的家庭地位越高；在社会上我们内心的地位需求如何才能实现？一定是承担责任越多，社会地位越高。所以内心需求的地位与家庭中的义务、社会中的责任相互作用。

内心世界的第二个需求：名誉

名誉是他人评价，指褒或贬，表扬或批评，敬佩或敷衍等。人都喜欢被表扬、被赞美，这种表扬和赞美就是内心需求的名誉，它不但能给我们带来愉悦的心情，而且还能带来更大的勇气与发展空间，也就是好名誉能给我们带来更多的自由，施展才华的自由，愉快工作的自由，享受生活的自由。

那么我们内心需要的名誉在家庭中怎么交换？

积极承担力所能及的家务劳动，关心兄弟姐妹，夫妻互敬互爱，敬重孝顺父母长辈。我们在家庭付出越多，贡献越大，就越能得到认可。家人越认可我们，我们就名声越好，幸福越多。

在社会上我们怎么获取好名声？

善解人意，团结友爱，得到同事的理解和支持：尊敬上级，努力学习，认真工作，创造优异成绩，就能够拥有好名声。任何一个组织，其最高领导的上级是社会，是民意。上级决定我们的升降奖惩，社会决定我们的兴衰荣辱。所以，内心需求的名誉和家庭中的父母、社会中的上级息息相关。

内心世界的第三个需求：自由

自由是自我感受，表现为轻松、愉快、充实、自主等。

内心需求的自由，人人都关注，自由表现在思想自由，语言自由，行为自由等方方面面。按照人们的普遍理解，越有学识越自由，越有能力越自由，越有智慧越自由。自由是能量的释放，往外生发，在我们内心世界的四个需求之中的位置处于下面，与家庭生活中的子女、社会工作中的下级位置相同。

家庭中子女身体越健康，人格越健全，学习越努力，劳动越积极，我们就越开心，越自由；工作中下级职业道德越好，专业知识越多，工作能力越强，我们就越轻松，越自由。内心需求的自由与家庭中子女的状态、社会中下级的状态密切相关。

内心世界的第四个需求：利益

利益，简单来说就是劳动果实，表现为钱财、房子、车子、美食等。

我们关注的金钱是利益，我们关注的房子、轿车、手表、衣服、表扬、岗位等也是利益。我们内心需求的利益如何得到又如何才能使其最大化？内外兼顾，把握平衡。“在利益与伦理的博弈中，中国人讲求的是君子爱财，取之有道。”

利益是用别人需要的产品交换而来。产品可以是实物，也可以是服务、知识、技能、劳动等。工作中出色地完成任务是产品，家庭中相夫教子、尊老爱幼也是产品。主动交换才能获得更多的金钱、表扬及其他意想不到的收获。

有些时候，亲人或伙伴对“秩序、交换、平衡”的认知和实践出现偏差，导致能量流通的基本秩序“左上中下右”因为忽略某些维度而出现紊乱或破坏，我们正当的利益需求得不到满足，致使家庭氛围和社会风气出现问题。此时只要我们自身严格遵循“秩序、交换、平衡”的发展规律，不但能教育别人，最终我们的工作和生活也一定有收获，有发展。所以内心需求的利益与家庭中的家务、社会中的事务息息相关，不容忽视。

人生是地位越高，名声越大，从而越自信越自由，进而追求更大目标收获更大利益。

目标是个预期，无论你期待什么，它只能通过智力、体力、时间、金钱等在特定环境下去等价交换间接实现，不能通过内心的主观克制直接实现。目标实现要遵循规律，首先用勤劳去创造财富，给别人带来价值，最终才能换取。“做”比“说”更接近目标。说到只是你的想法表达，做到才是你的能量付出。身体力行远远高于坐而论道。

现实中，有的人整天要挣大钱当大官，他的整个精力都关注在这一目标（利益）上，却忽略了环境（地位）、需求（名誉）和行动（自由），最后没有实现，根源在哪儿？因为他的思维混乱，思想错误，行为没有遵循事物发展的客观规律。

思维方式决定行为状态。无论怎么变换情景、变换对象，一个懂得事理的人走到哪里都受人欢迎，为什么？因为他在哪里都维护环境、遵循秩序、主动交换、把握平衡，他的语言和行为给人的感受是有礼、有序、适度。追究根本，还是他的思维品质优良，他的内心对事物发展趋势的把握吻合事物的运行轨迹，符合能量转化的基本秩序：左，上，中，下，右，循环。

人在社会的思维习惯、行为状态与他在家庭的思维习惯、行为状态是互为表里的关系。家庭中父母在上，社会中领导在上，依据人生太极思维系统，他们位置相同，气息相通，相互作用。所以在家庭孝顺父母的人，在社会也能更好地尊敬上级，服从管理。这就是“孝顺父母与否”成为提拔干部参考依据的科学原理。

事情·太极思维

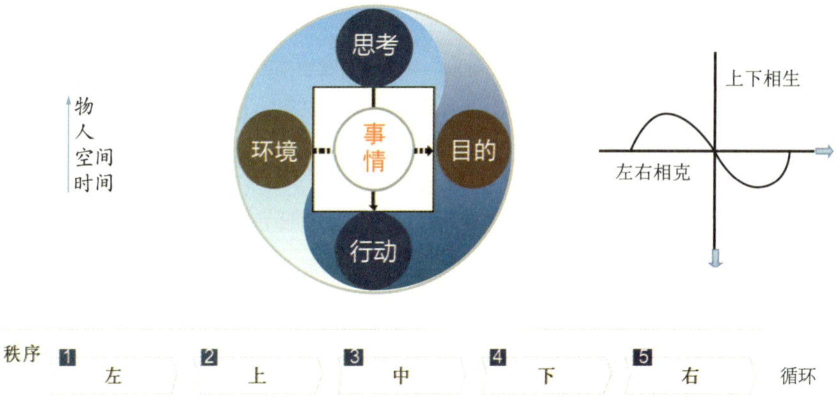

社会大众的思维品质需要不断地整体提升。倡导太极思维，既能让个人提升思维品质、增进人生幸福，也能让人类减少矛盾、冲突、混乱和战争。任何事情（中）都是源于特定的环境（左），解决需要系统思考（上），之后通过积极行动（下），从而实现预期目的（右）。事情符合规律才能享受成果。

环境改善（做到有益社会）

思考全面（做到符合实际）

行动积极（做到内外兼顾）

目的纯正（做到公正取舍）

在日常的生活和工作中，应用太极思维对遇到的事情进行结构解析，可以帮助我们清晰地发现问题症结，厘清解决思路。

二、社会太极思维系统

社会太极思维系统

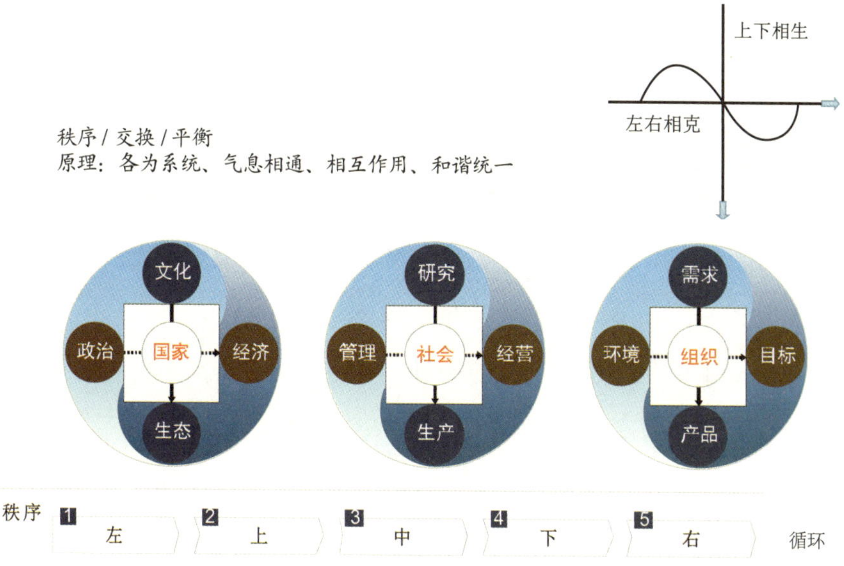

社会太极思维系统揭示社会运行的基本规律

社会，人类生活的共同体。

社会运行的基本形态是，管理、研究、生产、经营，它们构成社会运行的四个维度。社会的运行是通过代表国家意志的政府来实现的。

国家运行的四个维度：政治、文化、生态和经济，它们分别侧重管理、研究、生产、经营，其运行规律是，政府服务社会，政治服务文化，文化服务生态，生态服务经济，经济服务政治……周而复始，永续发展，这是社会的自然状态。无论是过去的原始社会、封建社会，还是如今的现实社会以及将来的理想社会，都是处在“秩序、交换、平衡”的规律中，处在“左上中下右”循环的能量转化中。

从事社会运行的管理、研究、生产和经营四个部分的相关人员分别称之为：官员、学者、民众、商人。官员负责社会管理、学者负责科学研究、民众负责社会生产、商人负责商业经营。他们与国家的四个维度“政治、文化、生态和经济”分别对应。

官员主要工作是建章立制、优化流程、规范行为、维护秩序，承担管理社会的责任，对应政治。

学者主要工作是研究自然规律和社会规律、创建理论、丰富知识、创新工具，为社会进步、人类文明提供基础支撑和发展源泉，对应文化。

民众主要工作是接受技能培训，熟练运用工具从事各行各业的社会生产，创造财富，对应生态。

商人主要工作是从事社会的商品流通与经营，使其增值，同时满足人们不断增加的物质需求及精神需求，对应经济。

组织是社会的单元，它的基本构成是“环境、需求、产品、目标”四个维度。运用太极思维进行结构解析：需求产生组织，组织生产产品，上下相生；环境制约组织，组织确定目标，左右相克。组织的能量转化秩序依然是从左边的制约开始，环境生发需求，需求生发组织，组织生发产品，产品服务目标，目标改善环境……

组织运行是服从和服务于社会的规律运行，它们维度分别对应，即社会组织的功能是：管理环境、研究需求、生产产品、经营目标。

从社会太极思维系统可以得出：

（1）国家治理在任何时候都应同时考虑“政治、文化、生态、经济”四个维度，使其对应的社会运行的基本形态管理、研究、生产和经营四者之间始终保持均衡发展的状态。偏离规律，对某一方面拔苗助长，就会出现偏差，造成社会动荡。

政治偏离本位，就会头脑僵化、愚昧落后、背离规律、不得民心。文化偏离本位，就会只重书本、不重实践、脱离生活、乱象丛生。生态偏离本位，就会有悖科学、经营不利、发展受阻、不可持续。经济偏离本位，就会物欲横流、资源枯竭、道德缺失、生存危机。能量转化模型，是中国文化为国家治理提供的理论依据和行为准则。

（2）组织治理需要遵循能量转化规律。从根本上讲，组织治理也就是不断平衡组织的四个维度“环境、需求、产品、目标”之间的变化关系。无论关注哪一方面，处理具体问题时，四者必须统筹兼顾，缺一不可。

（3）运用能量转化模型，准确地把握社会运行规律，才能够制定出科学的国家治理体系。广泛地应用社会运行规律，就能够不断提高国家治理能力的现代化水平。

（4）企业作为社会经济的主体，是一个内部独立而外部开放的组织系统，与社会融合。从本质上讲，企业是个能量转化枢纽，需要收放自如，其运行规律与社会运行规律一致。企业成员掌握规律至关重要，懂得才能遵循，遵循方可从容。

企业运行系统·太极思维

秩序\交换\平衡

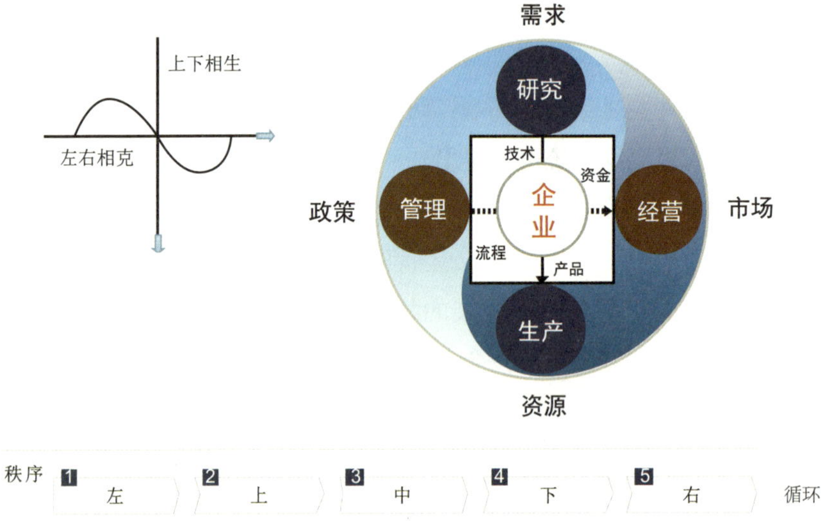

管理的本质：约束行为，按规律办事。营销的本质：服务客户需求，积极创造消费。企业，无论生产类型、规模大小、时间长短、结构繁简、技术高低，始终都在社会规律中运行。企业运行也是四个基本维度：管理、研究、生产和经营，四者之间既相互促进又相互制约，来去循环。管理，对外协调政策，对内优化流程。研究，对外关注需求，对内呈现技术。生产，外在对接资源，内在生产产品。经营，外在开拓市场，内在解决资金。管理、研究、生产这三个环节都是在投入，做基础，利润是在经营环节产生，但前三个环节是前提，缺一不可。布置工作说标准、总结工作说流程、汇报工作说结果、请示工作讲说方案。企业的持续发展取决于规律运行。

太极思维企业运行系统同样可以阐释协会、社团、团体等组织的规律运行，因为它们的基本运行与企业运行是一致的。

第三章
太极思维的社会价值与实践

第一节　提高社会成员的思维品质

太极思维的社会意义

古今中外，有很多的思想家、科学家、艺术家、政治家、军事家等都是熟练应用太极思维的行家里手。《道德经》《黄帝内经》、经络学、太

极拳、二进制、计算机等人类社会的伟大文明里面都有太极思维的智慧。

太极思维有什么社会意义呢?

学习太极思维能够使我们明白内心、家庭、社会各为系统，相互作用、和谐发展的原理；唤醒人们心灵深处共通的自然法则，提高思维品质，把握生命规律；从而自我净化心灵，提高道德修养，规范自我行为，维护社会秩序，进而实现享受幸福的人生目标。

简而言之，管理者明白自己的社会责任及因果关系；老百姓清楚规矩做人、踏实做事是在遵循规律，同时自己和家人也受用终生。以上都是太极思维的社会意义。

烦恼源于错误，内心决定有无。掌握太极思维，可以用它来分析社会现象，解决社会问题，指导个人行为。这三大应用依据的是同一原理：能量守恒，此消彼长。无论身在何处，人们能够正确认识我是谁，同时内心的自我评价更客观、成系统，就会自觉地有序工作，和谐生活，从而减少社会矛盾，消除人类冲突，实现世界和平，这样就能拥有长久幸福。

我是谁·太极思维

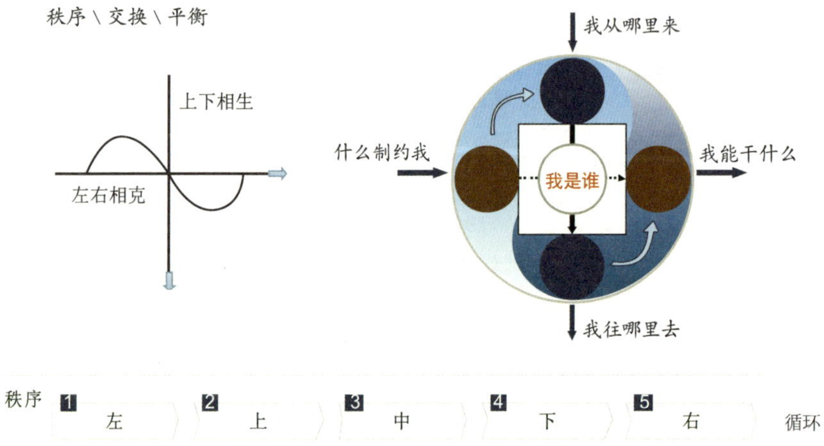

我是谁的太极思维解析，形象地表明：常犯错误的人主要是忽视了左右的“什么制约我”和“我能干什么”。什么制约我？在家庭是义务，在单位是制度，在社会是责任。我能干什么？在家庭做家务，在单位做工作，在社会担任务。此图表也是古今中外哲学家、思想家在揭示事物本质和事物间规律性联系方面所追求的经典表达。此图表可以广泛应用于自我介绍、产品介绍、组织介绍等方方面面的逻辑表达。

财富，对人有价值的东西。

我们的生命历程是能量随着身体在内心、家庭、社会三者之间互为因果、此消彼长守恒转化的过程。内心世界的上下左右、家庭生活的上下左右、社会工作的上下左右以及本能自我的上下左右，在我们人生中的任何一个状态、任何一段旅程都不可或缺，都是我们的财富。

身体、内心、家庭和社会四者之间的能量转化规律是：有无相生，此消彼长；同声相应，同气相求；位置相同，气息相通；相互作用，能量守恒。

我们运用太极思维对人生财富进行一般性诠释，人生财富就是包括身心、家庭、社会几个方面的总和。图表形式呈现如下：

财富·太极思维

1. 同气相求
2. 有无相生
3. 能量守恒

财富，对人有价值的东西

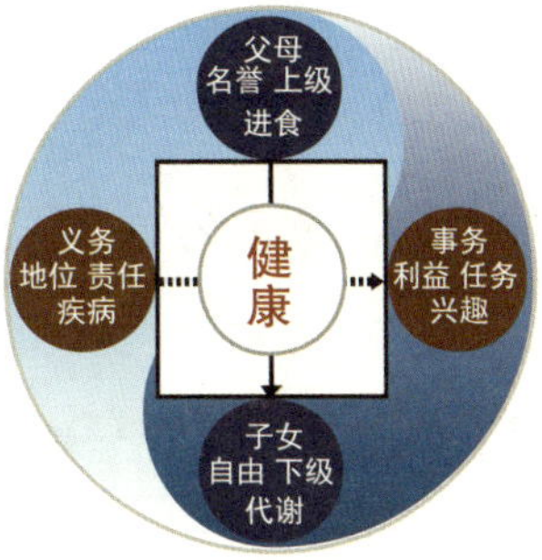

秩序 1 左 2 上 3 中 4 下 5 右 循环

第二节　构建享受人生的幸福之路

学习为了明理，工作为了幸福

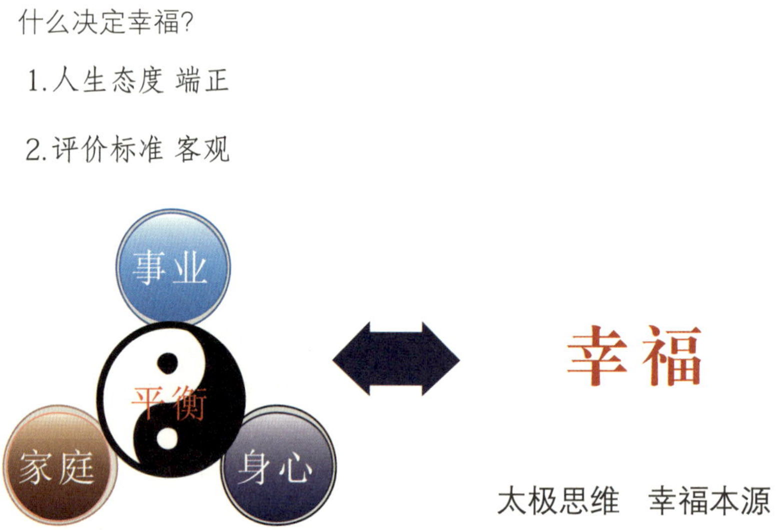

“幸福”，是建立在对生活满足和感到生活有巨大乐趣之上的愉快心情，而且是时间持续长久的。

具体到个人，幸福是建立在身心健康、家庭和睦、事业顺利的基础之上，也就是身心、家庭、事业三者要处于运行有序、取舍均衡的状态之中。

在昼夜交替、寒来暑往的自然规律制约下，月有阴晴圆缺、人有悲欢离合。那么面对丰富多彩而又变幻莫测的人生如何才能减少烦恼增加“幸福”呢?

我们只有把握生命规律，让自己内心的主观认识与自己所处的客观现实无限接近或吻合才可以做到。也就是只要我们的思维始终把握住事物的本质和事物间规律性的联系就一定能够做到。

当我们明白“思维决定幸福”的道理之后，要想增加人生幸福必须提高思维品质。思维品质决定人生前程。太极思维就是能够均衡改善思维品质的深刻性、灵活性、独创性、批判性、敏捷性和系统性等六个方面的一种先进的思维方法。

遵循秩序、主动交换、把握平衡

太极思维 · 幸福本源

“幸福”是人生目标，更是生命体验，我们一起实践!

幸福是人生目标，更是生命体验，需要我们一起实践！目标是追求，体验是过程，我们只有端正态度让体验的过程遵循规律，我们追求的目标才可以达到。

太极思维的实践，开辟了一个正确、辩证和科学评价自我的领域。它是一种思维模式、一种评价体系，更是一种行为准则、一种实现途径。无论是集体还是个人，我们只要严格遵循自然秩序，主动进行能量交换，内外兼顾地把握平衡，就是在体会“道德”的感召，就是在享受幸福的真谛。

“物有本末，事有终始，知所先后，则近道矣。”运用太极思维，提高思维品质，是我们追寻真理、完善自我、享受幸福的必由之路。因为幸福是道德的目标，诚信是道德的体现，修养是道德的内涵，而思维却是道德的基础。

道德 · 太极思维

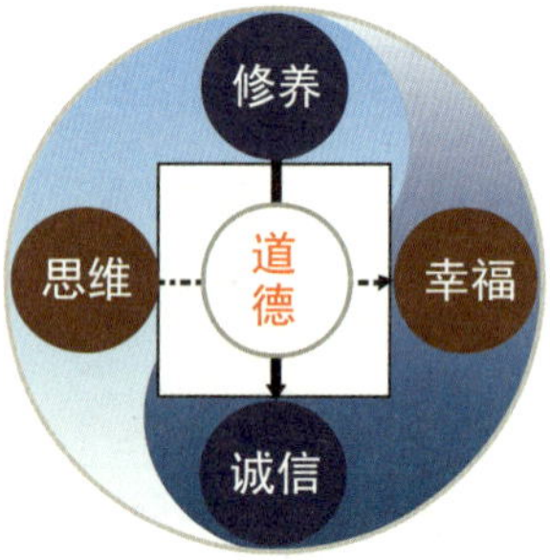

幸福，道德的目标
诚信，道德的体现
修养，道德的内涵
思维，道德的基础

道德，人们共同生活及其行为的准则和规范。

秩序 1 左 2 上 3 中 4 下 5 右 循环

道，是规律、是存在、是自然，表现为:秩序、交换、平衡；德，是态度、是认识、是行为，表现为:遵循秩序、主动交换、把握平衡；总之，懂规律、守规矩就是有道德。

讲道德，是为了有幸福；实现幸福需要修养和诚信做保障；内在的修养和外在的诚信从何而来？从学习中来，从实践中来，从环境中来，从社会中来，从约束中来，本质上讲，取决于我们的思维是否抓住了事物的本质和事物间规律性的联系。

道德是内力，自我约束；法治是外力，他人约束。内力（道德）一旦失效，犯下错误，打破平衡，外力（法治）自然跟进，纠正错误，恢复平衡。依据能量转化规律，事物发展都是内力与外力保持均衡的体现，所以社会运行也需要遵循道德与法治协同的客观规律。

“秩序、交换、平衡”，是事物发展的规律，是中华民族的精神特征。

“秩序、交换、平衡”，是人们心灵深处共通的自然法则，是人类社会的文化精髓。

“秩序、交换、平衡”，是太极思维的核心架构，是人生价值自我实现的法宝，更是人类生活和工作的行为准则。

当今科技如此发达，但现实世界人为的灾难从未间断，根本原因就是人类整体的思维品质不高：考虑问题不深刻，不系统。璀璨的中华文化必须肩负起引领世界的历史重任，我们一起携手把“太极思维”在个人思考、家庭生活、社会工作、人生幸福中的各个环节的应用细化好，落实好。

太极思维研究院筹划建立的“太极思维体验训练中心”，是为人们提供的太极思维研修基地，让学员在体验中温习和感受人生的“悲、欢、离、合、酸、甜、苦、辣”，掌握太极思维，领悟生命真谛：人生是挫折与顺利同在、给予与索取平衡。人们客观判断、科学决策、规范行事，就能逐渐消除人类的矛盾、冲突、混乱与战争……

运用“太极思维”，提升思维品质，增进人生幸福。

太极思维，幸福本源！

经济和文化是人生的两大方面。经济是前台，文化是后盾；经济管物质，文化管精神；两者相辅相成，协同发展。

——程小平

太极思维是我们中华民族的文化瑰宝，是人类和谐的思想源泉。

——贺云龙

企业文化建设，归根结底还是社会文化建设、民族文化建设，我们企业在发展的同时能为民族的文化复兴添砖加瓦，是责任也是义务。

——董学林

第二篇

太极思维在身边

本篇，记录的是文叁的人生经历，每个事例中的主人公都是真人真事，读完之后，您或许有身临其境的感觉。人生境遇不同，生命规律相通。

秩序决定成败，态度决定输赢。运用太极思维，提高思维品质，是我们追寻真理、完善自我、享受幸福的有效途径。

按照太极思维走是通路，不按照它走是弯路。

——杨国政

要想生活更美好，太极思维不可少。

——刘叶杰

文化精髓“太极思维”是中华优秀传统文化的系统阐发，是人类思想的实际应用。

——王　静

第一章
十年树木百年树人

第一节　自律即是自尊

父母品德决定子女前程。

家庭教育中“上行下效，身教重于言教”。是说孩子是父母的未来，你的行为直接影响孩子，教育需要身体力行，率先垂范。这里呈现的也是能量转化与传递的自然规律。一个孩子，身体健康与否、人格健全与否、劳动积极与否、学习主动与否取决于父母。

很荣幸，我有机缘结识这么几对夫妇。

第一对夫妇是大连的，两位都从商，各自经营一个企业。男主人刘东辉，从事农业高科技植物养护方面的生物制品研发与生产；女主人王红岩和她姐姐一起经营国际货运代理公司。夫妇俩都非常善良厚道，在工作中对待部下、对待客户都是以诚相待；在生活中、家庭中也是相互体谅；对双方的父母一直也做到心存感激、恭敬孝顺；对别人父母也是尽量做到敬重。他们的孩子刘绪翔就特别知书达礼、乐观上进。

2008年8月的一天，女主人王女士对我说："文叁老师，我有只股票已经摘牌五年，但是在我以为只能赔本、汲取教训、对它不抱一点希望的情况下，上个月又重新挂牌，股价还涨了。为了省心我就把这只股票卖了，本金回来了，还赚点钱。赚钱了，不能只是自己享受。我想做点好事，给寺庙捐点好呢，还是通过其他途径做点善事？"

我回答："现在寺庙不缺钱，有很多人捐赠，好事要做到越具体越好，给最需要的人。让我想想。"隔几天男主人刘总给我打电话，了解为我母亲治病的曲医生的情况，他想帮助自己下属李经理的父亲找个好医生。这时我想起了他爱人王女士股票赚钱后想做好事的善愿。于是，我建议王女士给丈夫刘总的下属李经理的父亲捐五千元，她听取建议，愉快地配合。

2009年5月，王女士的姐姐家装修。因为讲究风水，邀请我一起帮助挑选家具。在家具店我被一款高贵典雅的中式古典办公桌深深地吸引，情不自禁地说："您看这个多庄重多气派，我要攒钱买它。"后来，王女士竟把这套家具送给我。我非常意外，特别感动。

提供文化咨询是我的工作，已经照常收费，为什么他们对我这么格外友好呢？为什么他们家族这么和睦呢？为什么很多员工多年追随他们呢？为什么他们的事业总是兴隆，持续发展呢？原来他们夫妇俩为人处世，内在的思维做到了替他人着想，外在的行为做到了主动给予，而且已经形成习惯，这样人生就始终处于积极的状态，每次社会交往都是在储蓄祝福，依据能量守恒的原理，换取的就是长远发展。他们的人生态度属于榜样级别，处于太极思维的交换的最高层次。

第二对夫妇，男主人是外交官，早年被派往欧洲，后来又调到非洲、亚洲，因为工作性质的关系，很少过问家事。女主人是医学博士，在一个地级市的司法鉴定中心当主任，重权在握，左右生死。

交往中我感受到他们为人都非常正直。他们夫妇俩居家简朴，在工作中常扶危济困，同情弱者。例如男主人在欧洲工作期间，不计报酬地主动帮助温州服装商人解决经营困难；女主人从不趋炎附势，处处维护弱者，为了公平正义，有时甚至自己贴钱主持公道。他们的条件完全可以请个保姆，但是他们不娇惯孩子，没请保姆。已经上小学二年级的孩子就是母亲自己带着，读书很用功，下课后经常来单位，陪到她下班。

“孩子不能把他当成宝贝，不用照顾他，给他书看就行。放学之余，他就喜欢看书，书看够了，然后就很淘气，挺顽皮的，很活泼……”女主人自豪地对我说。

古语“父母积德，福泽子孙”在这个家庭的幸福生活中又一次得到了验证。整体而言，人生的烦恼总量是一定的。依据人生太极思维进行分析，社会中的下属和弱者与家庭中的子女都在下面，位置对应，气息相通，所以在社会中多分担下属和弱者的烦恼，家庭中的子女教育培养就能少操心，少受累。这就是此消彼长、能量守恒。近朱者赤，孩子受父母熏陶，他们在成长过程中遇到问题和挫折，都会尽量自己解决。这样不仅培养了孩子做事能自立，更重要的是建立了孩子的人生自信。

第三位是 2010 年 11 月在乌鲁木齐结识的胡国庆先生，他是新疆伊犁明郎传先生的同乡。明先生向我介绍，胡国庆夫妇俩特别孝顺，他们从来不在父母面前吵架、生气，这是他们结婚时的约定。胡先生为人朴实、直率，从事建筑行业，具体工作是某建筑公司的水泥制品销售经理。当初，企业管理制度不建全，他完全有机会损公肥私，赚取很多灰色收入，但是他一直没有丢失传统美德。

2011 年 6 月我与胡先生在乌鲁木齐又一次不期而遇。

“文叁老师，我的父母老家都是山东的，从小父母教育我们做事要凭良心。可以自豪地说，像我这个岗位，我是比较老实的。如果我拿客户好处，公司利益必然受损，现在我就不开旧车了。当然，大家都这么干公司就倒闭了。我的乙方客户都喜欢与我打交道，按照合同双方公司都有利润。他们佩服我，说和胡经理交往不累，把事情做好就行。事情办好了，大家都非常满意。”胡先生说。

“那你的孩子人格健全、身体健康，成长中你们做父母的也特别省心。”我说。

胡经理马上回答：“那倒是。我的孩子从小学到大学是没有怎么费心，没有补过一天课，没有为他托过关系找过老师。孩子上了苏州大学。”胡经理这个孩子很有志向，他经常对父母说：“大学毕业后你们就不要操心了，你们照顾好自己的身体是首要的。我的人生自己安排，人各有志，我会按照你们教导的方式去待人接物。”

依据人生太极思维，他的孩子品质优秀，学业有成的现实，又一次信服地证明了：家庭和社会互为表里，处处体现出能量守恒的收放关系。

史学家司马光说：“积金遗于子孙，子孙未必能守；积书遗于子孙，子孙未必能读；积阴德于冥冥之中，此乃万世传家之宝也。”

民族英雄林则徐在《十无益格言》中说：存心不善，风水无益；父母不孝，奉神无益；兄弟不和，交友无益；行止不端，读书无益；

作事乖张，聪明无益；心高气傲，博学无益：时运不济，妄求无益；妄取人财，布施无益；不惜元气，医药无益；淫恶肆欲，阴骘无益。

人生不能盲目，时时需要自律。其实中华文化一直是在阐述真理。

当祝福变成习惯，人生五彩斑斓……

第二节　迷恋网络高考前

农历2012年12月17日，辽宁本溪。

“文叁老师，我终于见到您了！我与梁总是同学，她告诉我，这几年她的事业发展离不开您的指导，四年前我就听她说到您，可惜一直没有见面机会。”晚宴席间坐在我左边的杨大姐热情地与我交流起来。

“感谢梁总信任，事业发展都是她自己的智慧。她是主体，我是辅助。她太客气了。”我如实地说。

“文叁老师，我的儿子明年高考，但是今年下半年却开始迷恋网络，一放学就到网吧去玩游戏，成绩下降了许多。起初看到我来找他，还跟我回家，逐渐地他就不怕我了，我来了他还继续玩，与我对抗，最后发展到我拉他回家，他就推我，好几次我差点被推倒了。就是怕他上网，耽误学习，我们家才没买电脑，还有我和他爸爸电视也不看，都是为了让他能安心读书。现在到了关键时期，眼看剩几个月就高考，他竟然迷上网络，不努力复习。家里的吃、穿、用都以他优先，看到他现在的样子，想想我们为他的付出，我真寒心。请您给想想办法，看看怎么化解，让他迷途知返，把这半年的关键阶段把握住。”说着说着，杨大姐的语气越来越沉重，委屈的泪水差点流了出来。

我给她递过餐巾纸，并安慰地问道：“您做什么工作呀？”

“会计，在本溪钢铁。”

“表面看是你孩子的错，实质是你的错；你改正，他就改变。”我严肃地说。

“文叁老师，请您明示。只要他能改变，好好读书，我一定照办。”

“生活多彩，但原理简单。人生是个能量中转站，我们就在家庭和社会两个场所不断地把能量转来转去。而单位是我们在社会上的主要场所。

用太极思维解析，家庭中的上下左右与单位中的上下左右是一一对应的。孩子，由你养育，家庭中的下；下属，由你管理，单位中的下；这两者气息相通。关键时期孩子不知轻重缓急而伤害你，与你平时不分青红皂白伤害下属有直接的关联。负能量的聚集与释放也是厚积薄发的过程。回家门锁打不开，钥匙往往丢在社会。

我能分析出你平时对部下比较苛刻。上级对下级心平气和才符合规律。因为交流的内容、分配的任务、奖惩的办法，制度都已经规定好了，我们人在其中只是传递能量、传达信息、监督结果，不能掺杂个人情绪，更不能主观臆断，打击报复。明白这一点，做到这一点至关重要，优秀领导的做法与之基本吻合，都是照章办事，一丝不苟。”

“是的，平时我对下属比较严厉，可能有很多地方做得不近人情，要求过高。我哪晓得这些道理呀。老师，那我现在怎么弥补呢？早学习传统文化就好了！”

“不只是严厉吧，某些地方应该算得上是刻薄。反思得越具体，改善就越多。”我严肃地说。

“比如有的下属某个缺点，再三教育后，她总改不掉，我就找机会重重地处罚她……老师，那我现在怎么弥补呢？”

“主动平衡，心静神清。第一自我忏悔。改变态度，与下属相处要有平等的意识。第二上班时带点水果等食物，供下属休息时食用。她们感受到你的改变，内心就会减少对你的抵触或怨恨。根深催叶壮。

你做得越好，你儿子改变得越快。人生，没有侥幸只有规律。”

“我一定照办，明天起就认真落实。非常感谢您的指导。老师，跟你交流真长见识啊。年前我带孩子到大连来见您，请求您安排时间，给予指导，到时候我好好感谢您。”

可怜天下父母心。农历 2012 年 12 月 26 日，年三十的前 4 天，下着大雪，杨大姐带领儿子，坐客车 5 个小时从本溪到大连，请我为她儿子开导、点化之后，又乘车 5 个小时返回本溪。

承担责任，珍爱自我。

后来杨大姐电话告知，2013 年秋季开学，她儿子被上海外国语大学录取。

第三节　糊涂十年破碎情缘

2014 年 3 月 6 日临近傍晚，爱人约我出去吃饭，说她有两个朋友想见我。本来不想去，但考虑到我爱人对家庭的辛劳和贡献，我就勉强地去了光新路中山北路咖啡厅。

“她姓刘，1976 年出生，现在就是想请你帮忙参谋婚姻大事呢。”我爱人说。

既来之，则安之。我称赞道:“看上去不像嘛，像‘90 后’，很年轻，保养挺好的。”

“谢谢，看样子我现在用的保健方法不错。”刘小姐开心地回答。

“我经常遇到大龄青年问，老师，你看我什么时候能找到合适的对象？我说，事实上，合适的你们已经有过，但在与‘想象中’，更合适的第二个第三个相处之后，又去找‘最合适的’，选来选去，结果没有了方向，不知道哪个合适。”我说。

“我以前有个男朋友，相处十年，2012 年下半年分手了。您看我们还能重归于好吗？我总感觉我们缘分还没有尽，有可能再次走到一起。”刘小姐忧虑地说。

“这个问题很多人问过我，当初没有答案，后来找到了。不论是爱情还是友情，俩个人分手了，一方总想重归于好，时常惦记对方，说明相处期间自己做得不好，物质上精神上都是对方照顾自己更多，关心自己更多，失去后没了体贴少了温暖，所以经常想他，想他的好，想他的关心，想他的照顾。本质上还是想他回来继续为我付出、对我迁就，对吗？”

“是的，你讲得有道理，想想是这样子的。那我现在怎么办呢？”

“你知道吗，这种分手，于对方而言是一种解脱，一次重生。他会庆幸，而且他很容易遇到呵护他的新知己。这个世界，好东西有人珍惜。道义上不欠你的，他的内心没有愧疚，所以就没有回头再被折磨的念头，没有与你一样的思念心情。思想决定距离。想法不一致，怎么重逢呢？轻松、自由是人人内心的渴望。现在回到你的问题，想想看你们破镜重圆有多少可能？”

我接着补充——

“2012 年，在上海一次性格与婚姻的主题沙龙上，有位三十多岁的小姐问我，‘为什么我对男朋友非常在意，总对他问寒问暖，他的事就是我的事，他的家事也是我的家事，偶尔我不舒服，他却对我不闻不问，有时候想想心里就感觉冰凉。这种情况怎么改善？’

“我的回答让她很意外，但也引起她深刻反思。我说，‘这是一种平衡，对你昨天错误的平衡，说明你的前一段爱情是以你伤害对方而结束。人生没有侥幸只有规律。其实人生是个能量中转站，前面伤害别人，后面就被别人伤害，能量都要对冲归零。

“人的自身不生产能量，是在给予与索取的交换中发生增减，喜怒哀乐的情绪变化就是能量交换的体现形式。每件事情都是人生分水岭。生活和工作的选择一旦出现偏差，痛苦一定紧随其后。’

“她觉得我说得在理，就诚实地当众检讨，说她的前任男友对她的确很好，对她体贴入微。就是因为他出身农村，家庭经济条件差而放弃他，没给对方机会。我说这是嫌弃不只是放弃。爱情是独立的真情实感，选择的主要依据是品德，而不是权力、声望、金钱。世间哪一个屈从权力、声望、金钱的爱情会有结果，有幸福呢？起点亦是终点，瞬间即是永恒。”

说完后，我用太极思维为刘小姐作了系统分析，并告诉她与前任男友分手还有住房的因素和父母反对的因素之后，刘小姐敞开心扉，讲述了她的这段爱情史——

“是的，房子是个原因。还有他从来就没让我见过他的父母，没有带我去过他的家。我们是2003年认识的，我们是同事，当时他已经有了女朋友，也准备结婚。在我们俩个擦出火花之后，他对我说其实他与女友没有真感情，是他父母做主的，父母说那个女朋友人好，适合他。

“后来他听从父母的意见和女朋友结婚了。但他同时向我保证，给他两年时间，他一定离婚，再与我结婚，他们婚礼那天我还去参加了，给他送个大礼包。结果我等了四年，他才离婚。”

“这个婚礼，别人是来祝贺的，你却是来诅咒的。你真让我长见识啊。原来，世界真的只有想不到……”我情不自禁地插话。

“2008年、2009年，一直到2011年、2012年，整天为结婚的事情纠结，伤心死了。2012年下半年，我们慢慢分开了。我怀疑他与以前的女朋友（就是前妻）在一起了，因为他的女朋友总给他介绍顾客，他女朋友一开始就知道我们的关系，但她说只要他回头，怎么都行，她一直对他不放弃。”

“恭喜你们分手，这种第三者插足的婚姻怎么会有结果呢？

“你给他前妻心灵造成多大的伤害，你想过吗？今天你这个人还是完整无缺，你庆幸才对，感激才对。类似你的行为，有多少人正在上演打打杀杀，活在生死之间呀。你男朋友坚决要分手，就是通过比较你的人品和行为还不如他的前妻，他不知道作过多少次痛苦的对照。这个情感结束是你美好生活的回归，今天是你心灵困惑的解脱。我话说重了，请多包涵，但是我态度端正。”

“不重，不重！感谢老师，我想通了，今天我收获太大了。”刘小姐感激地说。

在服务员提醒下班时间快要到了之后，我们离开了咖啡厅，临别时刘小姐脸上的表情轻松了很多，她再三向我表示感谢，期待早日再见。

烦恼源于错误，内心决定有无。

第四节 破洞的衣服

2012年6月22日上午，我与沪上资深企业管理顾问李之朋教授，在上海常德路张爱玲书屋谈工作，看到一时尚女士上衣有许多破洞，像是虫蛀的一样，我以为是无意的，后来得知是“我喜欢”。

“你的衣服怎么这么多洞呀？”

“这是我爷爷的衣服呀，你没看到这么大吗。”

“是真的吗？”

“哎，这是我自己花钱买的，这有什么呀？”“我能说这件衣服对你的影响吗？”“可以，您请讲。”她很好奇地说。

“1. 你的父母近来身体不太好。2. 你的爱人比你累，比你辛苦。”

“他是比我辛苦，他喜欢累的，总是很忙。怎么衣服还有这么多讲究啊。”

“你要对他的胃加强保养。”

“我们比较注意健康，我经常给他煲汤。”

“对穿乞丐服的现象，我花了两年多的时间才研究明白。你们这类喜好的人，生活过得比较顺利，人生成长过程中经历的痛苦体验，劳累、艰辛、挫折等大部分是由家人分担，帮助解决，生命历程必需的克制力量就人为的欠缺，所以你们本能地喜欢用那些破旧的东西积聚消极能量来制约你，弥补之前的不足。道理乃是规律，规律引导生活。人生时刻处在生发和克制两种自然力量的同时作用之中，它们均衡作用，人生才能稳步发展，这是客观规律。

"生活用品也是信息终端，它时刻影响我们的气场和状态。"

"噢，说得真对。今天一早我就去设计签名册，普通款式不好看，但电脑坏了就是修不好；今天到现在好几件事都不顺。"

"谢谢老师，我们这儿二楼也经常举办沙龙，希望有机会可以请您讲讲。《易经》我也比较喜欢……"

其实还能推断出她家房子的墙上会因为个人的喜好而装点得凌乱，她老公的腰也不太好。

以上几点是运用太极思维分析出来的，太极思维既能分析现象，更能指导生活。

古训：正事不足，邪事有余。

第五节 艺术的遗憾

2012年6月24日晚上九点，上海宁夏路331号咖啡厅，东华大学传媒系副教授高晓红、特意从北京赶来的朋友刘豫华及笔者，三人如约而至。

礼节性问候和交换名片之后，我们就自然地交谈起来。北京的朋友刘豫华是艺术家，中国画蚂蚁第一人。缘分就是很奇怪，虽然初次相识但却感觉亲如兄弟，大家谈得很直接也很深入。在了解我专职从事传统文化的研究和传播之后，他就谈到对部分修行人的看法。

“有的修行者的眼神就不温和，那是过分压抑自己的欲望造成的。我认识个小兄弟，平时特别有爱心，总参加些什么放生、布施等活动。但有一天跟老婆坚定地说，他要出家了。你说一个家里的责任不担，最亲的妻儿不管，只活在自己的喜好里，是叫有信仰吗？修行不是叫你逃避，是由近及远地做好事，做好人。”

“是啊，我完全同意你的观点。现在的问题主要是出在没追求真善美的有智慧的信仰，你看这是我对修行的理解。”我让他看我写好的便签：修行，就是面对现实，承担责任。“一个人在金钱增加、物质拥有、地位提高或思想启发时没有付出劳动和智慧去等价交换，都不会幸福，生活会很被动。金钱的本质是生命和血汗。能量守恒，此消彼长。”我说。

“我们北京有一位知名画家，擅长画动物。一张卖几万元、几十万元、上百万元，赚了很多钱，光别墅就好几套。一天他孩子到二手车市场卖车，有个人说看好她的车，改日联系；结果第二天把他孩子骗到郊外，人被杀了，车被抢走了。他老婆也因此长期痛苦抑郁饱受折磨。家庭变故对他打击很大，也让他反思。之后他看钱就不再像以前那样重了，笔会时画画也随缘了。有人说他画画挣那么多钱，总也不做善事往外花点。”画家刘豫华补充。

到快结束时高教授让我看看她电脑里的几幅作品，从中分析那些画家的性格特征。之后画家刘豫华也打开他的博客，让我从太极思维的角度分析点评他的作品。我说你的作品有创意，但有的不符合逻辑，就是违反自然规律。比如蚂蚁在注射器里，那是要死掉的。还有就是有的抽象，画面线条凌乱，反射的气场也是紊乱的。这样对你最重要的影响是表现在孩子身上，他的健康、智力等方面会让你比较操心，就是你付出多得到少。艺术作品是工作行为的产物。运用太极思维，依据同气相求的原理，作品的品质能直接作用到孩子。

画家刘豫华听完没有吱声，也没有直接回答。

凌晨一点二十告别时我实在忍不住了，问他孩子几岁，画家坦率地说:“你不是说了吗，我创作风格影响我的子女，我现在还没孩子呢。”临走时我对画家建议，以后多创作形态具象、色彩明快的作品，这样对晚辈对自己都是祝福，生活才能更加精彩。他听后点点头，带着沉思……

我们生活的现实世界是太极状态，有形、有序、有规律。模糊、破碎、凌乱对应的是消极、松懈、颠覆，归于无极。

人生，没有侥幸只有规律!

2012年11月，我在上海东方假日田园与画家刘豫华先生再次见面的时候，他的作品风格有了改进，人生的许多方面也顺利了很多。最新作品《醒》就是充分采纳了我的创作建议：具象，明快，活泼。他再三表达："感谢文叁老师指点。我将创作更多现实主义题材作品，以丰富生活、妆点世界……"

后来，2014年3月3日中午，我听闻画家刘豫华先生的喜讯——

2014年正月十一日喜得贵子。

他被尊称为"中国画钓鱼岛第一人"。

第六节　贤妻何处来

2012年6月25日早上还在睡梦中，我就接到浙江天台陈达良先生的电话，邀请我一起为某个大型企业做策划方案。因为时间紧张，上午十点我立刻从上海出发，下午二点半赶到了天台。很巧，一道前来接我的还有陈总的儿子以及不久前在北京认识的厉有社夫妇。

大家用餐后便在东方国际大酒店休息。由于与陈总是老朋友，厉总也见过面，加上刚才接待很热情很周到，所以我的兴致很高，没有旅途疲惫。

“厉总，短暂交往能看出你娶了个贤惠老婆，恭喜啊！缘分哪里来的，你了解吗？”我开门见山地说。

厉总微笑着，幸福地回答：“不知道。”但看得出他又很想探究其中的缘由。

“你很想知道，是吗？主要是你的父亲做人好，工作中他特别敬业，每分钱财，每份荣誉都是自己的劳动所得，都是付出了等价的劳动和汗水。”

“那是的，他做事兢兢业业，从来都不占人家便宜的。”厉总性格有点内向，小声而腼腆地回答。

“哦，我公公那个人做事没得说，总是替人着想，对我们也是很好，周围的人都说他好。”厉夫人自豪地补充。

对他们的一些情况我说得很准，他们很惊奇。这是什么原因呢？他们显露出期待的眼神。这是运用太极思维分析的，上下相生，父亲的劳动成果是子女受益，他做人本分，做事公道，儿媳品行自然就好，这是规律。

“古训：身教重于言教。身教不只是当面做给子女看，主要是看一贯的为人风格、一贯的做事风格所积聚的气场对孩子或是促进或是制约。孩子是父母的未来、好人有好报，讲的也是这个道理。好孩子不是非要长辈花时间陪同，花钱财堆积出来的。父亲主导财运，母亲主导智慧。父母平时没做到真善美，希望子女前程美好，期待他们各方面如己所愿，这是不可能的……”我接着解释道。

“用我们的话说就是：人在做，天在看。我一直都是与人为善的。”厉夫人开心地说。

晚饭前，我们去了中国佛教天台宗的发祥地国清寺参观。厉总对出家师父的虔诚态度，再次验证了他夫人在交流中的自我肯定。

千道通佛门，万佛明道理。

第七节　失败的疑惑

2014年2月10日晚上，北京。

“文叁，几年来我心中一直有个疑惑，总是想不通，请你用太极思维帮着分析分析。”来自上海的好朋友徐总转过身来对我说。

“甭客气，我就喜欢解答问题，请讲。”我自信地说。“我有一个朋友，生意上的合作伙伴，我负责市场，他负责预算，好几个项目全是眼看将要成功，结果全都失败了。有的大项目跟踪好几年，投入精力财力都非常多，我的损失非常大，总找不到根源。我怀疑他报价水平有问题，他的报价总是与中标数差一点。他的人品没问题，待人也挺好，为什么就总是做不成事呢？”

“这个问题根源不在他人，在你自身。依据太极思维上下左右的结构解析，你们工作中的合作在社会上是平等的左右关系，它与家庭中平等的左右关系——夫妻关系、兄弟姐妹关系气息相通，相互影响。那段时期项目做不成功，有两种可能，一是对家庭中的兄弟姐妹应该照顾的你没有做到。比如他们需要钱财、关心等方面的帮助，你却没有给予。二是你对老婆不够尊重、不够友好，比如怠慢她的体贴、漠视她的真爱。”

“你这么一说我就明白了，那段时期我正在与前妻闹离婚。”

“那错误一定在你。从易学上讲男人的钱财和妻子紧密相连。”

“是的，在我。她一直不想离，后来我没有办法，就经常不回家。她饭做好了等我，我也不回去。就这样拖了她两年，她心力憔悴、疲惫不堪，后来就依依不舍地把离婚手续办了。”

“哎……主要责任的确在我。怪不得生意总是做不起来，我不知道这两者之间的关系这么大。谢谢你啊，文叁老师！谢谢你啊，你帮我解开了一个很大的心结。”

那夜，徐总思绪万千，夜深人静时，我枕着朋友徐总的自责入眠……

通过这次交流，徐总加深了对太极思维实用价值的认识，自此他在对太极思维的广泛传播方面已经做了很多工作。

烦恼源于错误，内心决定有无。我们必须懂得：观念正确和行为规范，才是纠正错误的开始，也是目标实现的前提。

第八节　婚前她贤淑

2012年9月14日，上海，一次由白领组织的主题沙龙——《性格与前程》的现场。

最后一排的一位30岁左右的袁先生，中等偏下的身材，短发平头，天庭饱满，面带笑容，在大家踊跃提问之后也举起手。

“老师给我看看呗。”

“你挺好的，表情阳光，笑迎纳财，运气不错呀。”

“谢谢老师，但我现在有心事，苦恼，不是很好呀。”

听他这么一说，我疑惑地看着他，难道我分析错了，怎么会呢?

“老师，我爱人在与我处对象时，花钱比我节省，也比较会理财，钱财总能用在恰当之处，人际关系也很好，我们有事都好好商量。所以结婚时双方父母都希望她能在婚后掌管钱财，多约束我，让我不要大手大脚，我也同意。但实际情况与长辈想象的完全相反。结婚一年来我特别失望，发现她特能花钱，毫无节制，经常把没有用的东西买回家。她会把薪水月月花光，还嫌不够。”

“那你怎么办的呢？”

“我自己管钱呀，可发现她越来越能花钱，自己的钱花光不算，还到我这要。但她这个样子我不敢给呀，有些另外的收入也不敢告诉她，就是怕她花光了日子没法过。她说我管得严，夫妻间还不真诚，所以关系越来越僵。她婚前的贤淑节俭荡然无存，渐渐就变成现在的状况——冷战。”

“今天怎么不一起来呀？”

“她出差了。”

“我知道你爱人这样花钱的坏习惯是怎么形成的，但不能在这公开说，怕伤您尊严，承受不了。”

“没事，老师您直说，我承受得了。”

“好，众人面前你能够面对，很了不起，那我就直说了。她花钱的程度是逐渐变化的，婚前挺好，成家后变差，运用太极思维左上中下右的结构解析，收入（金钱）在社会环境的位置在右，爱人在家庭环境的位置也在右，位置相同，气息相通。依据能量守恒、此消彼长的原理，可以判断：你在工作中要弄技巧，多赚了本不属于你的钱财，也就是占有了别人的劳动。对男人来说，在工作中自己对金钱的态度和行为直接影响妻子的素质和表现，她越来越不可理喻，就说明你在外做得越来越差。你的行为决定她的思想，反过来作用你的心情。工作挣钱家里花，钱带着怨恨而来就会带着怨恨而走，人生是个能量中转站。”

这个袁先生在沙龙散场之后特意跟我讲：“文叁老师，我那些灰色的收入大部分是在婚前积攒的，那……”

“你没见过有的领导已经退休多年，后来却因某个事故，某个事件追责到他，最终把他绳之以法的事例吗？人善人欺天不欺，人恶人怕天不怕。无论多么曲折和漫长，人类的行为最终都得服从和服务于自然规律。善恶有报，如影随形。前因后果的相互转化需要特定的时间和空间，只是有早有晚，有快有慢，因人而异。有句电影台词：出来混，早晚是要还的。”我诚恳地说。

勤劳创造财富，品德享用荣华。

心在外，此起彼伏看似景，然眼花缭乱迷归途；心在内，静如止水淡无味，可清澈见底通性灵。

第九节　赡养的感动

2008年8月，辽宁大连至辽宁本溪的快速客车上。

“梁总！您知道我们相遇的缘分从哪里来吗？”我问。“不知道啊，老师，您说是什么缘分？”本溪潍柴工贸公司梁总回答。

“您在家一定是很孝顺，对父母、对公婆都做到了敬爱、赡养，所以我们才能相遇。文化配备品德，不只是金钱。人在困境中能够得到文化的滋养和关怀，一定是有德在先。另外，同气相求、人以群分。我的从业态度端正，信任我的您也一定是个好人。”我肯定地说。

“文叁老师，在对待我的父母和公婆方面，我是尽量做到让他们放心。可以自豪地说，这方面我问心无愧。别的好人家子女对父母能够做到的，我都是努力做到，生怕做得不好，惹得老人伤心。

“其实，我不是亲生父母养大的。我的养父生于大连，养母生于天津，父母50多岁的时候才有了我，我是家中唯一的孩子，他们视我为掌上明珠，对我特别好。

“小时候我们家经常搬家。开始住在天津，后来搬到大连乡下，之后又搬到大连市区，最终搬到辽宁本溪。那时我内心总有一个疑问，为什么我的父母总是不让我与邻居家的孩子们一起玩耍，也很少让我与家里的亲戚来往。我特别羡慕小朋友们能一起玩耍。

“记得在我上初中的一天，老人看我长大了，父亲告诉我说，我是他们领养的。我不能接受这个事实，虽然我早已听到过邻居们的议论，说我不是父母亲生的。但是一直以来他们对我这么好，怎么可能我不是他们亲生的呢？我跑到屋外哭了两个多小时。东北的冬天寒风刺骨……哭着哭着，我猛然醒悟过来，明白了父母的良苦用心，内心那些‘经常搬家、不让交往’的疑惑都有了答案。后来，我回到屋里，哭着对父母保证，你们放心，别人对亲生父母能够做到的孝顺，我也一定能够做到，养育之恩就是生命之恩。

“从那之后，我的心智更加成熟，下定决心做好每件事情，不让养父养母产生随着年龄的增加产生我对他们有嫌弃的感觉。

“他们吃的、穿的、用的，每样我都精心照料。时光流逝，看着我的实际行动，他们当初的担心消失了，内心逐渐有了更多的自豪感、幸福感。

“我上大学时，父母都 70 多岁了。为了能照顾到他们，我就选择了个离家近的大学，在沈阳上的学。

“我是独生女，找对象的时候，考虑到没有兄弟姐妹，但又要更好地照顾年迈的父母，我的条件首先就是对方兄弟姐妹多，他能够到我家住，同时人品好，对我父母好。这样，爱情上我就主动地放弃了自由选择，我择偶的条件首先是孝敬老人。我生孩子比较早，也是为了让他们高兴。

“在事业上，自大学毕业上班开始到他们俩位老人离世这个期间，我有很多好的发展机遇，但考虑到父母年事已高，就放弃了。如果当初抓住，或许事业上比现在更好。但对老人的照顾不够，会产生许多无法弥补的遗憾。

“他们在世时，我尽量不出远门。两天看不到他们，我心里就特别担心，不踏实。白天再忙，回家再晚，我都要去房间看望父母一眼，这样老人家放心，我也放心。我还有个坚持给父母端水洗脚的习惯，因为他们年岁大，弯腰端水很不方便。

“一晃，两位老人离世已经十多年了，父亲去世时 93 岁，母亲去世时 83 岁。到现在，每年的清明、祭日、七月十五、九月初九等传统节日我都要亲自到老家大连瓦房店去祭拜，这样对我的内心是一份安慰，对我的人生也是一种激励。

“其中 1997 年至 1998 年，我实在控制不住自己的情感，为了找到亲生父母见上一面，就在天津河东工作两年。这件事给我养父养母的内心带来一些冲击，即使我有昨天的保证，也有实际的照顾，但我仍觉不忍。他们两位老人都是有德之人啊，临终时都很清醒，都是一觉睡过去的，一点也没有拖累我，拖累家庭。这是他们老人对我的爱，对晚辈的爱，我永远感恩。……”

梁总深情地回忆着人生的过往。

花开思沃土，根深催叶壮。

家庭与社会是人生的两大环境，我们的生命在这两者之间不停地转化，进行着能量的吸收与释放，而且能量守恒，只是此消彼长。梁女士在社会上事业有成、人缘良好，在家中幸福美满，与她本人在家庭中对父母、对公婆的孝敬息息相关，与她在孝敬老人的过程中养成的“上长下幼、左大右小”的思维习惯息息相关。思维品质决定人生幸福。

生命因思考而高远。

从梁女士的身上，我再次认识到：无论在人生的哪个阶段，与亲人相处，特别是与长辈相处，只要做到遵循秩序，主动交换和把握平衡，一定能保证在社会上的事业越来越稳，在社会上的地位越来越高，在社会上的信用越来越好。

第十节　曾经的辉煌

美丽的海滨城市秦皇岛，有山海关、有北戴河，是我人生感悟——“你我智慧，天下财富”的诞生地。

某一精细化工公司，1997 年在秦皇岛市还是利税大户，在全市工业企业统计中纳税列在前十位；1999 年公司股东分家，开始衰败，2004 年倒闭。2002 年在一次人才招聘会上我与公司的法人代表结识，并成为朋友。后来的交往中，感觉他为人很好，讲义气，有战略眼光，他身边的老朋友也都有这种感觉。

那为什么他们的公司才盛即衰，生命这么短呢？

表面看是制度、管理、观念的原因，实际这些不是根源。2014 年我运用太极思维分析法才找到其根源——

企业是社会的组成单元，它的构成是“环境、需求、产品、目标”四个维度。它的正常运行必须服务和服从自然规律。他们公司生产产品，实现了目标，满足了自身，但是由于客观上技术不足，主观上重视不够和监督上政府不力等因素，废水、废气、废渣不停地排放，破坏了工厂周围环境，让周边生态渐渐失衡。

依据太极思维原理，企业在运行过程中，环境这个维度出现障碍，下一个左上中下右循环就不能正常发展。每循环一次负能量就增加一次，阻力随之加大一次。

力的作用和被作用是相互的。日积月累，利益越多，伤害越多。

外伤环境，内伤身心，即能量守恒。当负面能量积聚到大于身心的承受力时，人就会表现为思维混乱、行为失常，进而事与愿违，这是自然规律，不以我们的个人意志为转移。

金钱的本质是生命和血汗。现实中有很多这样的企业，经营者为人很好，照章纳税、遵纪守法、乐善好施，但是慢慢的人事、生产、采购、销售等环节出现意外状况，而且越来越多，最终导致破产。其中部分原因就是产品在赚取利润的同时，对自然环境造成破坏，对生命健康造成损害，人为地损耗别人的生命和血汗。依据太极思维的内外转化原理，经营者的生命和血汗就得被动地与自然和生命进行平衡，产生意外消耗，阻碍企业发展，缩短生命周期。

如果他们一开始就**注重规律，遵循规律，把握平衡**，这家公司也许就能与时俱进地发展……

第十一节　文明的奥秘
——收捡垃圾，马上受益

垃圾，对应智慧、寿命、子女

原理：位置相同，气息相通，此消彼长，能量守恒

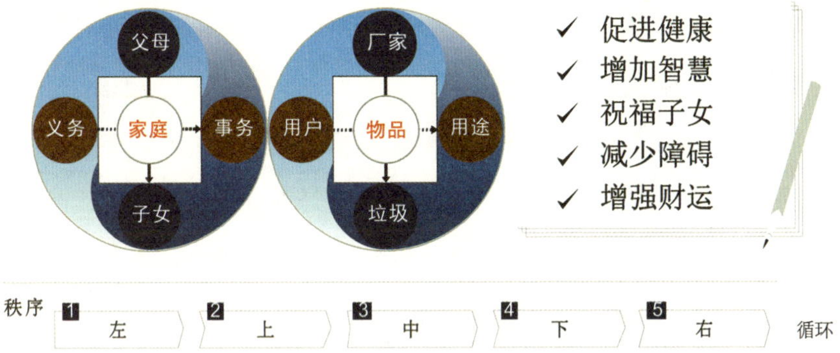

垃圾是一个物品发挥了作用之后的产物，依据太极思维左上中下右的秩序划分，它的位置在下。孩子是父母所生，依据太极思维左上中下右的秩序划分，在家庭的位置也是在下，位置相同，气息相通，相互作用。

在公共场所收捡垃圾就是祝福自己。收捡垃圾这个举动，最起码做了三件好事。

第一，替清洁工受累，减轻了负担。这个卫生本来应该有人负责，

你来分担了。

第二，替粗鲁人受过，承担了责任。按照秩序这里本来应该是干净的。

第三，给陌生人祝福，美化了环境。劳动创造美丽，爱心传递温情。

这种行为本身的收获如下。

第一，能改善和子女的关系，自己的孩子更听话。一物一太极，垃圾是物品的下，孩子是家庭的下，下与下位置相同，气息相通，相互作用。观察身边的亲朋好友，那些在公共场合特别讲卫生，讲文明，讲秩序，就是社会公德意识比较强的人，他们的孩子都是比较省心的，人格都是比较健全的。

第二，能培养乐观心态，增加本人智慧。依据太极思维左上中下右的秩序划分，“智慧”在人内心的位置也是在下。同气相求，能量转化。那些特别注重维护公共环境卫生的人遇到问题的时候会更多地表现出头脑清醒、思路清晰、方法正确。

第三，祝福自己前程，事业更加顺利。在现代社会，每个地方的环境卫生都有责任人，我们前进的路上应该是干净的、整洁的。所以依据此消彼长、能量守恒的原理，我们主动清扫别人的道路垃圾，就能换来自己的人生坦途。

运用太极思维理论分析这个现象就能明白：乱扔垃圾这个行为表面上是损害环境、影响社会、遗害别人，实际上同时也直接伤害了孩子、伤害了自己，减少了智慧，阻碍了前程。作为一个公民，遵守社会公德，讲究集体卫生是本分。但有些人无论怎么教育就是做不到，就是有乱扔烟头、纸巾等垃圾的坏习惯。

原因在哪呢?

在他们理解中，讲文明受益者是别人不是自己，所以就不去主动承担这些公益事情。如果他知道自己的不良行为与切身利益有直接的联系，懂得乱扔垃圾这种小事也会影响自己的人生，而如果行为规范有序，时时刻刻最大的受益人都是自身和家人的道理，那么他的自我约束能力就会增强，对环境制约的依赖，对他人管理的依赖就会减少。

小爱伤己，大爱受益。如今还有些人不服从管理，他们自我意识特强，公德意识偏弱，合作精神较差，追根溯源还是学校教育没有落实到及时的批评与表扬并用，社会管理没有做到及时的惩戒与奖励并举。他们没有领会人生的各个时期都是挫折与顺利同在，给予和索取平衡，从而造成思维能力不强，考虑问题不深刻、不系统，不明白任何场合的任何态度和任何行为时刻关联自己的切身利益、影响自己的人生幸福这个自然规律。

忽视别人，失去自己；承担责任，珍爱自我。我们需要共同努力提高思维品质，把握生命规律，遵循社会秩序，享受幸福人生。

第十二节　小爱伤己　大爱受益

“爱”，在思想上就是立场，赞同、支持；在行为上就是方向，给予、服从。

“爱”，可以列举出很多不同的层面、不同的类型，父爱、母爱、关爱、情爱、友爱、疼爱等等。

那么何为“小爱”？兴趣之爱、亲情之爱和利益之爱属于“小爱”，它们是以个体为中心，关注自我。

何为“大爱”？社会责任、民族气节和国家前途属于“大爱”，它们是以群体为中心，关注大家。

看一个人有没有爱心，一般是分辨他的语言、行为和装束，当然也可以通过他的作品。当面交流的时候，我们听得见看得见，可以直接感受他的情感。那么人不在当面，怎么观察他的爱心？那一定是通过他的作品等其他载体，因为历史记录着人生。

2014 年 8 月 6 日，星期三，晴天，上海。

我一客户的朋友，从南方来的吕大姐，听说我是研究太极思维的专家，就在一起品茶论道，交流思想。

吕大姐，从年龄来说，是我的长辈，先是请我通过生日、面相，或其他方式帮她看看命运，在我婉绝后，我们自然地聊起了其他话题。

在我们对共同的朋友——上海某食品销售公司牛总的气魄、能力、成就表示佩服后，吕大姐想起过往：“曾经有位部下，也挺有能耐的，家庭观念很强，在海南工作时就照顾妹妹和妹夫，帮助她们找工作、买房子。后来这个部下因为一些原因调动到广东，妹妹和妹夫也一起跟她到广东，她又帮助她们找了工作、买了房子。她辞职下海时，带上妹妹和妹夫回到西南地区老家办公司，吃了不少苦，但也逐渐越做越大，开了好几个公司。

“2008年汶川地震时，她的一个工厂被泥石流吞没，损失近两千万元，她受到很大打击，后来病了。她妹夫管销售，不汇报销售额，妹妹管财务，不汇报财务收支。她的后夫，人很老实，但妹妹和妹夫对他不信任，不让他进公司。天灾打击、亲人背叛、家庭纠纷等接踵而来，慢慢地她身体就垮了。2010年元月，她因为癌症，离开了人世……”

我胸有成竹地说：“只听这段叙述，您的这位部下，的确值得同情。但是运用太极思维分析，就能发现缘由，她的早逝是一种平衡，是在对冲她的昨日疯狂。社会上，她一定是坑害过别人，漠视别人劳动，霸占别人钱财。”

“你说得太对了，厉害，不愧为专家，一语中的。”

吕大姐补充道：“据我知道，她的一个朋友收到情夫给的50万元，不敢拿回家，看她在银行工作，就请她保存。因为没有字条，最后她就赖账，没有归还，据为己有。这事传开后，朋友圈的老乡个个都与她断绝关系。另外，别人拿钱与她合伙炒股，她却把赔钱的股票给朋友，赚钱的股票给自己，结果坑了别人很多钱……”

只言片语体现修养，小事细节彰显文明。在尊重个性、提倡创新的时代，新事物、新现象层出不穷、眼花缭乱，什么“个性染发”“多彩眼线”“人体彩绘”“裸体播报”“消极服饰”“奇特建筑”“谐音广告”等等。我们只要掌握太极思维，用是否符合社会规则和自然规律的标准来分析它、判断它，就能大浪淘沙，明辨是非，正确取舍。对于那些不能美化环境、净化心灵的创新和创造，我们应该纠正它，因为生存空间不需要，社会发展不需要，幸福生活不需要。

不同人种的发色与肤色是固定的。为了满足追星、时尚、美丽等内心喜好把头发染成黄色、红色、绿色等本色以外的颜色，破坏了局部与整体的协调，造成个人气场的紊乱，从而影响行为和形象，给自己带来各种各样的烦恼，如人际关系紧张、工作劳而无功等。

正常而言，人的“黑眼圈”是在严重熬夜、长期失眠，或肾脏和脾胜功能失常等病态情况下才出现。但现在社会上很多银行职员、航空小姐、时尚达人等身体正常的人也有“黑眼圈”，她们是为了所谓的个人美丽、团体形象而纹上去或描上去的。眼睛周围与整个面部的颜色木来是统一的，两个“黑眼圈”，违背了自然，背离了女性本色，打破了生态平衡。化妆，本想能“绵上添花”，结果成“画蛇添足”，可惜啊!

“裸体，在摇篮叫宝贝，在洞房叫爱情，在浴室叫洗澡，在家里叫自由，在森林叫回归，而在街巷却叫流氓。”上天很公平，只给人类以智慧，不给猪狗等动物，就是要求人类自己动手，创造衣物，遮风避雨，明白羞耻。白天阳光明媚，人们工作，理性主导；夜晚繁星点点，人们休息，感性主导。我们的行为创意与人类的生存规律吻合才能发展社会，充实精神，否则就会造成纸醉金迷，失魂落魄。“人体彩绘”“裸体播报”，在大庭广众下的裸体，是黑白颠倒，阴阳失衡，是出了“鬼”。

人是万物之灵，对美与丑的感受有着共通的自然标准。那些印有骷髅等色彩凌乱的“消极服饰”、形状怪异的“奇特建筑”都是人们思维混乱的产物。它们的存在对人们的身心是有无法估量的伤害，好比忙碌一天回到家里，家里却物品满地、被子没叠、开灯没电、洗脸没水、碗筷没刷……

学习任何一种语言，首先学词汇。因为只有统一标准，对事物的理解达到一致，才能正常交流，才能传承文明，才能发明创造。如今泛滥的“谐音广告”，实际上就是语言考试中的错别字，它混淆视听，贻害无穷。错别字在公众广告中的滥用，对青少年思想的影响是：混淆概念、颠倒是非，成年后就可能不明事理、行为偏激，从而危害社会。这是最麻烦的事情，这是最危险的隐患。

把“造假”说成“山寨”，把“歌厅服务员”说成“公主”，把“丑陋”说成“非主流”，等等，是对庸俗的放任，是对错误的回避，都是利益之爱、喜好之爱在作怪。熟视无睹没有道德标准的创新，是不学无术、盲目崇拜的恶果，既可笑，又危险。及时地认识错误，纠正错误，劳动才能交换幸福。

那么现实中如何把握，做到“小爱”与“大爱”的统一呢?

李嘉诚先生，他 15 岁时因父亲早逝，家境贫寒而辍学，沉重的家庭负担使得他没有接受过系统的高等教育，他是凭什么获得如此巨大成功的呢?

——良好的思维习惯，与生俱来的规律性思考。

第一，讲究秩序。面对事情他总能把自己的位置摆正，合作中自己是甲方时，对乙方尽量给予方便，努力做到尊重，并且考虑乙方的合理利润；自己是乙方时，对甲方尽量做到尊敬，努力做到配合，并且多考虑自己的责任、义务。

第二，主动交换。他年轻时就知道我想拥有的必须要靠劳动等价换取，同时不能忽视他人劳动，不能多占他人钱财。

第三，把握平衡。自己收获财富时，不违背法律，不破坏环境，同时参与者也人人受益。另外贡献部分财富，用于公益性捐资助学，改善社会风气。

过去读书人很少，但是为什么那时的普通百姓也很诚实守信？记得小时候我的奶奶反复告诉我三句话：1.“孙子，你出门见到长辈，一定要先打招呼，否则人家就会说你有娘养没娘教，没有大小。”2.“外面的东西，不是你的千万别拿，不然会犯法的。”3.“如果有人对你好，我们一定要记在心里，找机会感谢人家，人要讲良心。”她老人家不认识字，也不懂理论，她就依据这几句话，走完了自己的人生，写正了自己的人品，同时也教育了自己的子孙。

在中国，像我奶奶这样的老人家不计其数。第一个见长辈打招呼，就是讲“要守秩序”。第二个不是你的不要拿，就是讲“要懂交换”。第三个别人帮助了你，找机会感谢，就是讲“要去平衡”。打招呼是处理大与小的关系；不是你的不要拿是取与舍的原则；感谢别人的帮助是前与后要呼应，实际上就是秩序、交换和平衡。当我们把秩序牢记在心里，交换落实在行动的时候，那么实现目标，达到平衡就不再困难了。

“爱”，在思想上就是立场，在行为上就是方向。我们内心需求的权力、荣誉、自由和利益，我们生存必须的衣、食、住、行，哪样离得开家庭以外的社会？任何物品都是集体智慧的结晶，所以我们享受美好、收获幸福的同时，维护社会环境、净化社会风气责无旁贷。这样明天早起，我们内心的美妙才能继续。

遵循秩序、主动交换、把握平衡；返璞归真、表里如一。我们就能做到“小爱”与“大爱”统一。

第十三节　储蓄祝福 改善人生

储蓄祝福，改善人生。通俗理解就是，积聚正气，趋吉避凶。

我讲三个例子供大家参考，希望能带给大家启发。人生是一段旅程，一条曲线。任何一个场合中，当时的状态就是个点。在那个点里，如果我们能够懂得秩序，明白上下左右、轻重缓急，同时懂得交换，做到主动担当，维护和谐氛围，日后我们的事业就越来越好，麻烦就越来越少，幸福就越来越多。这就是我们追求的人与人之间的和谐，人与自然的和谐，即所谓“平衡”。

第一个例子：继承美好。

2011 年 10 月在上海火车北站，一对六十岁左右的农民夫妇刚下汽车，背着很多包裹，看得出是来城市做工的，四处张望找亲戚来接站，但是手机没电了。他就过来问我，能否用我的手机帮忙打个电话。我帮助他们和亲戚联络上之后，怕他们路不熟找不到，又打个出租车把他们送到工地，看到他们和亲戚见面了我才离开。

这件事占用了我很多时间，也转了很多路，但我乐在其中。

在路上，这个农民伯伯再三说“打车费我来掏”，我说：“不用您掏。”然后他又说：“我怎么感谢你呢，你这么好。”我说：“其实您不用感谢我，最需要感谢的是你们自己。为什么呢？有一句话‘在家不会迎宾客，出门方知少主人’。您今天能遇到我给予的方便，只因为昨天您在家里已经给予别人方便，总是帮助别人。您善言善心在先，所以今天我给你们夫妇俩带路，这是您应该得到的尊重，是在回报您的善良，不用太在意。前面帮助别人，后面有人帮助，世界是平衡的。”

听到我这么讲，两位老人心情放松了许多，不过还是再三地说：“好人哪，好人哪，今天我遇到好人了……”我只是做到了传统美德要求的尊老爱幼，为何让老人家如此感慨？哎，我又开始反思当今社会的……

第二个例子：挽留善良。

这是 2012 年 2 月 9 日的事情。晚上乘出租车回家，离家大约还有两公里的路程，听到出租车里面的大连交通台正在播报一个事例。

一位司机，捡到一个乘客的皮包，主动送到他的出租公司。顾客把包领走后，第二天回来说，皮包里面少了一个贵重的项链，要索赔。当事司机感觉委屈透顶。这个报道是请听众朋友一起评论这个纠纷。

我身边这个师傅听到同行的遭遇，就骂了起来：“他妈的，现在就没有好人，良心全让狗吃了。我的同行太冤枉了，他要是觉悟低，捡到皮包能上交公司吗？上交公司，还偷一点，找个麻烦，可能有这种人吗……”其情绪特别激动，语速特别快。“昨天晚上我们几个哥们一起吃饭的时候，我就说以后无论捡到什么东西，都说没捡到。前一段时间，已经一个多月了吧，也就像你这么大，也和你长得差不多，戴个眼镜，比你瘦一点，坐在副驾驶这个位置，中途我下车去送一个被子，前后不到三分钟的时间我就上车了，他下车后，我不自觉地看一看车的手抠，里面 180 块钱就没了。他妈的，我从早忙到晚净剩才 200 多点，我那天活白干了。看他戴个眼镜像个人似的。现在的人心太坏了……（此处省略 100 字）”

他在用一些过激的脏词回击别人的丑陋行为，大声谩骂中，看得出他很伤心，那天我口袋里零钱也就 200 多元，车在我家门口停下后，我给他 200 元。（出租车的计价显示是 14 元，大连的起步价是 8 元，晚上是 10 元）他感觉十分意外，再三推辞，脸上也显露出对自己所说粗话的歉意。

我说："首先请您拿着，为什么呢？我特别同情你和你同行的遭遇，刚才您说的那 180 元损失我来为你弥补，代人受过。我对您的要求特别简单，未来的日子，你捡到东西还应该归还客人。怎么讲呢，社会好人还是多！"

每件事情都是人生分水岭。参与净化社会风气就是维护自我生存空间，建设自己精神家园，因为人生需要的事业和财富是从社会中获取，而名誉和地位也是在社会中实现。智慧交换幸福，改善从我做起。我这个 180 元用在哪儿都是消费，用在这里就很有意义，最起码对出租车师傅那受伤的心灵是一份抚慰，否则他一想起这个遭遇，就捶胸顿足，甚至扭曲人生……

第三个例子：绝处逢生。

2007 年大连，一位母亲患了鼻癌，晚期，做了手术，整个鼻子肿得像黑皮茄子。

一个偶然的机会，她的女儿认识了我，在答疑解惑的过程中我们建立起信任和友谊。得知她的母亲得了重病，我和朋友杨姐就极力向她推荐一位姓曲的中医。

这位曲医生不是大医院的，也没有名气。另外他身材魁梧长得像保镖，看起来与医生的身份相去甚远。还有他这个人注重内涵，不关注外表，举止和着装看上去都很普通，只为身边的有缘人服务。

这位71岁母亲的女儿陈士华，因为信任我们，才勉强信任了这位医生，而老人家是在万分怀疑但又别无选择的情况下尝试曲医生的治疗，最后出现了奇迹，曲医生把这位母亲的鼻癌治好了。这位母亲很有福分，24副中药让她的病就痊愈了。

智慧源于体验，福气源于奉献。“为何我与这位母亲有缘？为什么24副中药就治愈了她的鼻癌？为什么？为什么？这个奇迹的背后一定另有故事。”喜欢探究本源的我心里一度陷入思考。

后来我与她的女儿深入交流中得知，这位生长在黑龙江的71岁母亲，曾经救过五条人命。其中有个年轻人，因家庭贫困，夫妻吵架，不思反省，生活压力等等，就自寻短见，逃避人生，她的母亲碰到了，就从多个角度再三劝解，看他还是执迷不悟时，她的母亲就给这个年轻人跪下了，乞求这个年轻人，希望他能放弃邪念，珍惜生命。年轻人因为一位陌生母亲的“下跪”，撼动了灵魂，从而回心转意……之后，那位年轻人每逢过年都来拜访曾经的救命恩人。

天公作美，曲医生最后还成了这位母亲的女婿。

奇缘，奇事，奇迹！秩序、交换、平衡……

这位71岁的母亲，鼻癌晚期，服用24副中药就痊愈的奇迹，给我们每个人以深刻启迪：储蓄祝福，改善人生。平时行好急时用，无限风光品德中。

思想是行为的先导。观念出现错误，烦恼随之而生，人生进步缓慢。2011年11月新疆伊犁，我与在银行工作的冯毅先生对话——

“老师，最近我的心情不太好。我的顶头上司换人了。”“为什么呢，他性格不好，刁难你吗？”

“不是的，他比我小两岁，一给我分配工作，我内心就感觉不服气。我也告诉我自己，不要这样，但就是控制不住。”

“那以前的领导多大呢？”

“比我大十多岁吧。”

“这是你自己的错，虚荣心作怪。领导是个岗位，能否胜任与能力和才华有关，与年龄关系不大，昨天的比你大，今天的比你小，明天的年龄还不知道。工作中，领导与你交谈的是岗位任务，是制度规定好的，所以尊敬领导，好好配合，是遵守秩序，顺应规律，是你的本分；反之，抵触情绪、消极怠工、推卸责任等都是不明事理，偏离轨道，破坏规律。到头来，我们必受其害。‘秩序、交换、平衡’无处不在。”

“感谢老师！您让我茅塞顿开……”

类似冯先生这种无名的抵触情绪，其实生活中普遍存在：当听说某某同行有地位和有高度时，内心往往就自动生发嫉妒、甚至排斥蔑视，心中不服，于是血压上升，心气不平，情绪不稳。其实，在对别人的品格并不了解、经历并不了解、学识并不了解的情况下，我们怎么能够妄加评论呢？怎么能够心生嫉妒呢？怎么能够轻易否定呢？

通过客观分析，才得知是我们的心胸狭窄，是因为没有掌握良好的思维习惯，思考问题不深刻、思考问题不全面、思考问题不系统、思考问题不灵活、思考问题缺创见……

学习太极思维，提高思维品质，可以帮助我们在人际交往时更好地做到：态度端正，行为自然。

有情有义有世界，无怨无悔无障碍。

第十四节　不同相遇，相同幸福

国庆节后，2016年10月4日晚上9点30分，北京。

我从首都机场回中华文化学院的路上，车号：京B-R7471。

“师傅，怎么走到歌华大厦这里来了？”看着窗外我情不自禁地问。

“走北二环，直接到魏公村，然后就是中华文化学院，我走的是最短路线呀。你这一问我还糊涂了。”女师傅坦然地说。

“哦，原来这样的，我路线不太熟悉，印象里没有走过，所以就问一问，误会你了。”

“是啊，这样走路线最短的，机场在我们后面。”

“非常感谢，我还以为走错了呢。师傅，那我来跟你说说你孩子吧。”我又做起了调研。

“可以啊，你说吧。”女师傅爽快地回答。

“第一你孩子身体健康，第二你孩子人格健全，第三你孩子学习努力，第四你孩子劳动积极。对吧？”我直截了当地说道。

“你怎么知道啊？你还真会说话，不过，我两个孩子是比较省心，身体挺好，学习比较自觉，我们不用太操心，你怎么知道的呢，看相吗？”

“不是看相，可以推理啊！人就生活在门里门外，门里是家庭，门外是社会，整个人生就是不断地进行门里门外的能量转换，社会赚钱家庭花，家庭和睦社会安。

“今天我坐你车，路线你熟悉我不熟悉，这时你是强者我是弱者，从思维结构看你在上我在下。你的所为符合老子所言‘天之道损有余而补不足。’在社会中你能对弱者一视同仁，公平对待，替弱者着想给下级公正，那么在家庭你的下级——孩子，一定就比较懂事比较省心了。

“因为我们时刻生活在上下左右的结构之中，无论身在何处都是平行移动。另外人生的烦恼总量是一定的，社会上你替别人多考虑多费心，那么家庭里相应位置的人员或事情的麻烦就少，快乐就多。这是能量守恒定律。”

……

在大连，在上海，在北京，在杭州，在乌鲁木齐，当我遇到态度柔和、服务周到的出租车师傅，我就与之聊天，他们一致认为既然做这行就应该放平心态，不能挑三拣四，不论路程多短、路况多坏，不论高峰拥挤，耗时费力，都应该一如既往，认真对待，这样活着不累，比较轻松。

面对这些优秀的出租车师傅，我对他们孩子都给出以上相同的判断，“第一你孩子身体健康，第二你孩子人格健全，第三你孩子学习努力，第四你孩子劳动积极。对吧？”结果他们的回答都是肯定的，与这位北京师傅一样幸福。

现实中，我碰到部分出租车师傅，特别是火车站的出租车师傅，热情搭讪，冷漠回绝。次数多了，一出火车站我就心有余悸。但我同时看到，那些不守规则、投机钻营的师傅们活得心浮气躁，神情紧张。

我经常陷入沉思："在扭曲中追求美好，是实现不了的！到底是什么魔咒让我们部分同胞失去起码的理性和尊重，生活在无序的煎熬之中？"

——人的收入高低，主要源于三点：第一、与所处环境有关；第二、与从事行业有关；第三、与具体岗位有关。这些，我们必须清楚，不能盲目攀比，造成心理失衡。

人人都在追求幸福，我们必须尊重劳动。

无数个历史人物，无数个现实事件时刻都在警示我们——当行为违反规则、事实违背规律的时候，势必造成收获与付出的失衡，无论是谁，最终都将受到惩罚：小则伤神，大则伤身，直至短命。

不同相遇，相同幸福！

——这个感悟来源于生活，来源于我对"太极思维"的运用所得。

"太极思维"——人类的规律性思考："秩序交换平衡以左上中下右循环。"如果每个人都掌握了这一法宝，那么人人都是预测大师，通过观察日常生活中的细枝末节并洞悉其深层意义，更为全面地分析和认识事物，就可以更好地指导自己的工作和生活。

我再次细细品味着先哲的生命感悟：

"道也者，不可须臾离也，可离非道也。"

"天之道，不争而善胜，不言而善应，不召而自来，繟然而善谋。天网恢恢，疏而不失。"

幸福无须强求，平淡即是拥有。

第二章
居上不骄，为下不倍

第一节　祛除“四风”的文化思考
——太极思维与实事求是

一、“思维品质”“实事求是”的定义

思维，是人脑对客观现实的概括和间接的反映，反映的是事物的本质和事物间规律性的联系，包括逻辑思维和形象思维。

思维品质，人的思维的个性特征，反映了个体的智力或思维水平，主要包括深刻性、灵活性、独创性、批判性、敏捷性和系统性六个方面。

实事求是，就是是一说一，是二说二，严格按照客观现实思考或办事。从实际情况出发，不夸大，不缩小，正确地对待和处理问题，求得正确的结论。

二、“四风”的实质与根源探索解析

“四风”，形式主义、官僚主义、享乐主义、奢靡之风。其实质是不分轻重、不懂秩序、不明因果、不知危害，是个体思维混乱的外在

体现，也就是思维品质低下：考虑问题不深刻、不灵活、不批判、不系统。

一个公民应该遵守社会公德，实事求是，但有些人就是做不到，根源何在？

1.思维品质不高，他们不明白：人生是挫折与顺利同在，给予和索取平衡。人生和所有事物一样，时刻都在进行能量交换，始终处于“收”“放”之间，生克两种自然力量时时刻刻作用于人生，并且合二为一此消彼长地转化，使得每个人生都是在自己所处的特定的环境下出生、成长、衰老和消亡。

2.学校教育没有做到及时的批评与表扬并用，社会管理缺少及时的惩戒与奖励并举。一些人认为忠于职守、实事求是的受益者是别人而不是自己，所以就松松垮垮。如果人人清楚在任何场合的任何行为，与自己切身利益都有直接的联系，规范有序时时刻刻最大的受益人都是自己和家人的规律，那么他的自我约束能力就会增强，对环境制约的依赖、对他人管理的依赖就会减少，对生活和工作的态度就能更好地做到忠于职守，实事求是。

三、提高思维品质新途径

烦恼源于错误，内心决定有无。加强思考问题的深刻性、灵活性、独创性、批判性、敏捷性、系统性建设，提高全民思维品质是根除“四风”、实事求是的必要途径。因为思维品质决定人生前程。

中华文化精髓“太极思维”就是能够均衡改善思维品质的深刻性、灵活性、独创性、批判性、敏捷性和系统性的思考方法。因为“太极”是中华民族的宇宙观，“一物一太极”，阐释了辩证唯物主义的世界中万事万物之间是普遍联系的真理。

1.太极思维定义

用太极阴阳对事物和现象进行结构解析，阐释能量转化的自然规律，从而揭示事物的本质和事物间规律性的联系。

2.太极思维核心架构

“秩序、交换、平衡”，是事物发展的基本规律，是中华民族的精神特征，是人们心灵深处共通的自然法则，也是文化精髓“太极思维”的核心架构。“物有本末，事有终始，知所先后，则近道矣。”无论是集体还是个人，我们在内心思考、家庭生活、社会工作中的每个环节只要严格遵循上长下幼的自然秩序，主动给予地进行能量交换，内外兼顾、符合规律地把握平衡，就是在体会“道德”感召，就是在享受幸福人生。

3.太极思维的系统构建

有了规律性思考，面对问题，我们就能更加冷静和自省。

有了规律性思考，面对工作，我们就能更加客观和科学。

有了规律性思考，面对人生，我们就能更加理性和从容。

运用太极思维，提高思维品质。当我们掌握生命规律，明白内心、家庭、社会各为系统，互相作用，和谐发展的原理；懂得实在做人、规矩做事就是遵循规律，自己和家人受用终生，才可以真正做到行为规范、忠于职守、实事求是。

人生太极思维系统

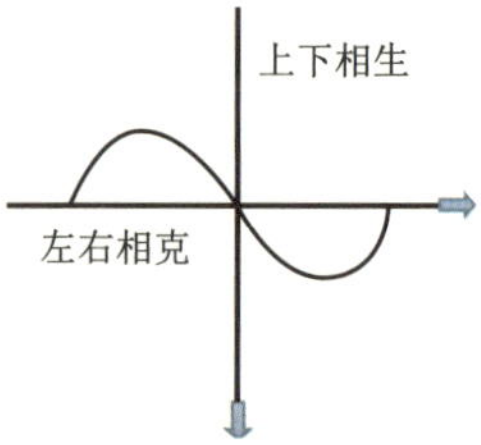

出生 / 成长 / 衰老 / 消亡
原理：位置相同、气息相通、此消彼长、能量守恒

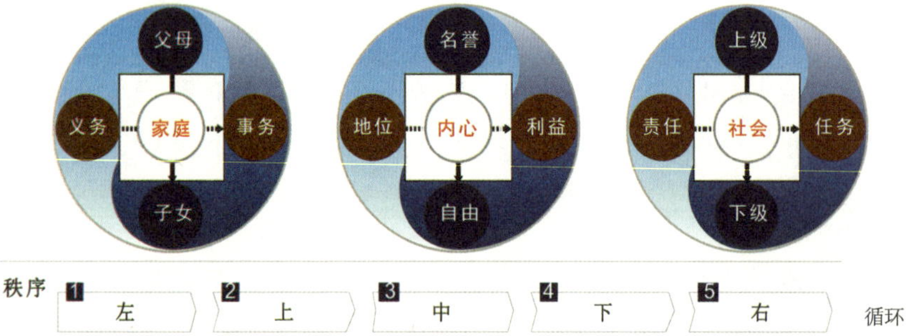

整体而言，人们生活在三个环境中，内心世界、家庭关系、社会交往（工作场合是社会交往的观要组成）。内心世界、家庭关系、社会交往这三者之间人们的行为和状态是互为因果，相互作用、此消彼长、能量守恒的关系。

无论是少年还是成人，是学习还是工作，是普通还是优秀，每个人内心世界始终关注四个方面：地位、名誉、自由、利益。同时也会被家庭、被社会从这四个方面进行评价。这四个方面实际上就是价值观的内涵，人生的四个维度。它是人的心理需求，是我们的精神感受，也是人们的正常思维。

我们心灵与身体合二为一，始终在家庭和社会两个现实世界中进行着能量转化和幸福追求。

（1）内心需求的地位与家庭中的义务、社会中的责任相互作用，尽义务越多，担责任越多，地位就越高。

（2）内心需求的名誉与家庭中的父母、社会中的上级息息相关。热爱劳动、努力学习、知书达理，会得到父母好评。任务由上级分配，业绩由上级考评，升降奖惩由上级定夺。

（3）我们内心需求的自由，在家庭层面和子女息息相关，在工作中和下属的状态密不可分。也就是家庭中子女身体越健康，人格越健全，学习越努力，做家务越主动，我们就越开心，越自由；工作中下属越是明白事理，实在做人，办事效率越高，我们就越轻松，越自由。

（4）内心需求的利益与家庭中的事务、社会中的任务气息相通。正常而言，在家庭中完成家务事越多、在工作中完成任务越多，所获得的利益越大。

人生太极思维系统能够解释，干部孝顺父母成为被提拔担任重要岗位的参考依据之一的社会现象。家庭中的父母生育我们，在上面；社会中的上级领导我们，也在上面。一个人在家里会做人，在别的场合也会做人；在家里不会做人，在别的场合也不会做人。思维模式决定行为习惯。

能量守恒，此消彼长。当我们领悟人生真谛，养成良好思维，人人内心都习惯于运用自然法则作为评价标准，社会的矛盾、冲突……就会减少，人们生活就会更加和谐。

四、运用太极思维，做到实事求是，根本祛除“四风”

学习为了明理，工作为了幸福。建议大家在集体决策或个人做事之前、之中和之后都做到反复自问：

秩序对吗?

怎么交换?

是否平衡?

形式主义、官僚主义、享乐主义、奢靡之风是社会表现，是个人行为。我们反“四风”的实质就是要祛除消极现象，纠正错误行为。思想是行为的先导。所以根除“四风”必须首先解决思想问题。然而思维是过程，思想是结果。所以只有优化思维过程，使它严谨、科学，它的结果——思想，才可以改变、才能够正确。秩序决定成败，态度决定输赢。运用太极思维，改善思维方式，提高思维品质，是我们追寻真理、完善自我、实事求是的有效途径。

生命中的每一次交往都是净化灵魂的机遇，看你是否用心。纵观身边那些成为我们学习榜样的社会楷模，他们始终都能铭记和践行：财富来自社会，最终服务民生。

今天，如果我们不能进行方法创新和工具创新，根本祛除形式主义、享乐主义、官僚主义以及奢靡之风，那么我们先哲和先辈用辛劳、心血和生命为我们为后人所创造的幸福生活，就没有持续的可靠保障。

经济是文化的结晶，文化是经济的灵魂。我们必须懂得：没有掌握规律性思考的民族很难走出历史的沼泽和泥潭。

运用太极思维，做到实事求是，根本祛除“四风”！

第二节　大国文化的时代担当
——意大利共产党人问道太极思维

中华文化源远流长，在数千年的历史长河中，谱写了璀璨的文明华章。如果溯源而上，对中华文化的根源有所探究的话，《周易》一直以“群经之首”的冠冕，牢牢占据着中华文化源头的核心位置。太极思想作为中华文化的根本，不仅影响了数千年来儒家、道家思想的继承和发扬，同样影响着中国人对于国家的治理、家庭的维护、组织的运营、个人的修身养性等工作与生活的方方面面。

笔者创立的太极思维理论体系，高度精练到六个字“秩序、交换、平衡”，本质上不单单是一种形而上的思想，更是一种形而下的，能够指导人类工作和生活的实用的方法论。该理论提倡“遵循秩序、主动交换、把握平衡”的行为理念，通过这套方法论，我们不仅可以认识世界、面对问题，还可以改造世界、解决问题。

正是基于这样的认识，意大利共产党中央委员、政治局委员、国际事务部副部长弗朗西斯科·马林吉奥先生对此非常地感兴趣。

2016 年 7 月 17 日下午，他专程莅临中华文化学院（中央社会主义学院），向博大精深的中华文化探寻治国理政之道。

“太极思维理论体系的建立，是对人类规律性思考的系统呈现。太极思维是人类共通的思维模式和管理工具，能够应用于个人思考、家庭生活、社会工作、人生幸福等方方面面，促进人类思想方法兼容、社会发展协调，内可安顿心灵、外可治国理政。”笔者首先向来宾马林吉奥副部长介绍了中华文化精髓“太极思维”的内涵和价值。

通过刘长春司长、马筠教授、张劲松总裁三位用英语和意大利语的准确翻译，来宾马林吉奥先生领会了“太极思维”的核心架构（秩序、交换、平衡）与“太极思维”的能量模型（左上中下右），之后就应用原理宾主双方展开了热烈讨论。

此次会见精彩纷呈，意义重大。笔者运用太极思维对马林吉奥副部长提出的历史事件和国际热点一一进行解读，让世界感受到中华文化的核心理念“太极”已经成功地实现了从深邃到通俗，从传统到现代，从思想到思维，从专家研讨到大众普及的创造性转化和创新性发展。

马林吉奥副部长：马克思主义等理论或信仰为何在中国能够发展壮大?

笔者：外来的理论或信仰，马克思主义、佛教等进入中国后之所以能够得到发展而且不断壮大，根本原因在于中华文化土壤肥沃、厚重深沉；在于中华文化的核心理念“太极”（太极思想的简称）的科学性和先进性，“太极”的阴阳结构揭示了宇宙万物的本质和事物间规律性的联系。

中华民族能够熟练应用太极阴阳对外来的理论或信仰进行分析、归纳、总结等规律性思考，这样就能发现缺陷、补充不足，并对它们进行优化和改良，使之成为我们文化的一部分。一个理论或信仰，无论历史多么悠久，本身都是源于生产和生活实践，同时它的发展和完善必须遵循科学规律。

马克思主义的辩证唯物主义和历史唯物主义跟中华民族的太极思维对世界进行分析和认识的基本观点是一致的。马克思主义中国化，正是马克思主义在中国同中华文化以及中国革命、中国改革、中国建设的伟大实践有机结合的过程。

马林吉奥副部长：当前中国政策的科学性在哪？

笔者：依据太极思维原理，在国家运行规律中有四个维度，分别是政治、文化、生态与经济。国家的变化与发展同样遵循左上中下右的能量循环，也就是政治、文化、生态和经济四个方面始终围绕国家这个中心，时刻都在进行相互制约又相互促进的此消彼长的能量转化。

十八大以来中国共产党积极推进的反腐倡廉行动，力度和规模前所未有，另外广大党员正在进行的“两学一做”，为的是促进政治文明。

倡导领导干部学国学、“大众创业、万众创新”、用传统文化进行国民素质和道德教育、鼓励文化企业走出去积极参与国际交流等政策，为的是促进文化繁荣。

为了天更蓝，水更清，家更美……近年来我国政府在大气治理、污水处理、土壤改良等方面不断加大扶持力度、增加资金投入，解决发展与环保之间的矛盾，促进的是生态平衡。

供给侧改革、经济新常态、调结构转方式促升级、“一带一路”等一系列新概念新措施的提出，都是为了经济健康发展。

从以上具体措施的归类来看，当前我国政府的社会治理做到了管理、研究、生产和经营的统筹兼顾、协同发展，与国家运行规律吻合，所以这些政策是科学有效的。

马林吉奥副部长：美国制造的南海争端如何化解？

笔者：军事是政治的表现形式，美国在南海挑起军事争端，造成局势紧张，对中国形成巨大压力，以中国为研究中心，应用太极思维的化解之道是：首先，从上面的文化生发入手来化解左面的政治克制，具体而言就是充分研究历史事实、国际规则、科学技术、形成诱因、民族特性等，然后制定出相应的切实可行的解决方案和应对措施，认真落实。其次，从下面的生态入手来消解左边的政治克制。与区域内相关国家的政府充分沟通、平等交流，让其了解南海开发的实际状况，以及我们中国将要采取的政策给他们民众带来的经济利益和生活便利，争取民意。再次，我们中国政府要加强自身各方面综合能力提升，增强免疫力和抵抗力。同时加大国际宣传，扩大同心圆，争取有相同经历的国家的赞同，并团结世界上有正义感的国家。人生是挫折与顺利同在，国家也是一样。最后我们一定能够实现维护国际秩序、恢复南海和平、促进经济发展的整体目标，另外，“祸福相依”，这次争端也是一个促使我们中国全面提升的历史机遇。

马林吉奥副部长：与恐怖分子进行怎样交换才能达到平衡？

笔者：根除恐怖主义就是彻底解放思想，两点至关重要：一、揭示劳动价值内涵。二、掌握财富运行规律。

劳动价值内涵与人们精神需求是吻合的。有四个部分；地位、名誉、自由和利益。伤害人类的恐怖分子无外乎是因为他们本人、他们亲人、他们朋友、他们同类群体有劳动没收获或多劳动少收获，在劳动价值内涵的地位、名誉、自由和利益的某些方面有缺失造成生活受阻、心理失衡，从而行为偏激。所以消除恐怖主义，需要使得人们劳动与收获均等，认识与现实统一。

有价值的东西叫财富，财富源于精神需求，财富源于劳动价值。只要把握劳动价值内涵——地位、名誉、自由和利益四者之间的运行规律，也就是掌握了财富运行规律。人类掌握了财富运行规律，才能更好地实现财富合理分配，人们就能更好地服从财富合理分配原则。太极思维可以讲清楚这个规律，太极思维能够讲明白这个规律，只要人们掌握这个规律，应用这个规律，服从这个规律，人类就能更好地遵循秩序、主动交换、把握平衡，进而根除恐怖主义等各种社会毒瘤。

会见中，笔者应用太极思维的能量模型——左上中下右，详细分析了西方哲学命题“我是谁，我从哪里来，我往哪里去”，发现其中缺陷，找到其中不足，并且补充两点“什么制约我，我能干什么”。古今中外的哲学家、思想家都在揭示事物的本质及事物与外部的规律性联系，而他们的经典表达都可以归纳成以上这五句话。常犯错误的人主要是忘了“什么制约我，我能干什么”，而不是通常所说的“我是谁，我从哪里来，我往哪里去”。

同时，笔者还解读了马可波罗的文化贡献。在亲身领略文化精髓“太极思维”在治国理政方面的实际应用之后，马林吉奥副部长对中华文化的强大生命力表现出由衷的敬意，希望有机会继续深入学习太极思维，并诚邀笔者到意大利和欧洲地区讲学。

会见结束时笔者深情地说“中意两国都是文化大国，友好往来历史悠久，开始于两千多年前的丝绸之路，当时我国处于东汉，而你们意大利还是罗马帝国。贵国的马可·波罗、利玛窦为多数中国人民所熟悉，是中意两国的文化使者，他们为东西方文化交流，为人类的和平与发展作出了重大贡献。意大利也是文艺复兴运动的摇篮。今天我们在中华文化学院就如何应用文化精髓‘太极思维’来分析现象、解决问题进行了富有成效的交流和探讨，实际上是在为人类的政治融合、经济健康和社会发展从文化的高度来开具良方、炮制良药……”

第三节　诗歌的思维价值

诗歌是思想的凝练表达。

诗歌在陶冶情操之外的最大价值是思维价值和创新价值。好诗反映出作者思考问题的系统性、深刻性、灵活性……

诗歌的浪漫，其实就是不同事物之间的共性表达，所以简约，所以委婉。

诗歌的韵律，其实就是生命的自然脉搏，所以和合，所以优美。

用诗歌来表达思想、表达认识、表达观点，可以训练我们的逻辑性，可以训练我们的敏捷性，可以训练我们的创新性……

诗歌呈现大自然的风景，有天有地、有上有下、有山有水、有左有右、有前有后……诗歌体现人内心的脉动，有爱有恨、有甜有苦、有勤有懒、有悲有喜……

政治家用诗歌开疆拓土

大风歌

西汉｜刘邦

大风起兮云飞扬，
威加海内兮归故乡，
安得猛士兮守四方！

无题

明代｜朱元璋

天为罗帐地为毡，日月星辰伴我眠。
夜间不敢长伸足，恐怕踏破海底天。

幸运儿用诗歌起死回生

七步诗

两汉｜曹植

煮豆燃豆萁，豆在釜中泣。
本是同根生，相煎何太急？

应诏赋得除夜

唐代｜史青

今岁今宵尽，明年明日催。
寒随一夜去，春逐五更来。
气色空中改，容颜暗里回。
风光人不觉，已著后园梅。

有情人用诗歌风花雪月

玉楼春·春恨

宋代｜晏殊

绿杨芳草长亭路，
年少抛人容易去。
楼头残梦五更钟，
花底离愁三月雨。
无情不似多情苦，
一寸还成千万缕。
天涯地角有穷时，
只有相思无尽处。

蝶恋花·庭院深深深几许

宋代｜欧阳修

庭院深深深几许，
杨柳堆烟，帘幕无重数。
玉勒雕鞍游冶处，楼高不见章台路。
雨横风狂三月暮，
门掩黄昏，无计留春住。
泪眼问花花不语，乱红飞过秋千去。

科学家用诗歌发明创新

出自《本草纲目》

明代｜李时珍

人之一身，
贪心动则津生，
哀心动则泪生，
愧心动则汗生，
欲心动则精生。

呈林竞前辈

当代｜苏步青

筹边举世仰君游，
匹马曾经地尽头。
远志一身浑是胆。
壮怀双鬓不知秋。
重逢湖上河清日，
新系镇南关下舟。
倘许他年闲岁月，
相从雁荡可消忧。

文人雅士用诗歌充实人生

过故人庄

唐代｜孟浩然

故人具鸡黍，
邀我至田家。
绿树村边合，
青山郭外斜。
开轩面场圃，
把酒话桑麻。
待到重阳日，
还来就菊花。

题文川村居

宋代｜滕白

种茶岩接红霞坞，
灌稻泉生白石根。
皤腹老翁眉似雪，
海棠花下戏儿孙。

企业家用诗歌堆金积玉

贺首台管材成型包装机组问世

当代｜张春秋

记得当时九回肠，
这方论罢那开张。
长雁欲坠悬一线，
青山几仆赖人墙。
几翻战后鳞纷落，
化作秋花胜菊黄。
唯愿此器能及物，
常代人间手足忙。

余携同事首创某套袋包装机组历三载乃成，因赋

早知开物非常力，
偏向岩隈觅新奇。
渐入洪荒忽明眼，
怎料山重复转迷。
旌旗欲仆人将老，
独木难擎感滑泥。
闻说潮来盐仓满，
别时钱塘月正西。

有心人用诗歌抒发豪情

2016国庆·文叁感怀

悠悠文明五千载，
祖国华诞几十年；
朝代更迭战频繁，
荒淫贪腐割未断。
志士仁人抛头颅，
山河团圆又蓝天；
尔等今日举国庆，
致敬先辈民族情。
国乃家集合，
家乃国单元，
人乃家国主，
心灵乃门户。
六十七个国庆六十七年春秋，
六十七载探索六十七年奋斗，
心与心之距离家与国的联系。
曾经政治为主帅，
而后经济又中心；
如今文化正复兴，
社会发展渐均衡。

2016中秋·文叁感怀

月隐月现月团圆，
岁来岁往岁过半。
那忧那喜那心田，
一得一失一瞬间。

2017元旦·文叁感怀

松柏常青不问天，春华秋实一年年。
从容不迫无忧愁，行为跟着思想走。
各美其美贯古今，幸逢百家又争鸣。
理本通俗入人心，太极思维葆青春。

夜读《太极思维》

当代｜张春秋

天玄地黄育阴阳，
华夏子孙幸含章。
道本无道随处道，
化作双鱼入池塘。

诗歌里的对仗组成结构，诗歌里的景象形成空间。结构，反映的是事物的本质。空间，反映的是事物间规律性的联系。结构和空间是优质思维的关键。读诗、写诗、吟诗，是我们训练思维的有效形式，可以帮助我们在思考问题和解决问题时做到结构更系统、理解更深刻、角度更灵活、反应更敏捷、用词更精准、取舍更客观、意境更高远……

第三章
领悟经典，把握本质
——秩序交换平衡

历史凝聚经典，经典照亮人生。

先哲思想一直在指导人类发展，创造幸福生活。现在我们一起品味文化，领悟经典。

“大匠能诲人以规矩，不能使人巧。”《孟子·尽心》

【译】孟子说：“能工巧匠能够教会别人规矩法则，但不能够让别人变灵巧。

【悟】知识是点，文化是面。知识改造自然，丰富生活；文化规范思想，提升境界。经典的意义在于能够让人们：把握生命规律，提高思维品质；维护社会秩序，享受幸福人生。

“物有本末，事有终始，知所先后，则近道矣。”《大学》

【译】天地万物皆有本有末，万事都有开始和终了，能够明白本末、终始的先后次序，就能接近事物发展的规律了。

【悟】物体的本末显而易见，但事情的步骤难以把握。做事的先后顺序必须符合事物的发展规律，这是懂得道理的人。左上中下右的能量转化秩序就是事情自始至终的先后顺序。

“将欲歙之，必固张之。将欲弱之，必固强之。将欲废之，必固兴之。将欲夺之，必固与之。”《老子》

【译】要收敛的，必先张弛。要削弱的，必先加强。要废弃的，必先兴起。要取得的，必先让与。

【悟】老子启发我们，目标达成应该间接实现，还须顺从物极必反的自然规律，把握先后，公正取舍才是做事的根本途径。

“格物、致知、诚意、正心、修身、齐家、治国、平天下。”《大学》

【译】研究宇宙万物，了解事物的规律性，端正内心，提高自身品德，使家庭和睦，然后才能治理国家，平定天下。

【悟】研究事物本质，掌握事物间规律性联系，才能规范个人行为，讲究家庭规矩，遵守社会规则，从而服从自然规律，成就精彩人生。这里阐述的是生命规律，明示的是实现路径。事物发展的规律“秩序、交换、平衡”无处不在。

“其身正，不令而行。其身不正，虽令不从。”《论语》

【译】当管理者自身端正，作出表率时，不用下命令，被管理者也就会跟着行动起来；相反，如果管理者自身不端正，而要求被管理者端正，那么，纵然三令五申，被管理者也不会服从的。

【悟】路迷入山寒风袭，理明出行春意来。言行符合规矩、形象成为榜样，身为领导才能拥有权威性，具备影响力。“正”与“不正”的标准，就是看他为人处世是否遵循“秩序、交换、平衡”的原则。

“天行健，君子以自强不息；地势坤，君子以厚德载物。”《周易》

【译】天（即自然）的运动刚强劲健，相应于此，君子应刚毅坚卓，发愤图强；大地的气势厚实和顺，君子应增厚美德，容载万物。

【悟】治学方面做到：博学之，审问之，慎思之，明辨之，笃行之；处世方面做到：富贵不能淫，贫贱不能移，威武不能屈，就是具有完善人格的人。栋梁之材都具备“为天地立心，为生民立命，为往圣继绝学，为万世开太平”的人生理想和伟大实践。

“惟仁者为能以大事小，惟智者为能以小事大。”《孟子·梁惠王》

【译】只有有仁德的人能以大国的地位侍奉小国，只有有智慧的人能以小国的地位侍奉大国。

【悟】仁者不忧，智者不惑。富贵之人的言行理当成为社会楷模，其修养理当引领社会风尚，但现实是极少部分富贵之人具有慈之心，面对弱者能够主动给予关怀和照顾。为人子女、身为下属的普通百姓中，那些能够遵纪守法、尊敬领导的都是明理之人。胜人者智，自胜者强。我们需要做到“见贤思齐，见不贤而内自省也”。

“居上不骄，高而不危；制节谨度，满而不溢。高而不危，所以长守贵也。满而不溢，所以长守富也。”《孝经》

【译】地位居于一国臣民之上者，不以显贵而矜，就能长久保持在高位，不至于有倾覆危难的一天。

至于有财富的人，若能节制用财，谨守法度，万贯家产就能长期保有。

【悟】“居上不骄，高不危”，指在社会上身居要职，重权在握，地位显赫的时候不能有自大的心态，藐视别人。“制节谨度，满而不溢”，指积累财富需要勤俭节约、谦虚谨慎的修养。告诫人们，当权力、财富已经属于社会上层的时候应该如何为人处世。其实讲的也是处理上下关系的规律。

“弟子规，圣人训；首孝悌，次谨信；泛爱众，而亲仁；有余力，则学文。”《弟子规》总叙。

【译】弟子规这本书，是圣人的训示：首先要孝顺父母，尊敬兄长。其次自己要谨慎，对人要诚信。要爱周围大众，亲近仁德贤人。尚有富余精力，读书多做学问。

【悟】总叙讲述的是为人处世中轻重缓急的先后顺序、上下左右的关系处理。

“首孝悌”。“孝”讲上下关系，孝敬父母，感恩养育。“悌”讲左右关系，爱护兄弟，照顾朋友。

“次谨信”反映的也是上下关系，左右关系。“谨”是严谨，严谨在做事中体现，严谨是指人对物的态度，上下关系；“信”是信用，信用在做人中体现，信用是指人对人的态度，左右关系。

“泛爱众”。“泛爱众”是指对社会大众要有关爱之心，一律平等，相互尊重，左右关系。

“而亲仁”。“仁”，仁义、仁慈，是指亲近老师，亲近贤德，向比我们明理的人请教，对他们要敬重、要爱戴。明理在先，位置在上，所以是上下关系。

所恶于上，毋以使下；所恶于下，毋以事上；所恶于前，毋以先后；所恶于后，毋以从前；所恶于右，毋以交于左；所恶于左，毋以交于右。此之谓絜矩之道。《大学》

【译】如果厌恶上司对你的某种行为，就不要用这种行为去对待你的下属；如果厌恶下属对你的某种行为，就不要用这种行为去对待你的上司；如果厌恶在你前面的人对你的某种行为，就不要用这种行为去对待在你后面的人；如果厌恶在你后面的人对你的某种行为，就不要用这种行为去对待在你前面的人；如果厌恶在你右边的人对你的某种行为，就不要用这种行为去对待在你左边的人；如果厌恶在你左边的人对你的某种行为，就不要用这种行为去对待住你右边的人，这就叫作“絜矩之道”。

【悟】人生始终处于上下左右的关系之中，无论别人怎样，我们自己必须做到遵循秩序，主动交换，把握平衡。这样我们的生活才能轻松，生命才能从容。

经典阐述规律，规律引导生活。

经典启发我们要时常自省，自己处于优势，主动照顾弱者，我们还是弱者，尊重强者的存在，主动向其学习。经典中的每一句完整表达都是在体现事物的发展规律——“秩序、交换、平衡”。

千经万典，孝义为先。

人类在研究自然、探索奥秘、把握规律的过程中逐渐从野蛮走向文明。

第三篇

太极思维感悟生命规律

本篇，每个表述都是独立的，它们是文叁对生活、对工作、对人生、对自然的某个角度、某个侧面的深入思考。

思想，激荡中精进，

精彩，品味中永恒。

当祝福变成习惯，人生五彩斑斓……

太极思维的“秩序、交换、平衡”无处不在，放之四海而皆准。

——齐美忠

天清地浊，紫气东来大地春；物华人杰，思维汇聚太极生。

——李春淼

文叁格言

关于生命

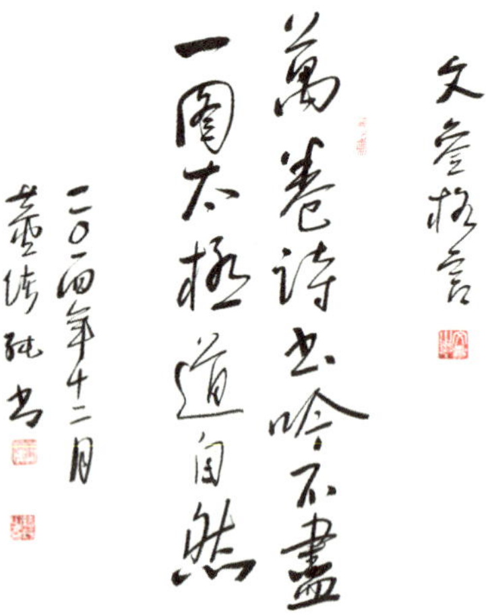

文明，来自不同时代、不同地域和不同民族，她们丰富多彩又精美绝伦，但背后只有一个规律，那就是“秩序交换平衡以，左上中下右循环”。

如果不能把握共性，掌握规律，那么随着科技发展和生活改善，人们可能就会越走越远而不能回归。

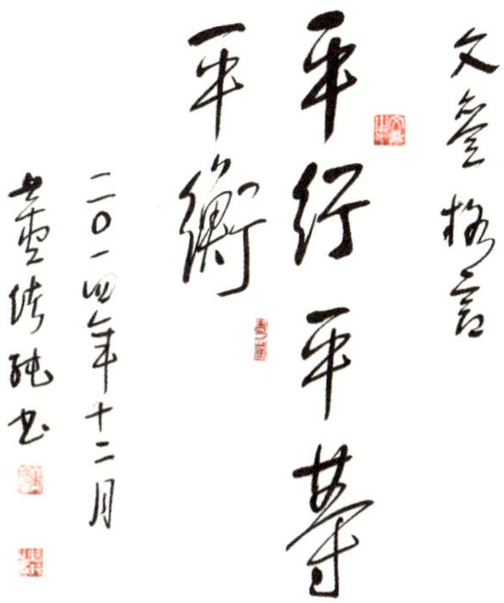

现实中，我们的身体是平行的，人格是平等的，而生活和工作时刻都要把握平衡。

尊敬与尊重互动、劳动与收获均等。

左｜万卷诗书吟不尽
一图太极道自然

右｜平行 平等 平衡

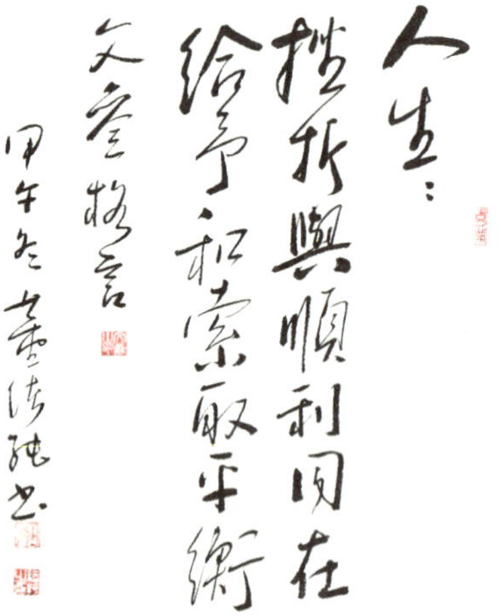

爱与恨、苦与甜都是生命的乐章。

对人生的苦和心中的恨没有深刻体会真正领悟，就很难做到——既珍惜生活的甜又付出内心的爱。

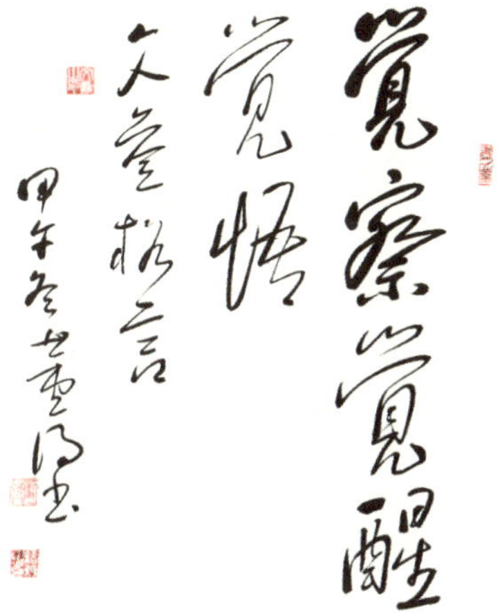

觉察是起点，觉醒是状态，而觉悟则是境界。

掌握规律性思考：遵循秩序、主动交换、把握平衡，不断地自我剖析，才能长久保持头脑清醒、思路清晰……

左 | 人生：
挫折与顺利同在
给予和索取平衡

右 | 觉察 觉醒 觉悟

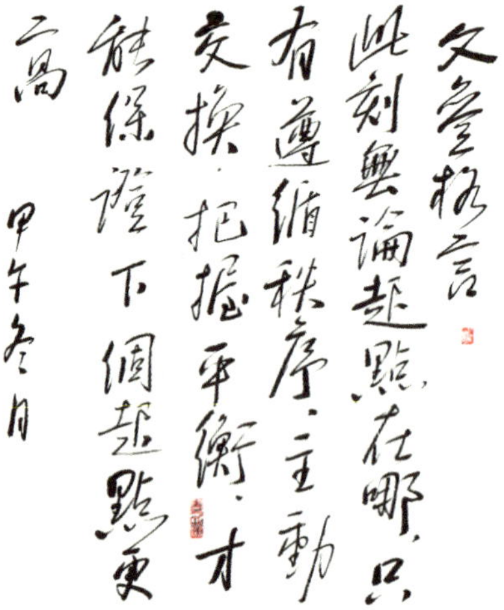

“遵循秩序、主动交换和把握平衡”是明白道理和掌握规律的表现形式。

自始至终地持续践行“遵循秩序、主动交换和把握平衡”我们就能不断地改善和提升。

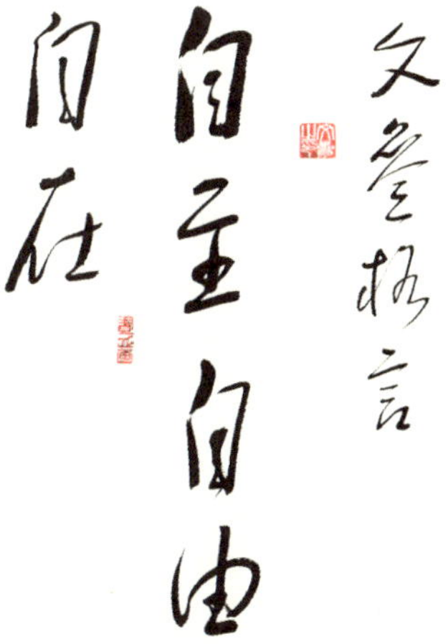

精神自主，才能行动自由，进而心灵自在。

很多自由对环境对社会造成伤害，都是源于精神不能自主，是非不能明辨。

一次世界大战和二次世界大战对人类造成了巨大伤害。原来这个世界不是年龄越大、学问越好、地位越高，就越能享有自由，享受自在。

每位生命个体从起点到终点既要谆谆教导，又要严格管理才能保证内心的人格平等。

左｜此刻无论起点在哪
只有遵循秩序、主动交换、把握平衡
才能保证下个起点更高

右｜自主 自由 自在

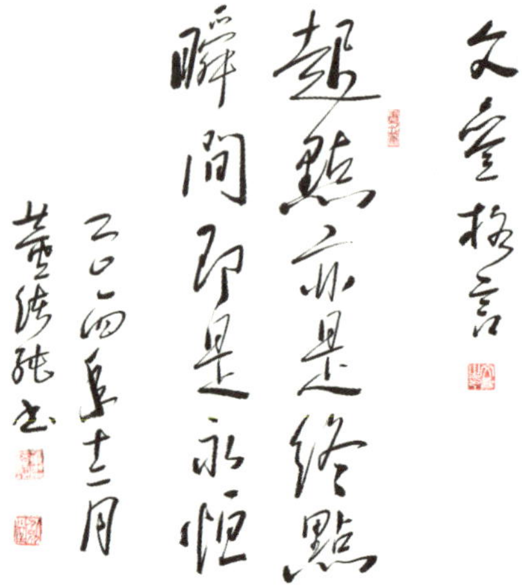

感动与给予同步，爱在其中；

品味与呈现共生，美在其中；

……

原来生命与事物互动，心灵与自然相通。

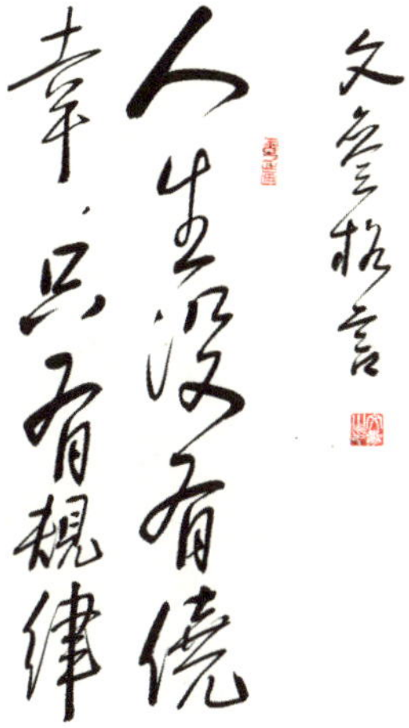

“金玉满堂，莫之能守。

富贵而骄，自遗其咎。

生而不有，为而不恃，长而不宰，功遂身退，天之道也。天之道，不争而善胜，不言而善应，不召而自来，繟然而善谋。天网恢恢，疏而不失。”

左｜起点亦是终点
瞬间即是永恒

右｜人生，
没有侥幸只有规律

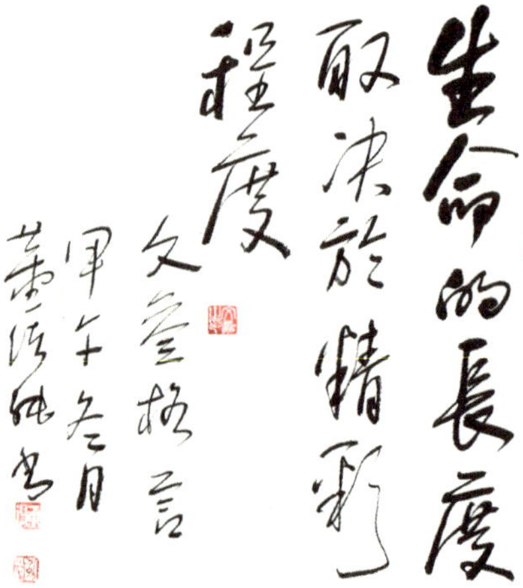

生命中，年轮呈现空间、价值呈现内涵。

有多少人能感受到你对生命的热爱，那么你的生命就能行走多远。

钟灵毓秀，往事越千年。

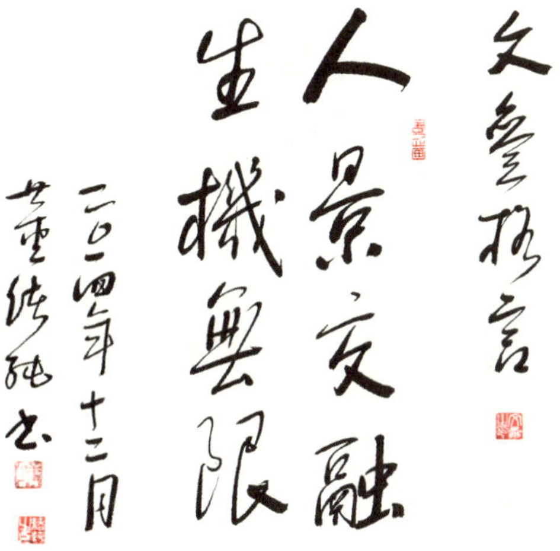

花儿为你绽放，你不欣赏，它会孤单；鸟儿为你歌唱，你不聆听，哪有回响。

清风和煦因你来，阳光明媚为你开。

左｜生命的长度
取决于精彩程度

右｜人景交融 生机无限

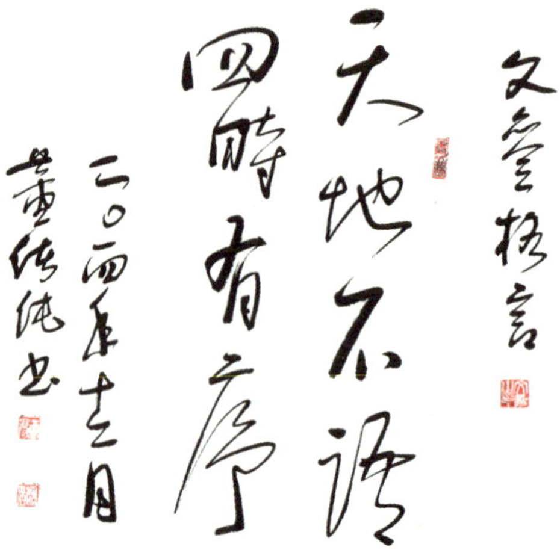

丰收时喜悦，举杯欢庆，她在一旁驻守；失败时懊恼，迈步前行，她在那里守候。

她在品鉴你，同时也在等你品读。

她——你我的岁月。

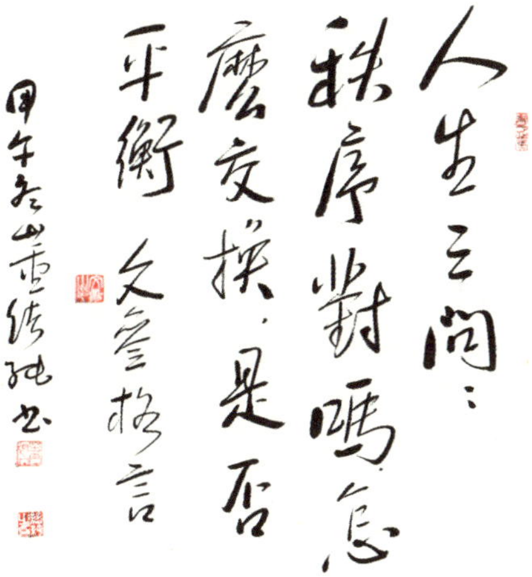

受恩深处宜先退，得意浓时便可休。

失败乃成功之母，勤奋乃成功之基。

花儿没开，季节没到；水儿没开，火候没到；事儿没成，功夫没到。

左 | 天地无语
四时有序

右 | 人生三问
秩序对吗
怎么交换
是否平衡

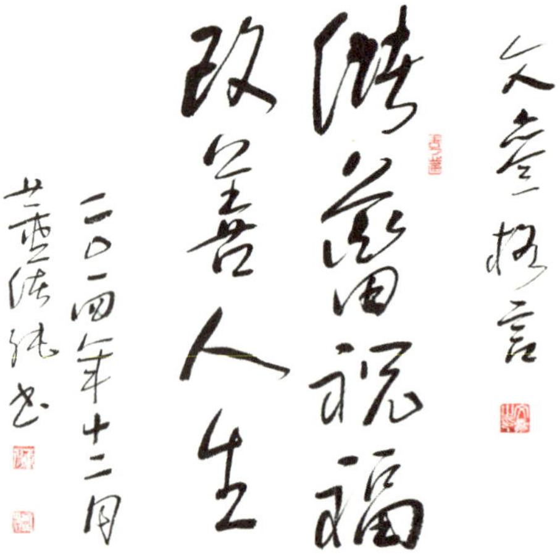

金钱是座桥梁，其本质是生命和血汗。

前程的美好，生活的轻松，还有生命的从容，主要是看我们与多少人互动，与多少人互通。与人互通越多，与人互动越好，我们也就改善越好。

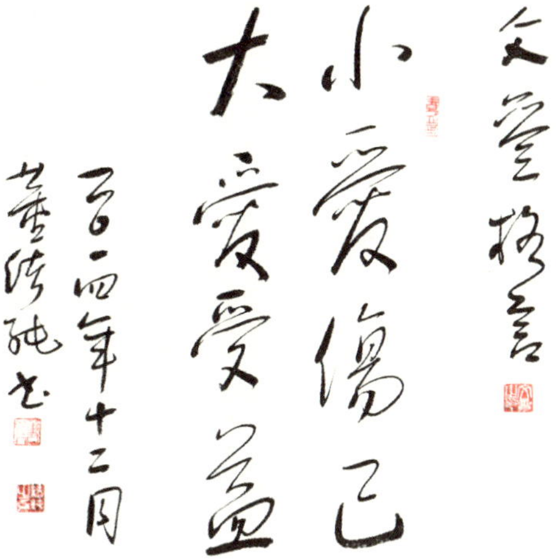

爱，在内心是赞同、是支持、是祝福；爱，在行为是给予、是服从、是呵护。

每个人的丝丝幸福和分分钱财都是源于社会，所以忽视他人，不懂平衡，不仅失去自己，而且已有的幸福和钱财早晚都是难以维系。

左　储蓄祝福
　　改善人生

右　小爱伤己
　　大爱受益

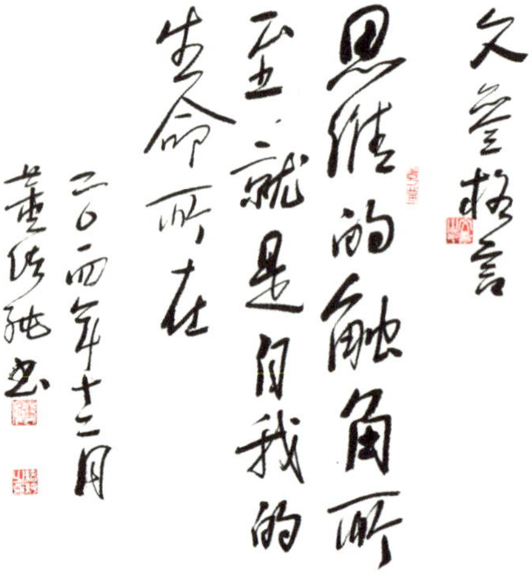

伟人与常人相比多了个思考的头脑。

丰富的阅读和不断的实践，可以拓展生命宽度、延展生命长度，从而增加生命厚度，提高为人温度。

……

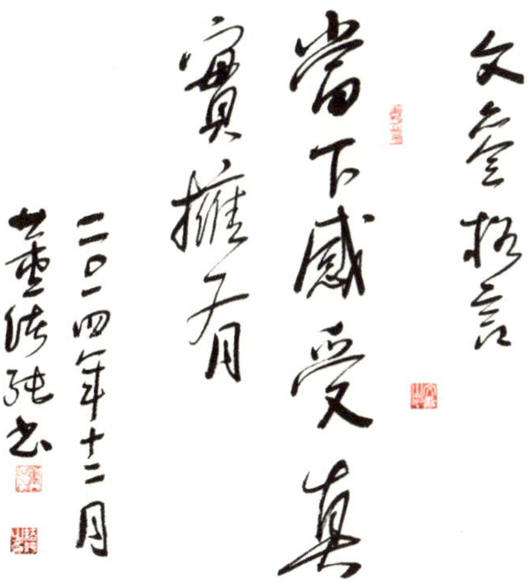

偏爱欢笑，你就快乐；
偏爱体验，你就智慧；
偏爱奉献，你就幸福！
心在哪儿风景在哪儿，你若熟视无睹，幸运束手无措！

左 | 思维的触角所至
就是自我的生命所在

右 | 当下感受 真实拥有

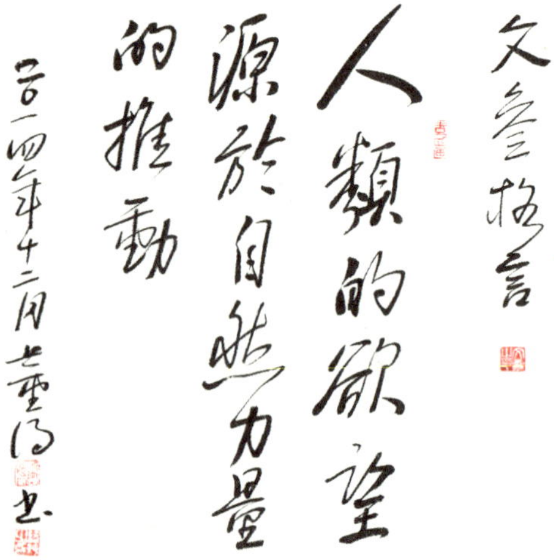

不停探索，奥秘太多。

人体是个独立的循环系统，与外部时刻都在互通互动。主观认知对客观事物发展趋势的把握，无限接近或吻合事物本身，有利于准确判断和科学决策。

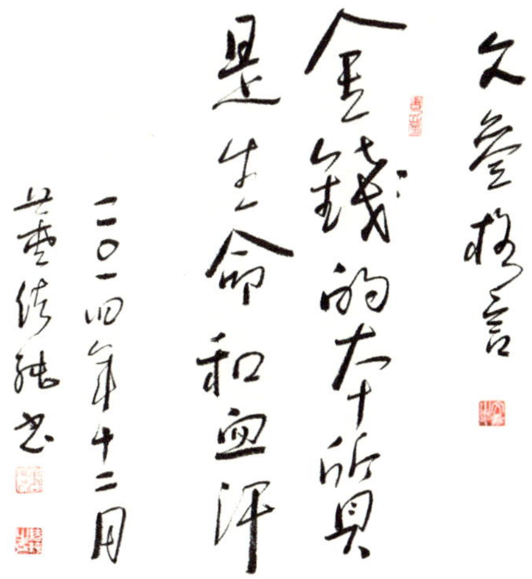

有的人财富越多幸福越多，而有的人却财富越多灾祸越多，背后的根源就在于态度。

金钱是座桥梁，其本质是生命和血汗，它带着怨恨而来，一定会带着怨恨而走。

左 | 人类的欲望
源于自然力量的推动

右 | 金钱的本质
是生命和血汗

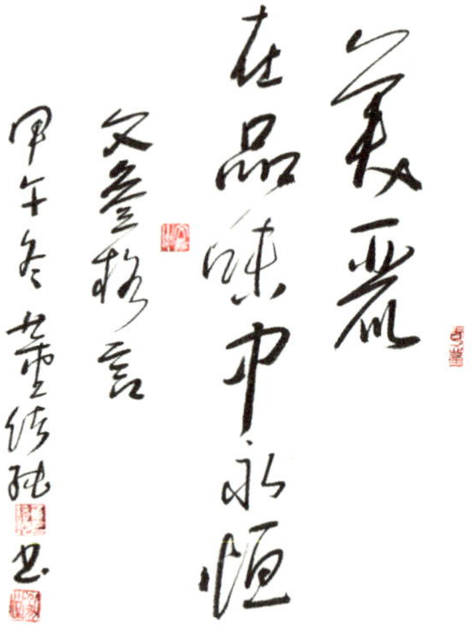

大美是对生命的热爱。

一片沃土，不种庄稼就长草。
亲手栽培，盛开的鲜花朵朵芬芳。
汗流浃背，丰收的果实个个饱满。

跋山涉水，生命留下印迹。
舍生取义，时空自然回响。
……

关于事业

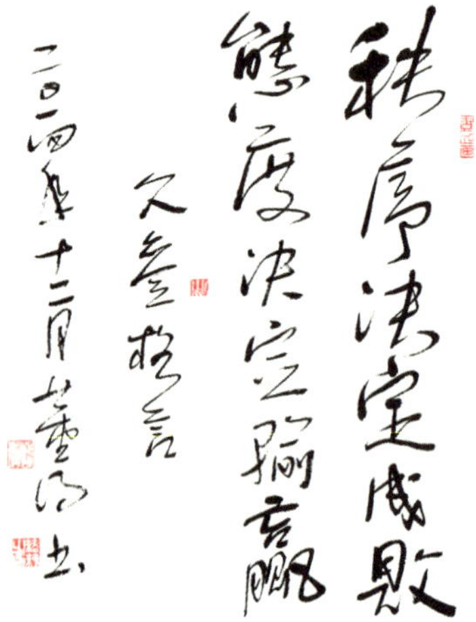

有些人赢了某件事情，但却输掉了未来和人生。

有些人没能完成某件事情，但他却能赢得尊重和崇敬。区别在于事情是否有益社会，行为能否符合规律。

左 | 秩序决定成败
态度决定输赢

右 | 问题与答案同步
方法在问题之前

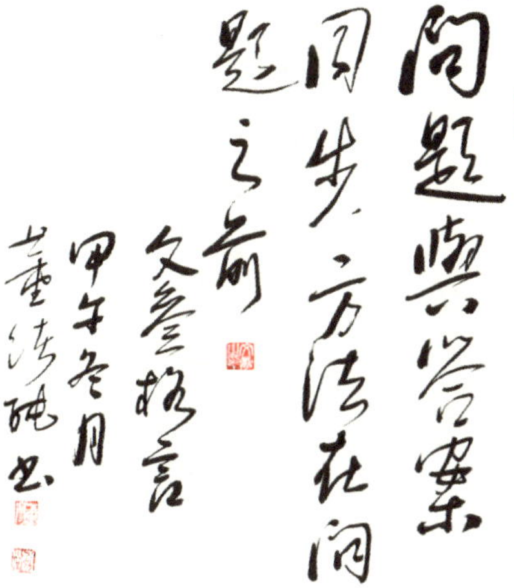

失败乃成功之母。吃一堑长一智。

这些格言说明对规律的探索和方法的掌握，都需要时间，也需要代价。那些少犯错误且行动高效的人，在做事之前，思考得更多，考虑得更全。

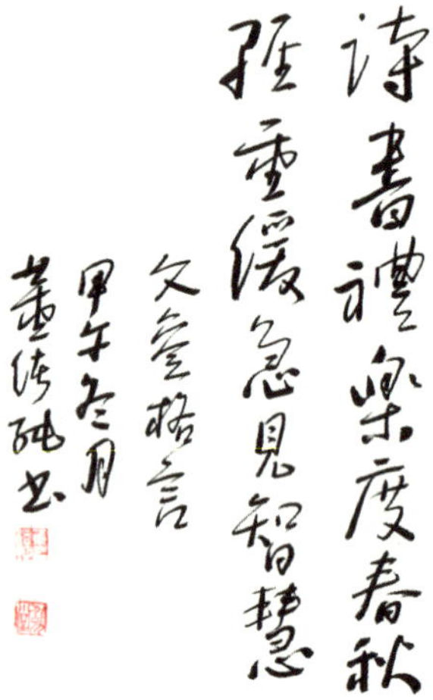

博学，不仅为了充实精神，更是为了应对人生。

把前人的知识、思想和观念，转化成自己的思维，落实到行为，让生活和环境井然有序，才能叫学有所成。

左 | 诗书礼乐度春秋
轻重缓急见智慧

右 | 有情有义有世界
无怨无悔无障碍

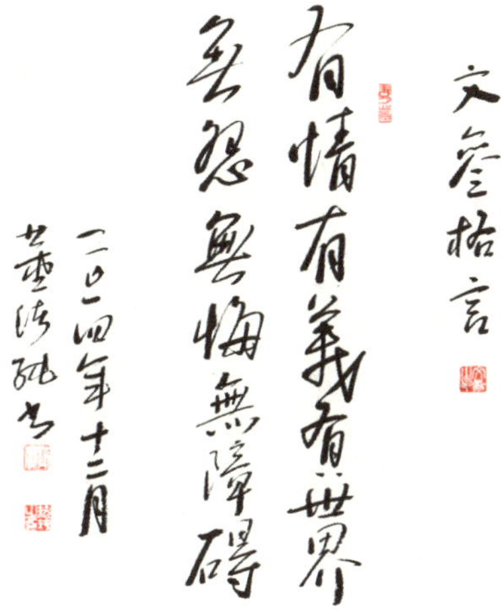

挫折、痛苦是每个人都必须面对的现实，只是或早或晚、或大或小，然而面对挫折和痛苦的态度影响人生的幸福指数。

心小了世界就大，心大了世界就小。

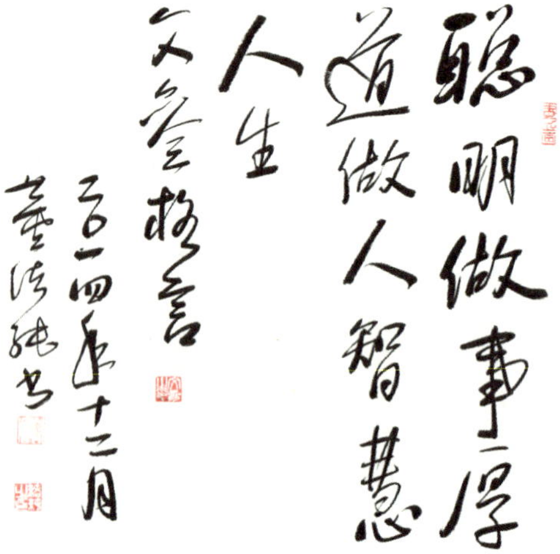

做事是上下关系，做人是左右关系，人生始终处在上下左右的结构之中。

那么作为能量枢纽的个人，只有处理好上下左右的能量转化，实现来去循环，做到情商和智商同步，才能做好事情，点亮人生。

左 | 聪明做事，厚道做人

右 | 人生事业的最高境界
职业与兴趣结合

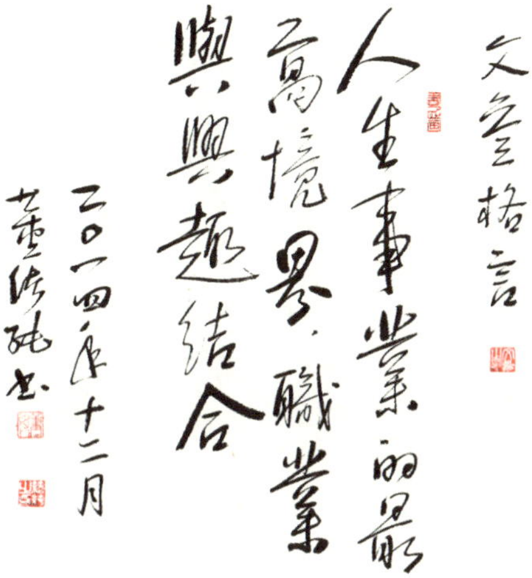

生命中我们都有这样的体验，当沉浸在自己喜爱的娱乐之中，每个细胞都是沸腾的，时间过得飞快。

如果你在工作的时候也有这样的情绪和状态，那么你就是事业方面的成功人士。

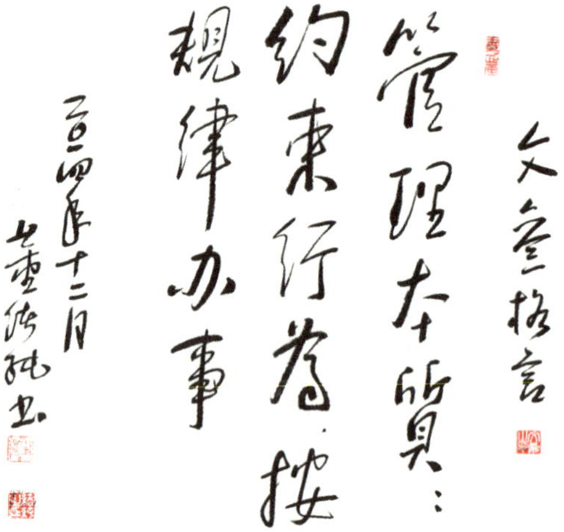

管理是为了更有效的协同，……

技术在变、人员在变、规模在变、认识在变、环境在变，但无论流程怎样调整，必须服从规律，效率才能实现。

左 | 管理本质
约束行为，按规律办事

右 | 做人自信
做事自立
遇事自省

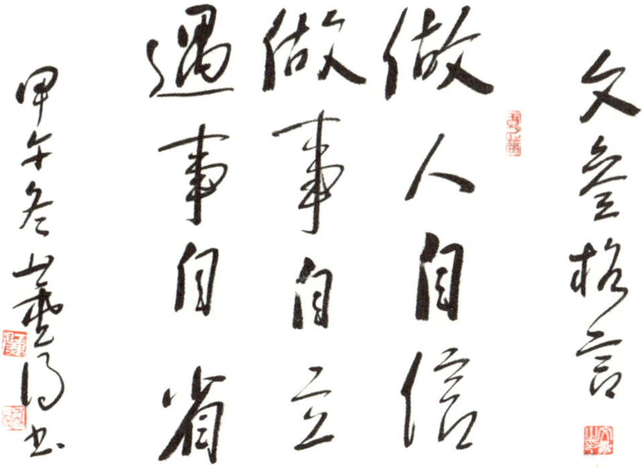

政治家、科学家、艺术家、发明家、企业家等声名显赫的成功人士，他们身上都有一个特质：做人自信、做事自立、遇事自省。

做事是上下关系，做人是左右关系，自我是转化枢纽，自省非常关键。

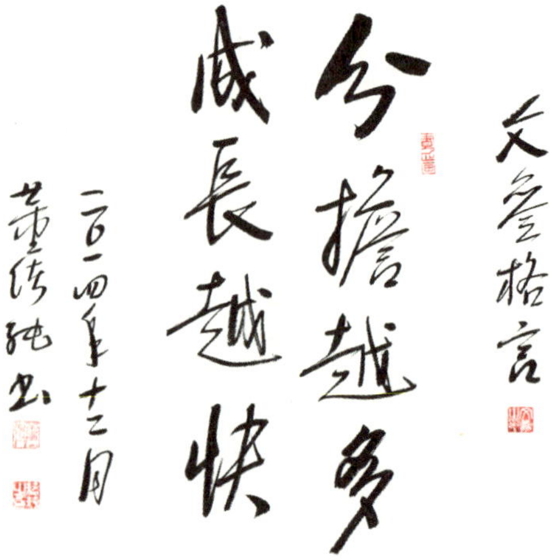

优秀的人不是聪明而是勤奋，成长的人不是幸运而是用心。

有时我们在勉强完成某项工作之后，甚至都惊讶自身的能力，原来我们潜力无限。

左 | 分担越多
成长越快

右 | 承担责任
珍爱自我

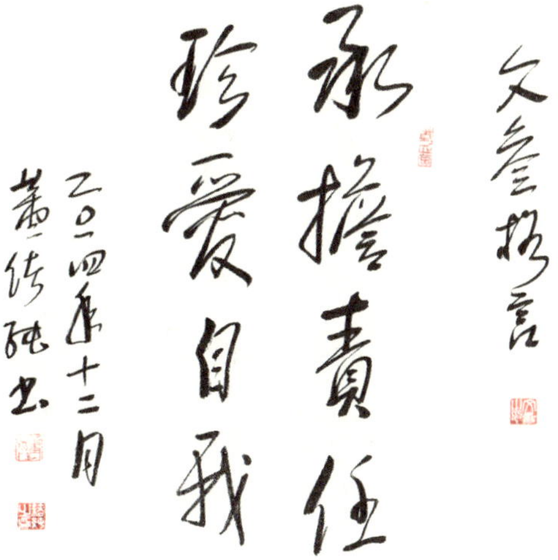

不能自我惩罚的人要被他人惩罚，不能自我约束的人要被他人约束。

回避错误，是为了逃避责任，既输掉人格，又阻碍前程。

勇于担当，既是爱惜自我的秘诀，又是促进成长的机遇。

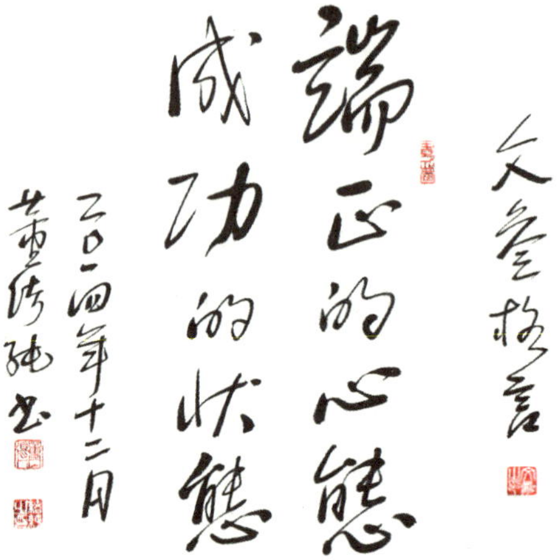

成功，不仅是钱财上某个数字、职务上某个岗位、技术上某个成果，或者社会上某个荣誉，更是生活中点滴间对平衡的把握。

对得失宠辱不惊、去留无意的你正在享有成功。

左 | 端正的心态
成功的状态

右 | 思想的深度
决定事业的长度

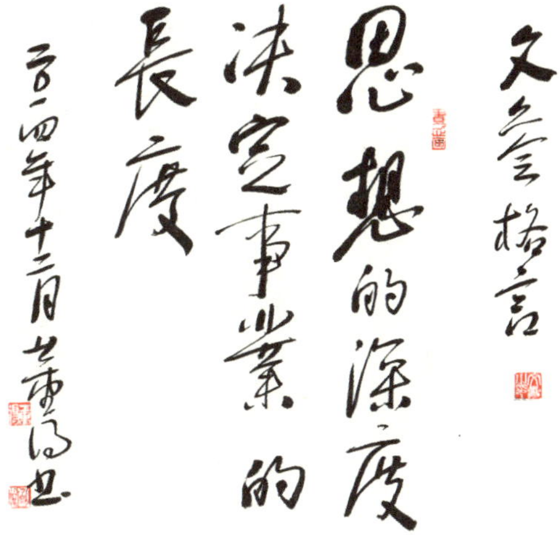

很多时候，事业滑坡甚至中断，表面看是因为政策调整、环境变化、人事变动，或技术落后，而究其根本还是因为思维品质不高，没有掌握规律性思考。

比如那种躲避扶危济困、捐资助学的意识和举动，就关闭了“储蓄祝福改善人生”的有效渠道。

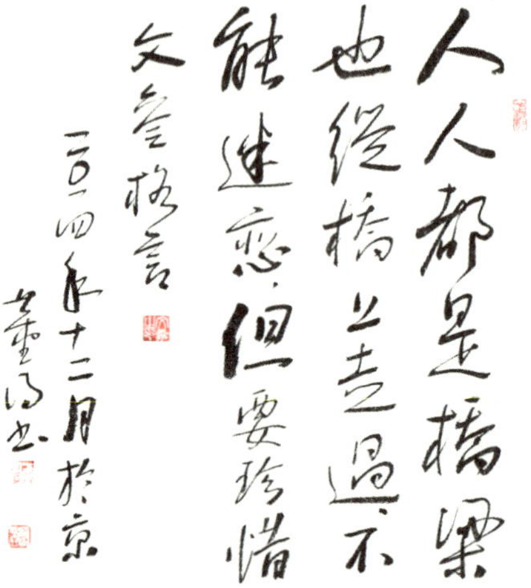

思维品质决定人生幸福。赠人玫瑰手有余香。

忘记贵人的帮助，本身就是小人，过河拆桥的人一定难以发展，只因违背规律，没有平衡。

而迷恋曾经的奉献，不仅容易滋生斤斤计较的陋习，还会阻碍人格提升。

左 | 人人都是桥梁，
也从桥上走过，
不能迷恋，但要珍惜

右 | 忽视别人 失去自己

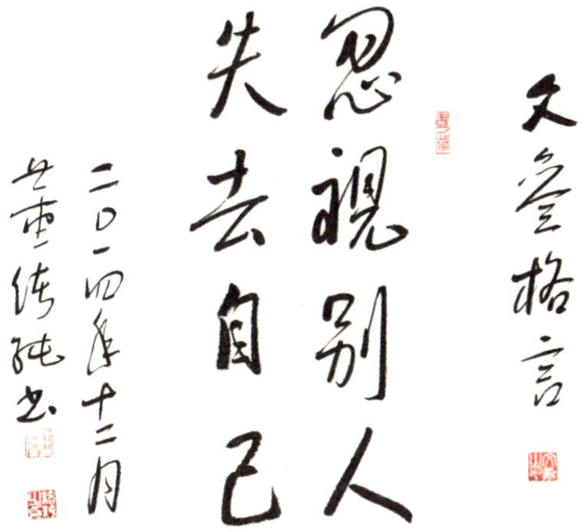

生命来自社会，同时地位、荣誉、自由和钱财也都来自社会，所以不能和别人有效地互动和共生，那么我们就会处处碰壁。

现实中总有那种首先怠慢别人，然后又被别人怠慢的事情发生。

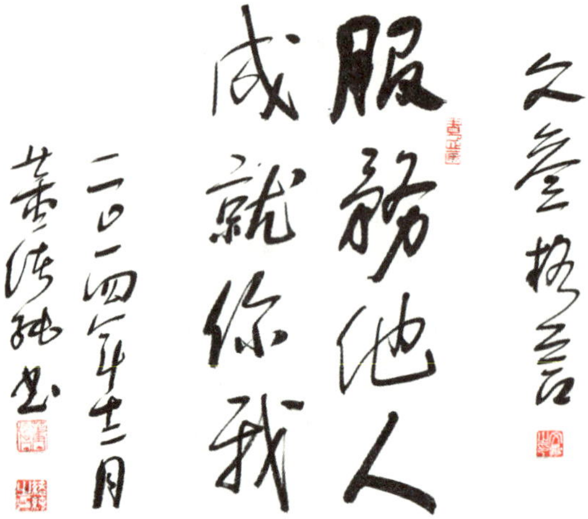

无论什么领域，政治、经济、文化，还是艺术，那些不断进步的人、持续发展的人，都有一个良好习惯：顾全大局、先人后己。

这种待人接物的方式就符合太极思维——结构和空间互通，个体和群体交融。

左 | 服务他人
成就你我

右 | 成功实属偶然
发展需要智慧
守业依靠大德

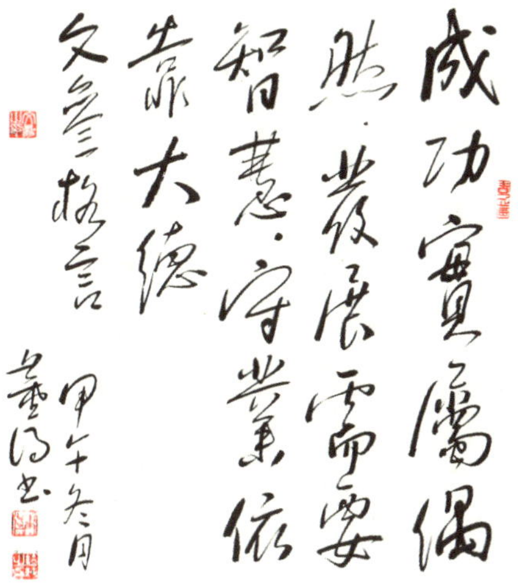

那些事业上昙花一现的人，都有一个弱点——把经验当真理，把运气当能力。

那些历经政治酷暑或经济寒冬事业依然稳步发展的人，才是真正懂得规律、尊重规律、运用规律的人。

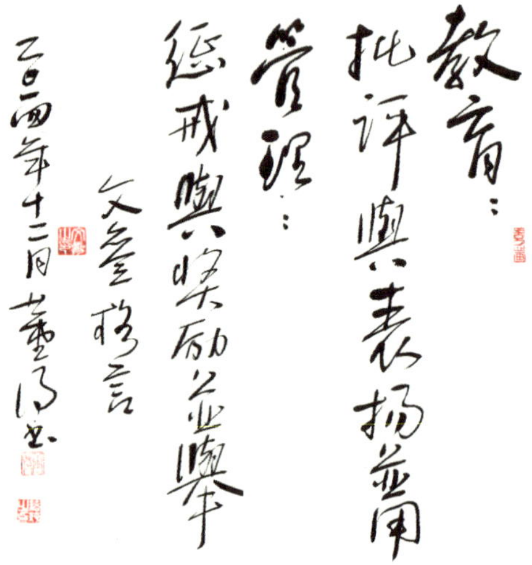

事物都有两面。

错误得到批评，优秀得到表扬，这是教育；给破坏的人以惩戒，给奉献的人以奖励，这是管理。抓住教育和管理的本质，实现动态平衡，顺应民意、通达民心。

一旦背离规律，很多社会事务就会“一抓就紧，一紧就僵；一放就松，一松就散”。

左 | 教育：批评与表扬并用
管理：惩戒与奖励并举

右 | 回避错误
逃避责任

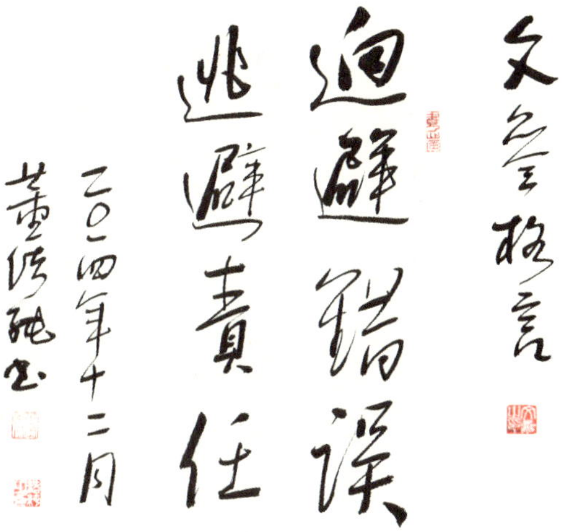

逃避是人的本能，但是学校教育和社会管理必须培养人们具有直面错误，勇于担当的人格。

社会文明的重要标志——劳动与收获对等、惩戒与奖励明晰。

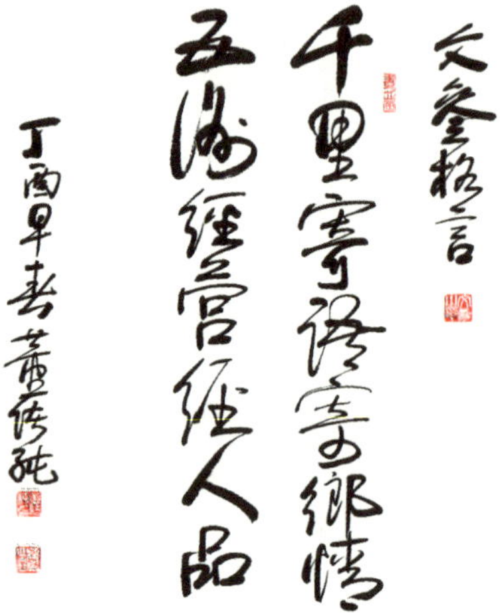

经济是文化的结晶、文化是经济的灵魂。

信达天下，货通五洲。那些历经风雨、受尽坎坷依然表里如一、率先垂范的人水远都是家族的榜样、人生的赢家。

左｜千里寄语寄乡情
五洲经营经人品

右｜财富来自社会
最终服务民生

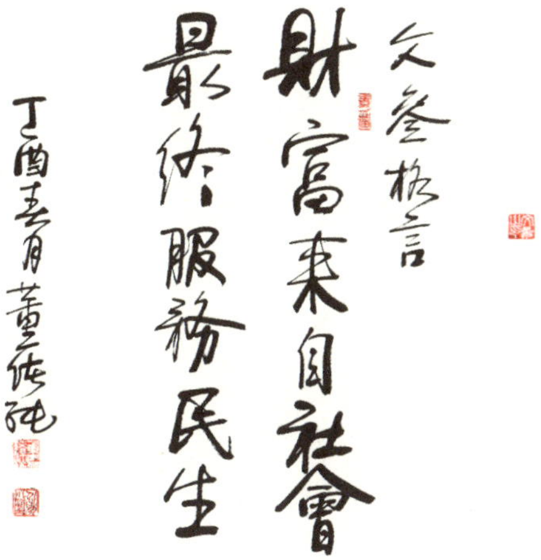

财富来自改善人们衣食住行的社会活动，外在美化环境、内在提升精神。

财富运行则是遵循来去循环的能量转化，所以只有主动平衡，方能心静神清。

文化精髓“太极思维”的核心架构“秩序、交换、平衡”唤醒了人们心中固有的价值取向，为人类社会的文明进程谱写了一曲和平之歌。

——胡敬林

文化建设中的真诚、真实和真情，在企业经营中表征为规范、严谨和团结。具体到个人，就是用行动来落实太极思维的“秩序、交换、平衡”。

——夏建国

关于文化

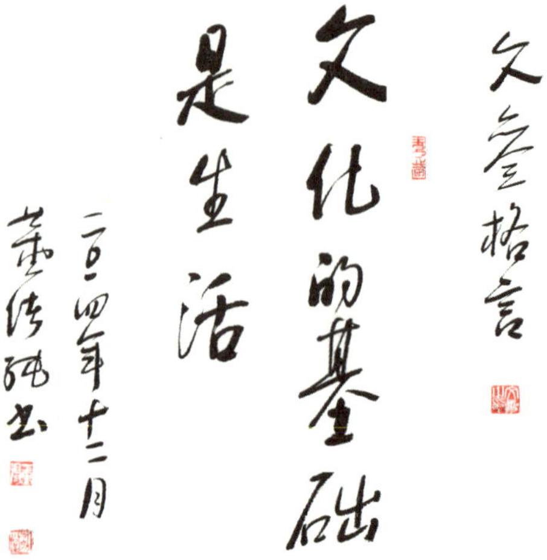

唐装汉服、亭台楼阁、琴棋书画、诗酒花茶、四大发明等都是活泼的文化形式。

《大学》《中庸》《论语》《孟子》《周易》《礼记》等都是不朽的文化经典。

其实活泼的文化形式和不朽的文化经典都是源于日常的衣食住行。

左 | 文化的基础是生活

右 | 凭联思旧事
听音知故人

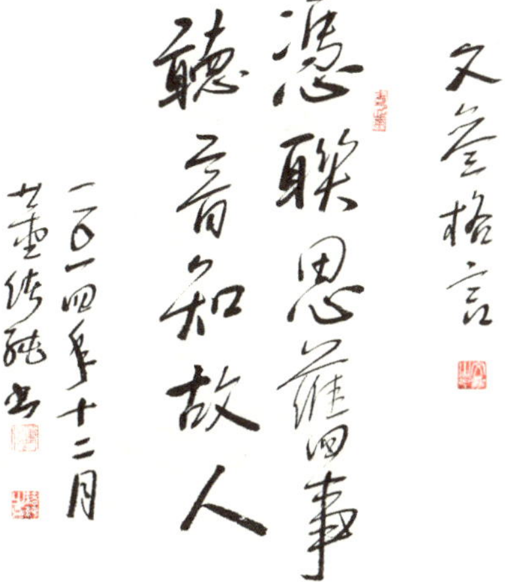

当某情某景某人触及心灵，在生命中留下烙印，闲暇时刻总能成为记忆。

记起熟悉的微笑、熟悉的声音、熟悉的背影，既是延续美丽又是温习甜蜜。

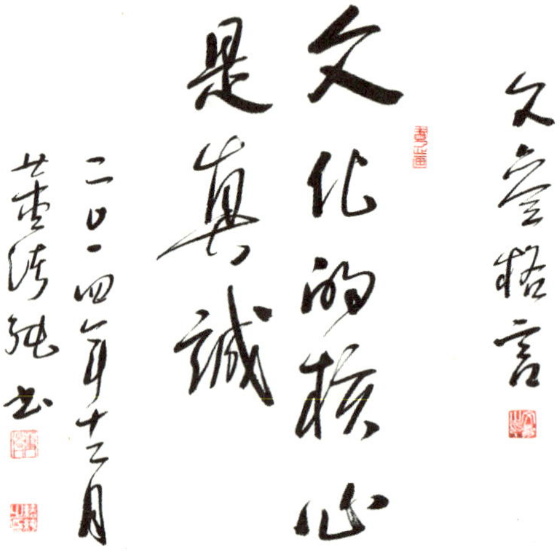

文化在个人身上就是他的观念和行为。

满腹经纶、学富五车只能是有知识，而表里如一、言行规范才是有文化。

文化是物质和精神的总和。那些对物质没有正确态度的人不属于有文化。

左｜文化的核心是真诚

右｜你我智慧 天下财富

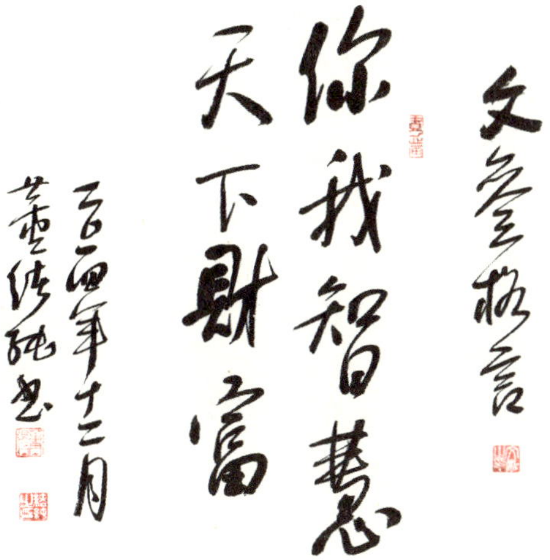

一个人能力再强，学识来自社会；一个人创造再多，过程需要社会。

财富是劳动硕果，也是社会成果，它来去循环。为了更加幸福，需要主动平衡。

“金玉满堂，莫之能守；富贵而骄，自遗其咎。”

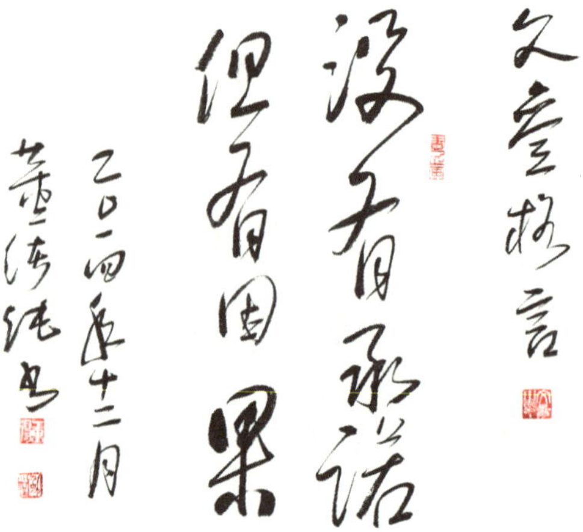

明月不语，但有阴晴圆缺；

大海不语，但有潮起潮落；

年轮不语，但有花开花谢；

生命不语，它有生老病死……

人生如果不去掌握规律，应用规律，做到言语恰当、行为适当，那么难免就会摩擦不断，荆棘丛生。

左 | 没有承诺 但有因果

右 | 花开花落又一秋
硕果累累有心人

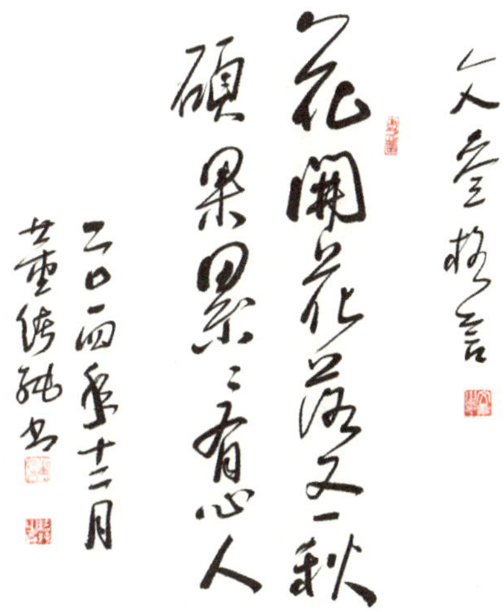

选择和态度在岁月的行进中逐渐明晰。

那些成就卓著的人、那些受人敬仰的人，面临选择，总是看重事情本身的意义、看重自身的社会责任、看重大局的利益需求，同时他们又谦虚谨慎、平易近人。

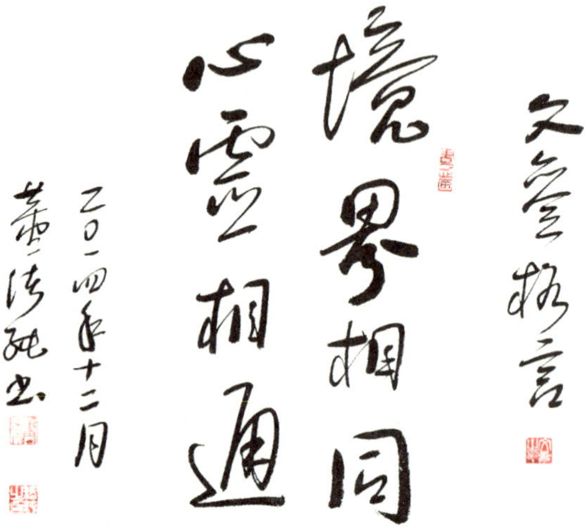

“以利相交，利尽则散；
以势相交，势去则倾；
以权相交，权失则弃；
以情相交，情逝则伤；
唯以心相交，方能成其久远。”
做人正直，做事公平的君子之交淡如清水，却气贯长虹。

左｜境界相同 心灵相通

右｜文化配备品德
不只是金钱

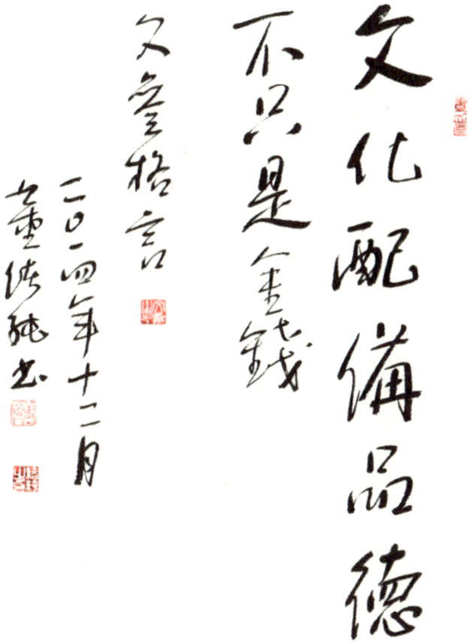

知识是点、文化是面。知识改造自然，丰富生活；文化规范思想，提升境界。

经济是文化的结晶，文化是经济的灵魂。

“君子务本，本立而道生。”

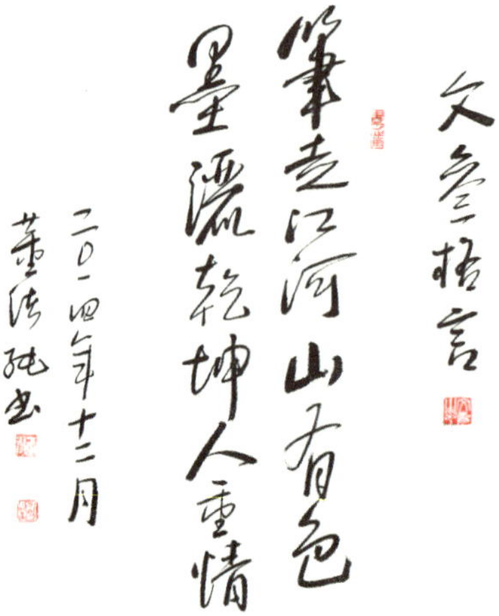

情怀大一点，境界高一点，不是虚无，而是踏实。

它能让我们在更广大的时空里思考，面对现实问题自然就能更好地驾驭。

境界提升，既能创造美好，更能充实人生。

左 | 笔走江河山有色
墨洒乾坤人重情

右 | 落叶常怀枝上梦
智者普度世间人

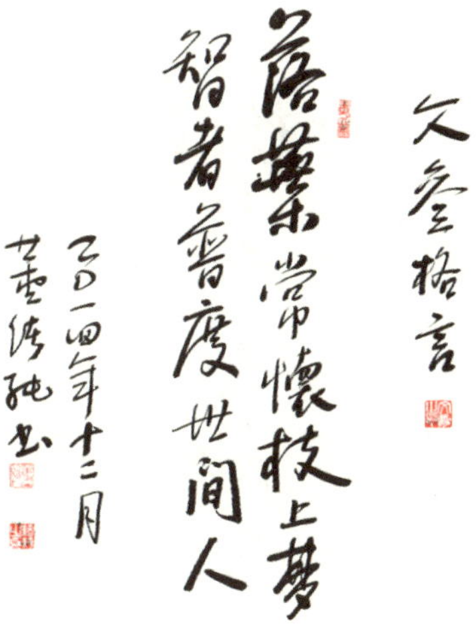

“落红不是无情物，化作春泥更护花。”

“雄关漫道真如铁，而今迈步从头越。”

从平时的点滴做起，视野放宽、爱心放大，同时感受爱、传递爱，用优势补充不足、用教训警示大众、把经验与人分享。

这是在启迪人生，也在被人生启迪。

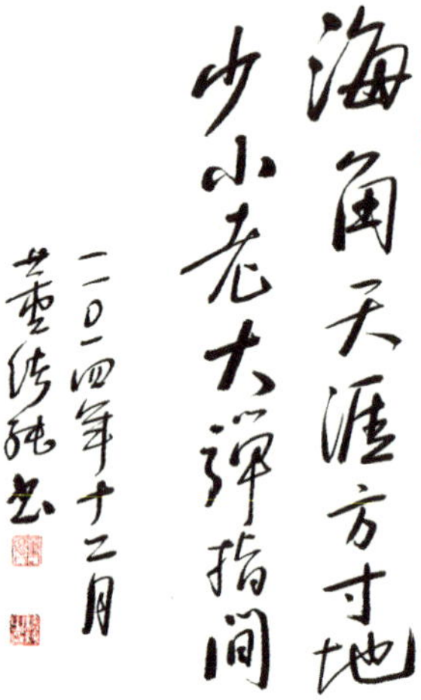

角度决定方向，态度决定价值。

从高瞻远瞩、置身事外的角度去看待人生和解决问题，内心会更加豁达、生活会更加轻松，生命也更加从容……

左　海角天涯方寸地
　　少小老大弹指间

右　来客且将诗作酒
　　主人常念友为亲

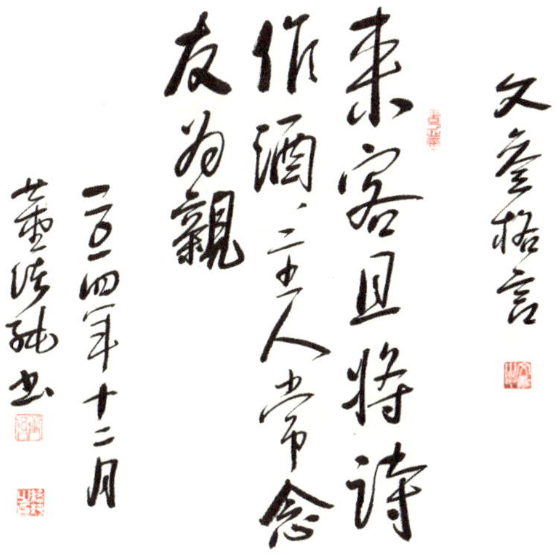

琴棋书画诗酒茶，是抒发豪情、激励人生的有效形式，自古以来佳作连连。

“葡萄美酒夜光杯，欲饮琵琶马上催。
醉卧沙场君莫笑，古来征战几人回。”
“白日放歌须纵酒，青春作伴好还乡。
即从巴峡穿巫峡，便下襄阳向洛阳。”
……

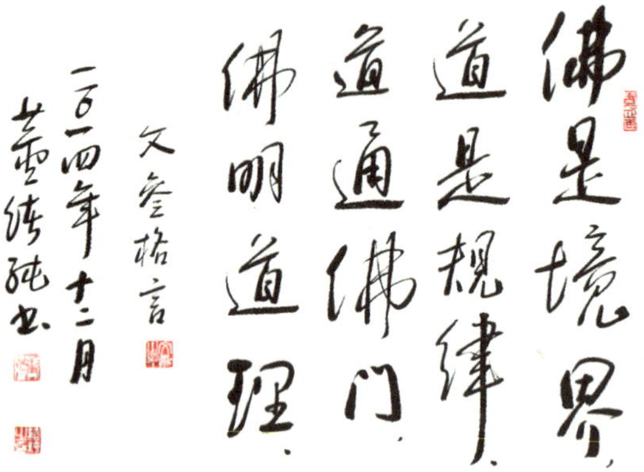

中华文化广泛而强大的包容性，从本质上讲是源于其核心理念太极的科学性和先进性。

太极阴阳的高度和谐就是美好，而太极阴阳的相互转化则是过程。

左｜佛是境界，道是规律
道通佛门，佛明道理

右｜红尘之扰，是非不清
事过心空，知行合一

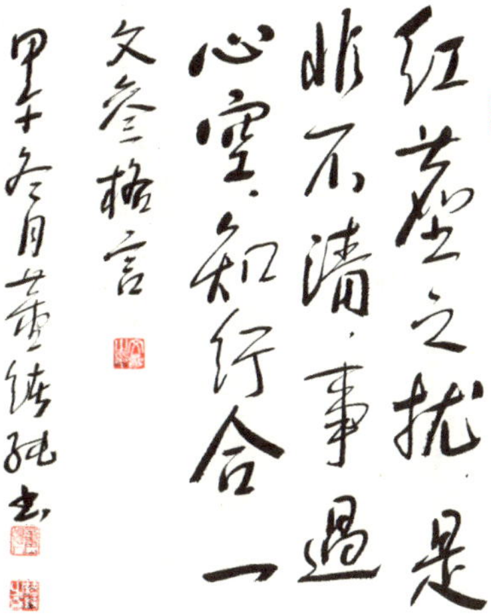

“宠辱不惊，看庭前花开花落；

去留无意，望天上云卷云舒。”

有的人经历挫折更加成熟，有的人经历挫折却逐渐沉沦。

古今中外成就大业的人士历经的挫折不是比普通人更少更小，反而是比普通人更多更大。

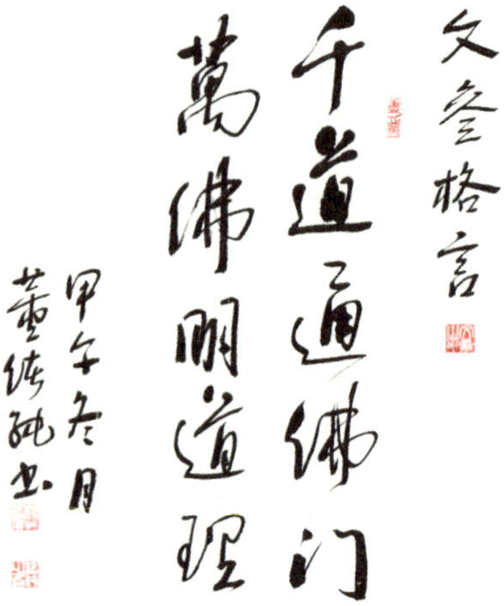

不同信仰有不同表述，但共性都是：祝福信众、规范信众、引领信众。

每个信仰都诞生于特定的土壤，一个信仰的生命力和影响力取决于它的科学性和通俗性。

随着社会进步，人类信仰的本质将被彻底揭示，各门各派终将走向融合。

左 | 千道通佛门
万佛明道理

右 | 道理乃是规律
规律引导生活

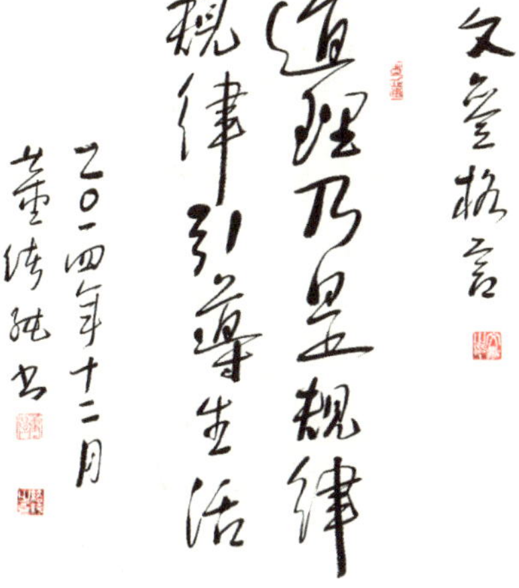

生活中我们天天都要讲道理，也就是时时都要守规矩。我们可以果断、我们可以做主，但是一旦偏离规律，难免就会受苦。

太极思维

文化精髓

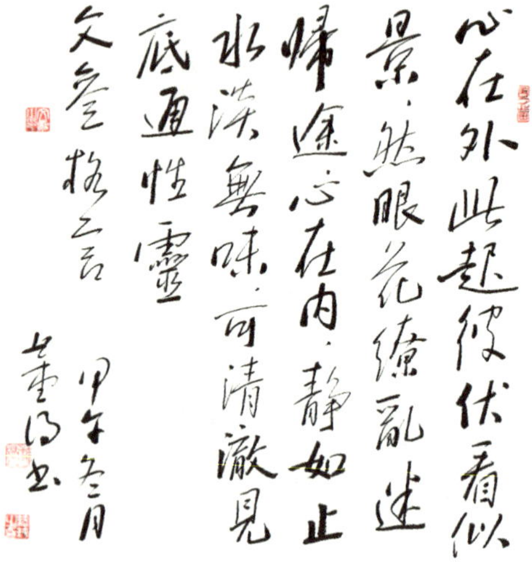

很多时候走着走着就失去了自我，攀比房子、攀比车子、攀比票子，然而，有一天疲惫不堪的时候突然发现，这些东西够用就好，没有止境，也不是我们的初心，于是渴望回归。

盲目对生命并没有意义。

倾听内心的声音，做简单的自己，踏实地做事，给社会带去价值，给别人带去改变，回馈的感激和感动才是生命的依靠。

左｜心在外，此起彼伏看似景，然眼花缭乱迷归途
心在内，静如止水淡无味，可清澈见底通性灵

右｜僧敲木鱼佛号起
人听经典善心来

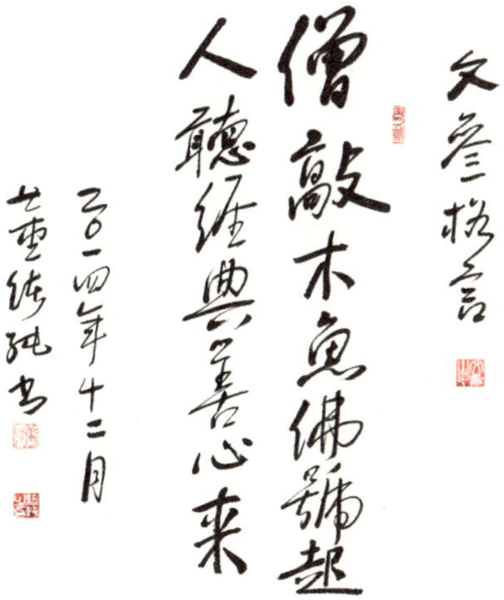

人类不断进步，只因有了智慧积累和文明传承。

尊师重道、见贤思齐是人生任何阶段、任何时期都不能淡化的信念，都不能缺少的行动。

温故而知新。

锲而不舍，金石可镂。

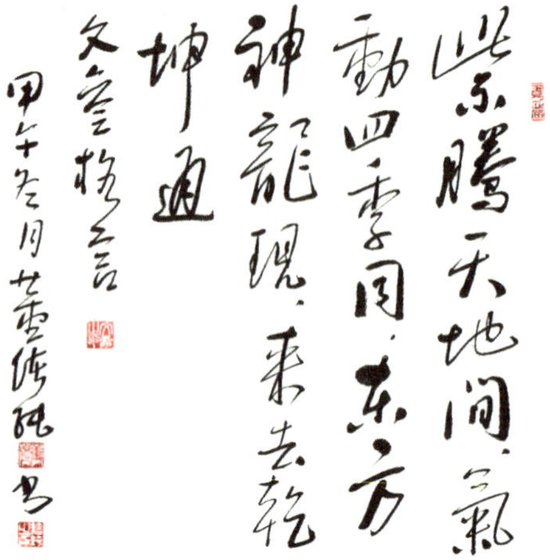

太极阴阳既是世界观，又是方法论，是中华人文始祖伏羲的伟大创建，它揭示了事物的本质和事物间规律性的联系。

太极阴阳历久弥新，随着科技进步、社会发展和文化融合，它的科学性和先进性已被广泛证实，实用性将更加触手可及。

左　紫腾天地间　气动四季同
　　东方神龙现　来去乾坤通

右　经济是文化的结晶
　　文化是经济的灵魂

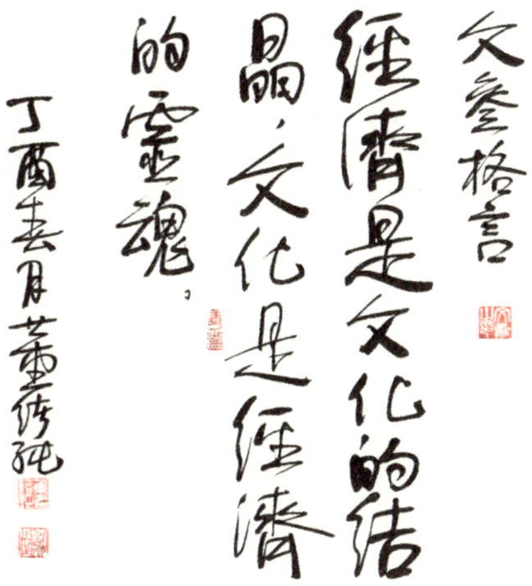

经济和文化互为表里，讲的都是劳动。

经济侧重价值交换，文化侧重精神平衡；无论是产品交换、技术交换还是思想交换，首先都是精神指导下的创造，所以交换结果最终还要满足精神需要。

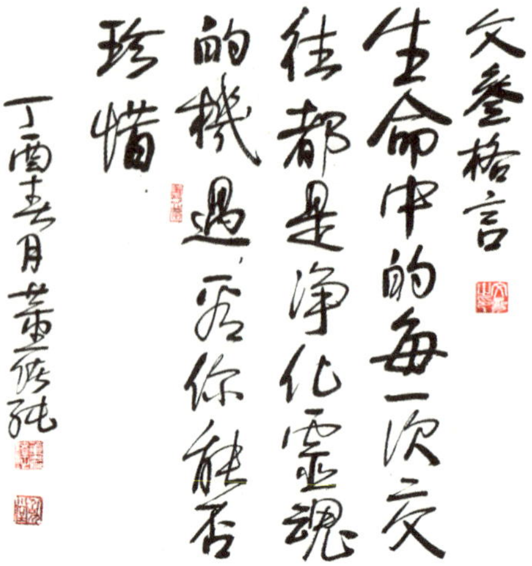

2011 年 8 月，郑州。

一次《小爱伤己，大爱受益》的文化讲座后，一位非常年轻朴实的姑娘，对我讲的内容非常认同，再三对我表示感谢，并请我签名留念。

此事让我感触良多，深受教育。

原来“对生命的思考、对规律的探索、对文化的敬畏，并不只是专家、学者和权威的专属……”

生命中的每一次交往都是净化灵魂的机遇，
看你能否珍惜。

关于幸福

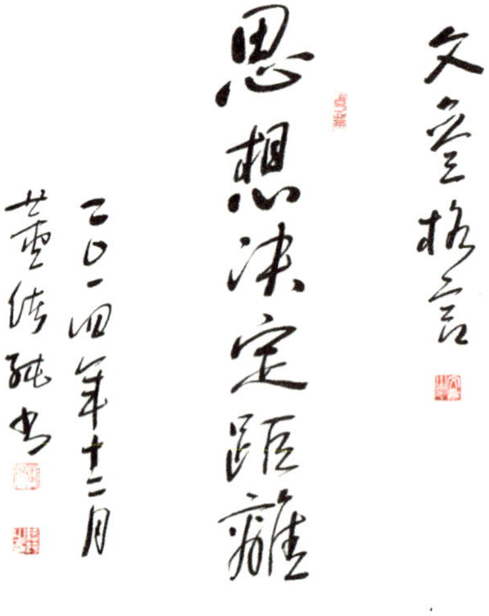

有人远在天涯，想起他就温暖，如沐春风。
有人近在咫尺，看到他就心凉，寒风萧萧。
原来空间不是问题，思想决定距离。

左｜思想决定距离

右｜差别才有你我

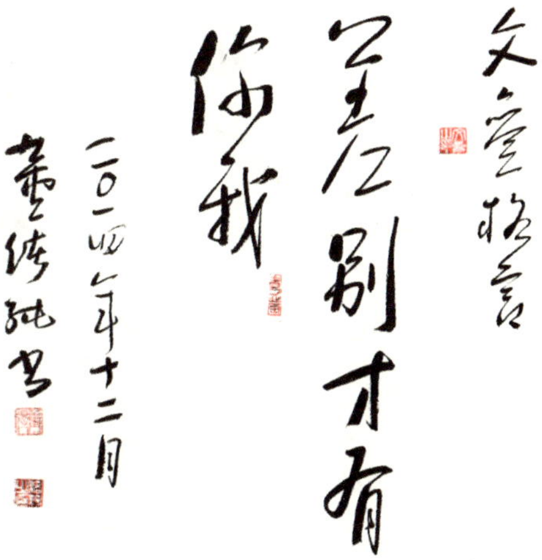

没有音阶哪有音符，没有明暗哪有色彩。

没有严寒哪有刚烈，没有酷暑哪有坚毅。

分析别人特点、欣赏别人优点，成为我的补充，丰富我的人生，才是和谐之道、明智之举。

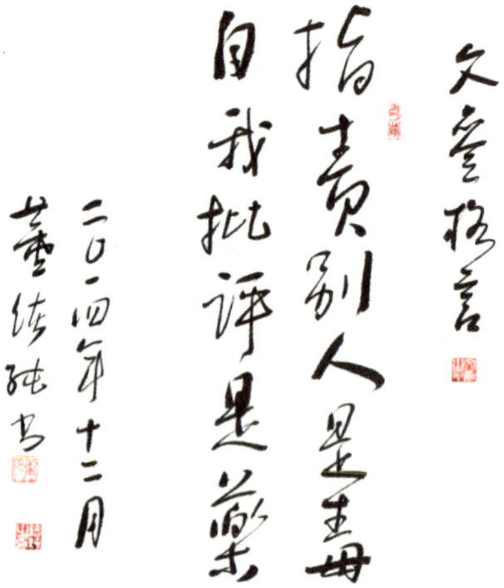

看到别人犯错就大呼小叫、喋喋不休的人，自己本身就不懂规律性思考。

那些统领千军万马的将帅、指点万千江山的领袖，靠的是规范流程、纪律严明，还有雷厉风行。

左 | 指责别人是毒
自我批评是药

右 | 烦恼源于错误
内心决定有无

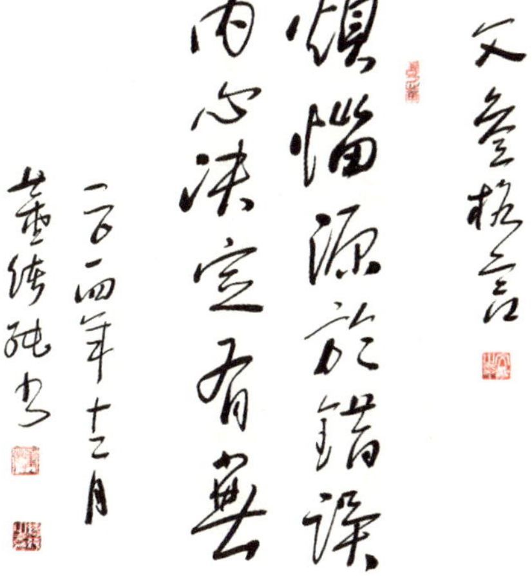

烦恼来自两处：要么没想到，要么没做到。

只有直面现实，深入研究，全面思考，科学决策，认真落实，才能打开心门，安定心神……

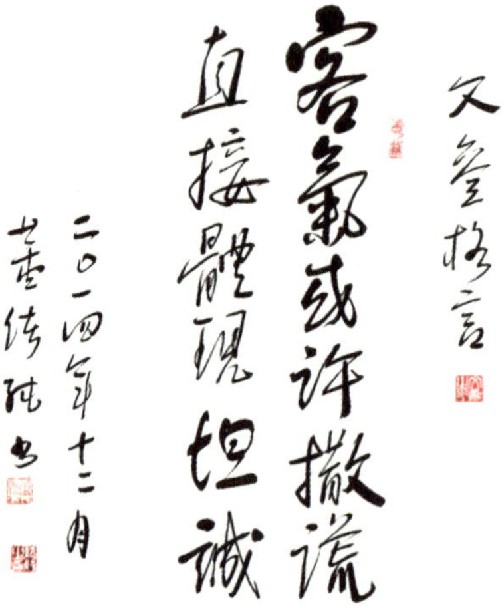

生命中每一次言不由衷的表达，都是一次灵魂污点的积累，而那些表里如一的表达，看似不给情面，却在扶植正气、提振精神。

我们的幸福生活只需保留那些符合规律的习俗。

左 | 客气或许撒谎
直接体现坦诚

右 | 勤劳创造财富
品德享用荣华

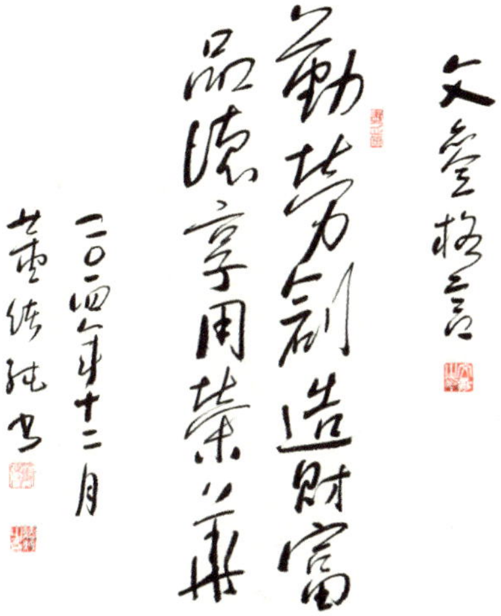

2009年，一位主持人向我讲述，她大学二年级时接到一个电话，说父亲住院，要她回家看望；她赶到家时，父亲已经离世多时。

我看她表情轻松没有痛苦，就问道：“你父亲做什么工作？多大岁数？”她说：“父亲去世时50岁多点，开矿，外面养个女人，住在山上，很少回家。妈妈整天老老实实地在家洗衣做饭，照顾我，像个受气的保姆……”

我又问：“那你母亲现在呢？”“她现在找了个叔叔，叔叔对我妈妈特别好，妈妈现在活得很开心。”

“我不愿意像我妈那样生活，总受爸爸窝囊气……”她面带微笑地说。

听后我沉思良久……

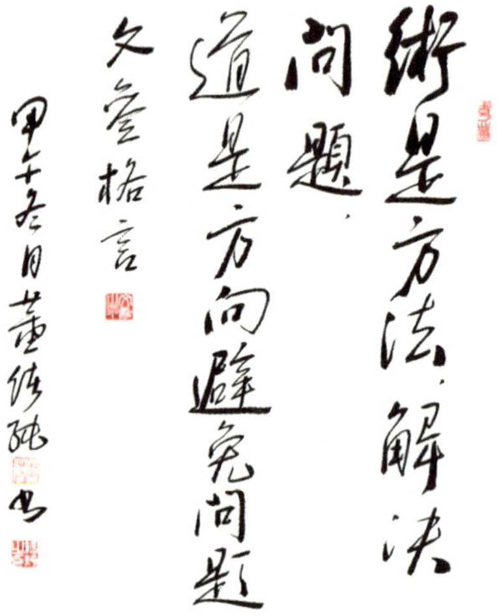

有些人，生活中总有很多困惑，而且不厌其烦地去向一位又一位大师求法，可是新问题还是一个接着一个出现，总是活在一次又一次的求法路上。

其实人生本来简单，越安排越复杂，对待问题做到言行一致、表里如一，烦恼自然减少。

左｜术，是方法，解决问题
道，是方向，避免问题

右｜幸福是人生目标，
更是生命体验

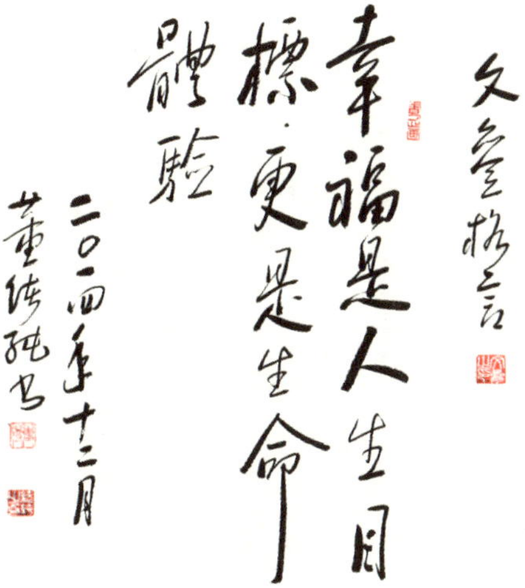

谈到幸福，普遍认为空间很遥远、时间在明天；

其实幸福是一种观念，也是一种状态；

只要我们态度端正、评价客观和行为规范，那么幸福就在拥有……

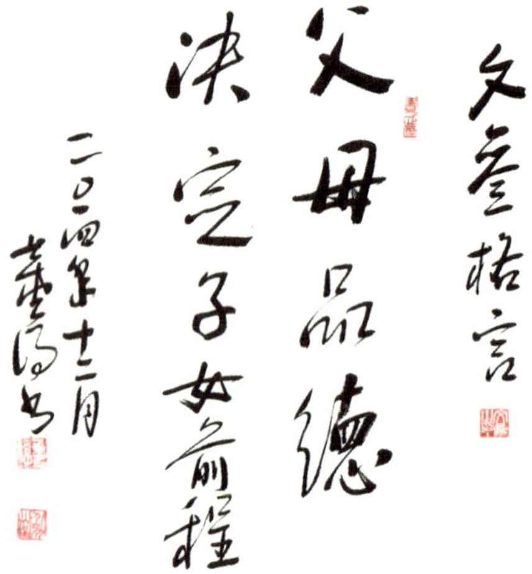

一位阿姨前来咨询："先生，请你看看我在澳大利亚的孩子近来运气怎样？状况如何？"

我略加思索后诚恳地回答："阿姨！其实您想的是祝福孩子，希望他生活顺利，心情愉快！那么，我告诉您祝福孩子的有效方法吧！

"每天您给身边的晚辈、弱者等需要照顾的人多一份关怀、多一份呵护，那么您在万里之遥的子女，就一定有人照顾、有人爱护。"

左 | 父母品德
决定子女前程

右 | 花开思沃土
根深催叶壮

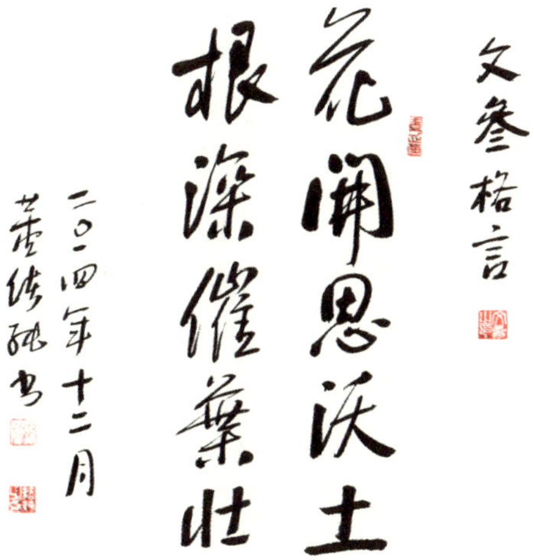

2011 年 10 月我的工作地点转到上海，为了感谢大连人民的勤劳、朴实和智慧，2012 年 2 月 5 日，我自己筹资，组织策划了公益讲座《小爱伤己，大爱受益》。

我对大连这片热土满怀感激，讲座伊始就真情涌动，自然流露出生命感悟“花开思沃土，根深催叶壮”。

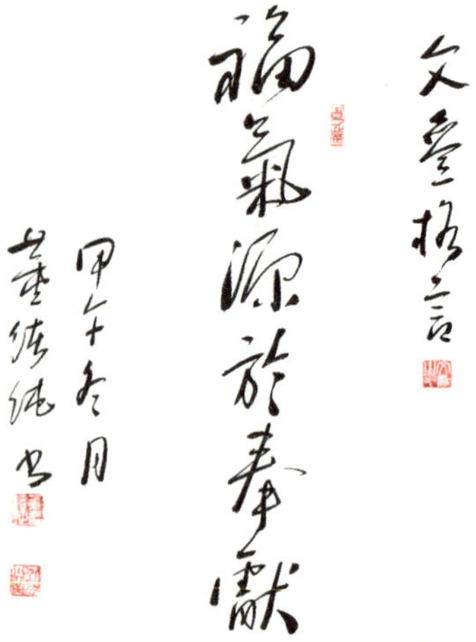

有一次我去家具商场，提前了半个小时，当九点开门的时候，正巧一位阿姨款款走来，看上去两位开门的保安好像专门在迎接她，庄严而隆重。

之后，我走上前去跟阿姨说：“阿姨！您平时为人真好，您真有福气！”

阿姨微笑着说：“谢谢你！何以见得，你怎么知道呢？”

我答道：“机遇来自积累，福气源于奉献。刚才您进商场的时候多么顺利，多么从容啊！……”

左｜福气源于奉献

右｜智慧源于体验

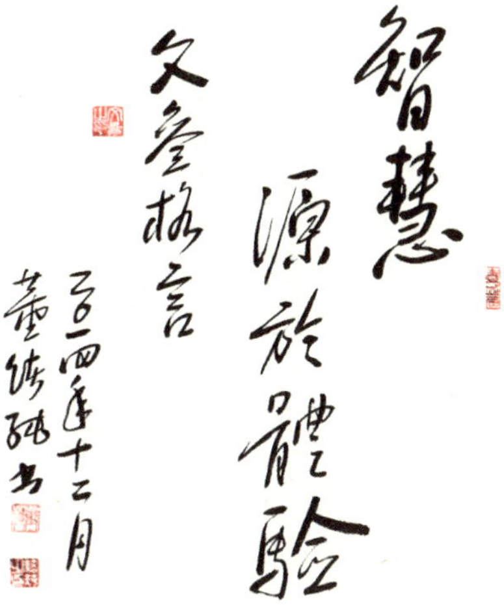

“所恶于上，毋以使下；所恶于下，毋以事上；
所恶于前，毋以先后；所恶于后，毋以从前；
所恶于右，毋以交于左；所恶于左，毋以交于右。”
……

太极思维

文化精髓

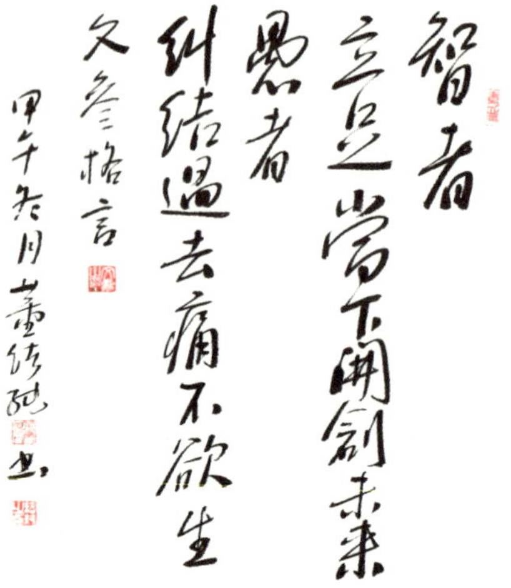

“从生到死有多远，呼吸之间。

从迷到悟有多远，一念之间。”

有位姑娘，因为男友背叛而痛苦得泣不成声，禅师说：“姑娘，你只是失去了一个不爱你的人，而他失去的却是深爱自己的人，你痛苦何来？”

之后姑娘露出了微笑……

左 | 智者，立足当下，开创未来；
愚者，纠结过去，痛不欲生。

右 | 主动平衡
心静神清

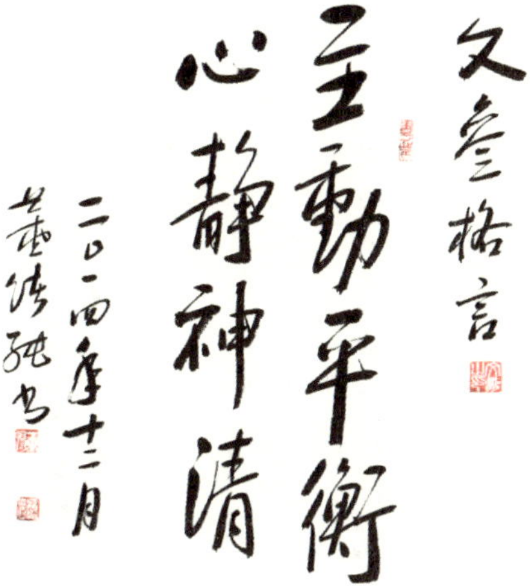

为了后人，先哲留下很多名言。

穷则独善其身，达则兼济天下。

己所不欲，勿施于人。与人为善。

助人为乐。尊老爱幼。尊师重道……

这些名言都在要求我们主动平衡，因为只有这样社会才能和谐，生活才有未来。

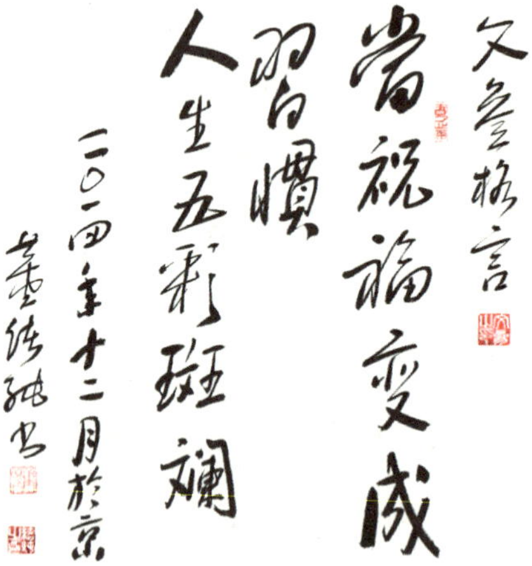

我们今生相逢，语言不同，彼此相融。
晨风送来了朝阳，天空绽放美丽的彩虹。
我们今生相逢，百花齐放，各显其能。
携手共享着繁荣，为生命喝彩，为真诚感动。
思无邪，人精神！理想照亮睿智的时空……

左 | 当祝福变成习惯
人生五彩斑斓……

右 | 怀疑回报真诚，真诚不再从容
真诚回报怀疑，怀疑为之动容；
惊喜只因有你……

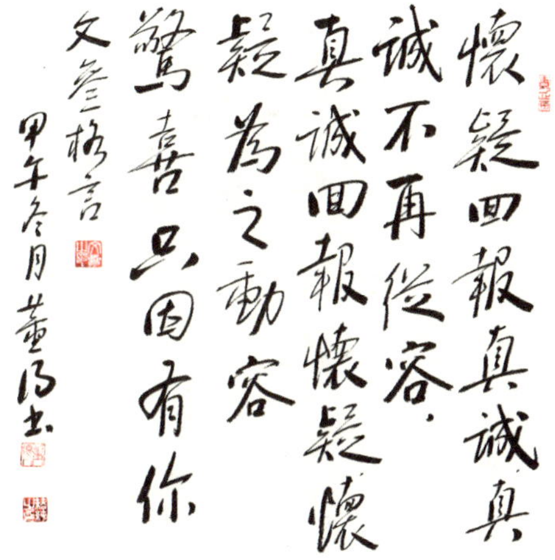

本来，做人容易做事难。

探索规律、改造自然，人类前赴后继付出无数的鲜血和汗水，今天仍然有攻克不了的疾病，无法躲避的灾害。

现实却是，做事容易做人难。

有些人总是目光短浅、言不由衷、弄虚作假、损人利己，直到两败俱伤。

信任，在自私中受损；敬重，在真诚中提升。

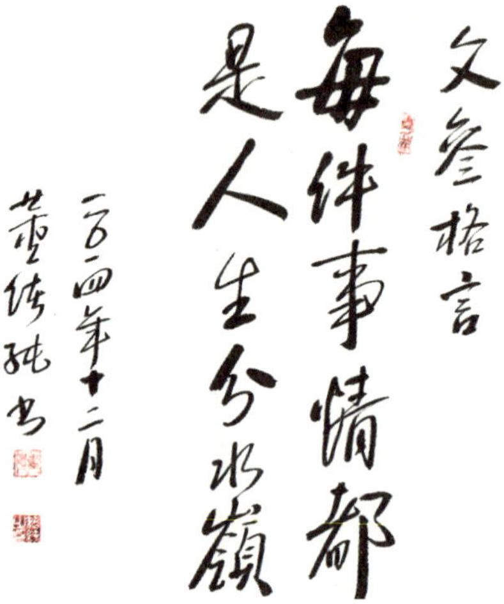

宋朝科举考试，有一次出了两位状元，皇上说面试，考考他们的口才和心智。

考官问：中国有多少文字？你们又认识多少？

甲回答：中国的文字多如牛毛，我认识一把。

乙回答：我不知道文字具体多少，我识字不多但用字不错。

……

左　每件事情
　　都是人生分水岭

右　道德透支
　　风险不可预期

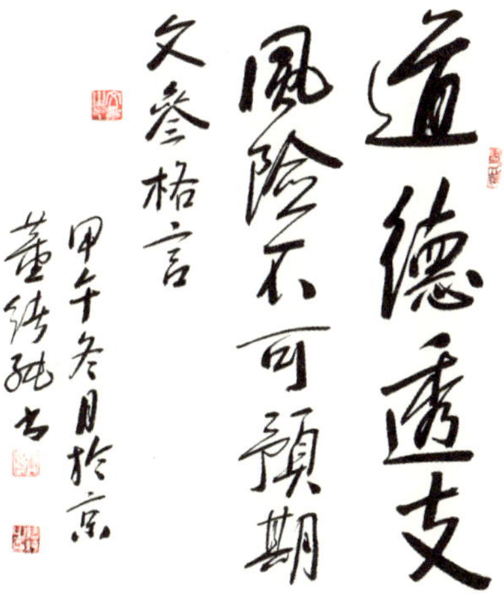

那些令人心碎的事业中断、企业倒闭、朝代更迭，表面看是由某个事件造成，但实质都是由一次次的小错误、一点点的坏习惯逐渐叠加累积酿成的大祸。

道德的内涵是规律。

集沙成堆、集流成河。缺点，不要因为不起眼，你我装着看不见。

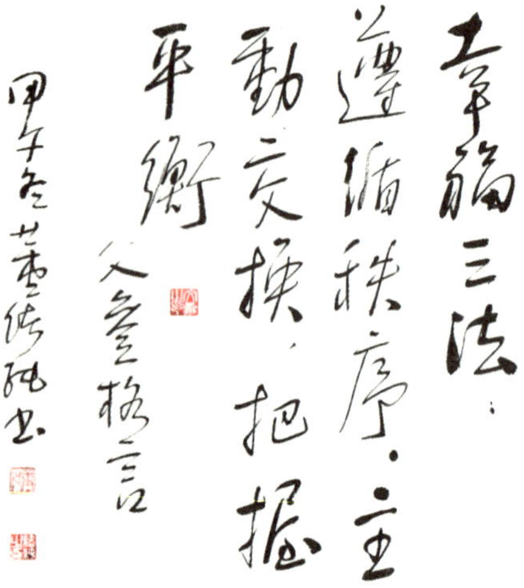

生命过程不同，人生目标一致——追求幸福！

有人信奉“人在做，天在看”，有人信奉“真心换真情”，

有人信奉“凭良心”……

虽然信条千差万别，但实现幸福的路径相同，那就是：遵循秩序、主动交换、把握平衡。

左 | 幸福三法
遵循秩序
主动交换
把握平衡

右 | 生命因思考而高远

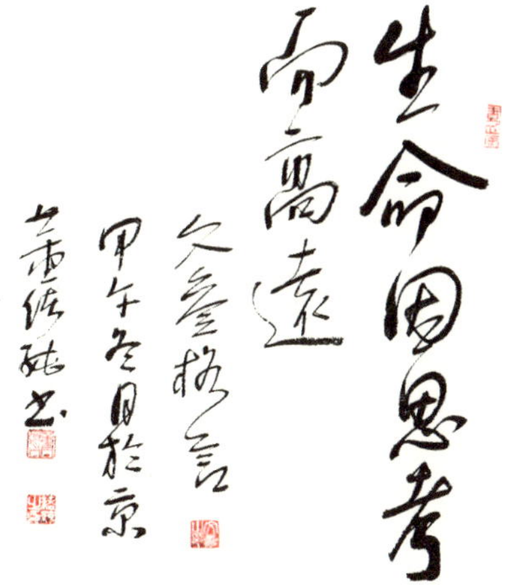

我们不能拥有人类的所有体验。

但是，可以通过品味他人经历丰富自身阅历，探索宇宙奥秘，敬畏自然规律。

一直以来，人类总是真情激荡真情，灵魂涤荡灵魂……

跋　一

太极思维的辩证观和整体观及其影响①

李道湘（中央社会主义学院中华文化教研部主任、教授）

文叁院长继往开来，在太极思维研究方面积数年努力，拒绝了外界的各种诱惑，专心于自己的学问，长期固守这块学术领地，成果丰硕，十分难得。文叁院长具有把中华文化的思想精华传播出去的使命感。今天，有这么多人到会，说明弘扬太极思维的这支队伍正在壮大。

太极思维对中华民族的思维方式和思想观念的影响深远，这种影响主要体现在它的辩证观和整体观上。其辩证观的影响体现在“一分为二”的思维模式的形成上，这种思维模式奠定了中国传统的宇宙论模式和本体论模式；其整体观的影响体现在中华民族对统一的不懈追求上，即中华一统核心价值的形成。

一、太极思维的辩证观对“一分为二”理论模式形成的影响

在中国文化史上，最早提出宇宙论模式的是《周易》。《周易·系辞》说：“易有太极，是生两仪，两仪生四象，四象生八卦。”有八卦而有

① 本文为李道湘先生在2015年5月30日中央社会主义学院“太极思维与中华文化”研讨会上的发言。

万事万物的化生。“太极”即是“一”。“两仪”即是阴阳。由此产生中国古代系统的“一分为二”的宇宙论模式，影响整个中国文化的发展方向和特点。

在先秦，孔子和老子最具代表性。孔子与弟子曾参讨论有关“道”的问题时说：“吾道一一以贯之。”这个“道”是什么？从本体论上说，“道”就是“一”，就是人和万物的根源，从认识论上说，认识了“道”或“一”就可认识万事万物。

老子被视为自然主义的代表，重视宇宙的起源问题。他提出了宇宙演化模式。《老子·四十二章》说：“道生一，一生二，二生三，三生万物，”这一理论模式对中国古代哲学产生深刻的影响。

在两汉，董仲舒按照这一模式，建立起天人感应的神学理论体系。他说：“臣按《春秋》谓一元之意，一者万物之所从始也。”（《汉书·董仲舒传》）又说：“是以《春秋》变一为之元，元犹原也。”（《春秋繁露·重政》）这个“一”或“元”是什么呢？“天者，万物之始祖也。”（《董仲舒传·对策二》）这里体现了“一分为二”理论模式在社会历史领域的运用。

在魏晋时期，王弼用“一分为二”的理论模式解释体用问题、本末问题、有无问题。他说：“万物万形，其归一也。何由致一？由于无也。由无乃一，可谓无。”（《老子·四十二章》注）“一”是本体，是万物的根源，万物是由“一”派生的。

太极思维是具有中华民族特色的思维，它经秦汉以至隋唐儒、释、道各家的发展和丰富，到了两宋道学家融儒、释、道为一，便构成了太极思维的系统。太极思维常常是一个理论包含着一组相互联系的概念和范畴。它运用符号进行抽象思维，并为宇宙本体和万物的形成设计了一个框架或模型。这一点体现在周敦颐的《太极图说》中。

《太极图说》，顾名思义，有图有说。全文短短二百四十九字（有人认为二百五十字，无极而太极前加“自”字），系统而完整地描绘了宇宙万物以及人类的产生过程。就其宇宙论本身而言并无多少新意。自《周易》提出一分为二的宇宙本体模式后，中国古代的哲学家似乎都没有摆脱这一模式的影响，周敦颐也不例外。在此，我们援引全文以作分析。《太极图说》：“无极而为太极。太极动而生阳，动极而静；静而生阴，静极复动。一动一静，互为其根。分阴分阳，两仪立焉。阳变阴合，而生水、火、木、金、土。五气顺布，四时行焉。五行，一阴阳也，阴阳一太极也，太极本无极也。五行之生也，各一其性。无极之真，二五之精，妙合而凝。乾道成男，坤道成女，二气交感，化生万物。万物生生而变化无穷焉。惟人也，得其秀而最灵。形既生矣，神发知矣。五性感动而善恶分，万事出矣。圣人定之以中正仁义，而主静（自注：无欲故静），立人极焉。故圣人者，与天地合其德，日月合其明，四时合其序，鬼神合其吉凶。君子修之吉，小人悖之凶。故曰：立天之道，曰阴与阳，立地之道，曰柔与刚，立人之道，曰仁与义。又曰：原始反终，故知生死之说。大战易也，斯其至矣。”（《宋元学案》中华书局）

周敦颐在这里完整地描述了宇宙化生万物的过程，先后的次第以及最后的归宿。由无极而太极，而阴阳，而五行，由五行二气新交感，而出现万物之灵者人类，万物由此化生无穷。又以中正仁义立人极焉。人极所以立，是以人可以裁万物以及自身。从宇宙论到人生论成一完整的体系。不难看出，周敦颐与中国古代大多数哲学家一样，由宇宙论进到人生论，为了给自己的人生论寻找可靠的自然前提都首先要构造一个宇宙模式论。

唐宋元明清时期，既讲“一分为二”，也讲“合二为一”。标志着“一分为二”理论模式的成熟，并被广泛用于自然和社会的各个领域。

纵观整个中国哲学史，在宇宙论和本体论上都没有超越“一分为二”的理论模式的影响，并影响到人们的思维方式和行为方式。

二、太极思维的整体观对中华民族统一意识的影响

太极是一种辩证思维，也是一种整体性思维。太极思维强调变化发展更强调“一”的整体性、本体性、本源性，它是一切事物存在的基础或前提，也是人们追求的最终目标和最高境界，表现在社会政治领域就是中华一统意识的形成，中华民族追求统一、尊崇统一的意志和决心，这可能是世界少有的。中华一统作为一种思想观念，其内涵非常丰富，并随着历史的演进而发展变化，其主要内容表现为政治一统、思想一统、民族一统。

1. 政治一统

大一统观念萌芽很早，《诗经》谓：“普天之下，莫非王士；率土之滨，莫非王臣。”（《诗经 · 小雅 · 北山》）周天子作为君统和宗统的核心，成为天下一体的象征。到春秋战国时期，伴随国家政治格局由统一到分裂、再到统一的历史运动过程，大一统观念有了进一步发展。明确提出并阐述“大一统”观念的是《春秋公羊传》。《春秋经》的第一句话是“元年春王正月”《公羊传》解释说：“元年者何？君之始年也。春者何？岁之始也。王者孰谓？谓文王也。曷为先言王而后言正月？王正月也。何言乎王正月？大一统也。”《公羊传》以周文王为天下一统的象征和核心。孔子也提出大一统思想，力图建立一个西周式

的大一统国家，以结束战乱，统一国家。由此看来，这种一统主要是指国家政权和制度上的统一。此后，大一统就成为人们追求统一、消除分裂割据的思想理论依据。（李宗桂《儒家文化与中华民族凝聚力》广东人民出版社 1998.109-110）

大一统的政治理想由秦始皇统一中国变成了现实。秦始皇是一国之主拥有至高无上的绝对权力，“天下安危，定于一身”。然而统一的秦王朝并没有把儒学作为立国之根本思想，而信举法家学说。随着秦朝灭亡，社会政治实践表明，法家学说作为一种政治意识形态并不能满足大一统帝国的需要。汉初吸取秦朝灭亡的教训，由董仲舒对先秦儒学进行了改造，使之更加适应大一统封建国家的需要。

儒学本是“内圣外王”之学。所谓“内圣”，表现为善的德行，而善又以广义的仁道精神为内容；所谓“外王”，是指治国平天下的事功。就儒家总的价值趋向而言，“内圣”始终处于主导地位，外王事功不过是其逻辑的必然结果。《大学》“修身、齐家、治国、平天下”的思想，修身旨在达到内圣的境界，治国平天下则属广义的外王，但在儒家的某些代表人物那里，“外王”被提高到十分重要的地位。荀子认为，理想的人格应当具有“经纬天地而裁官万物”的本领，理想的圣人应当是“修百王之法，若辨黑白；应当时之变，若数一二；行礼要节而安之，若生四枝；要时立功之巧，若诏四时；平正和民之善，亿万之众而博若一人”（《荀子 · 儒放》），这样的人是集道德力量与政治力量于一身的人物，是通晓一统天下的外王之道又通晓道德修养的内圣之学的理想楷模。而董仲舒在发挥“内圣外王”之学时，就更加突出了“外王”的政治理想，并使之与专制政体结合，使儒学彻底地政治化了。他认为大一统首先是政治权力的大一统。董仲舒说：“《春秋》

大一统者，天地之常经，古今之通义”(《贤良对策》)。他把大一统说成是宇宙间普遍的原则。而大一统就是统一于天，统一于王。董仲舒认为：“唯天子受命于天，天下受命于天子，一国则受命于君”(《为人者王》)，就是说大一统帝国在政治上要统一于“受命而王”的天子。而“天子”即“王”介于天人之间，上承天命，下治百姓，即“上奉天施而下正人”(《竹林》)。因此大一统首先是指政治上统一于“受命而王”的天子，“屈民而伸君，屈君而伸天”(《玉杯》)，这就是《春秋》之法、《春秋》之大义。由此看来，董仲舒主张的是一种绝对君权的“王道政治”。君主就行政权而言，“天下之事无大小皆决于上”(《史记·秦始皇本纪》)，即从中央到地方所有的行政事务最终的决定权集于君主之手，大权从无旁落；就立法权而言，君主“口含天宪”，其诏、旨、策、制、敕（chì）、谕等皆为法律，法律的兴废皆以君主的意志为转移。所以黄宗羲说中国的法律不是天下之法，而是一家之法；就司法权而言，君主是最高法官，执掌臣民的生杀予夺大权，如推出午门斩首就可斩首，无须经过司法程序。此外，君主还掌握军事指挥权、管理任免权等。这样，儒学被董仲舒改造成彻底的专制政治工具。汉朝以后，历代封建王朝基本上是沿袭“秦汉之制”，无论是政权结构，还是组织结构都没有什么变化，形成长达数千年的集权大一统的封建政体，并进而影响了作为这一封建政体的推行者和执行者的封建官僚以及广大国民的价值取向，形成了维护统一、忠君顺上的价值观念。

2. 思想文化一统

实行思想文化统一是君主专制的必然要求，当汉朝取得了政治上的稳定和经济上的繁荣以后，思想的统一就提到议事日程上。董仲舒向汉武帝建议说:“今师异道，人异论，百家殊方，指意不同，是以上亡以持一统……以为诸不在六艺之科、孔子之术者，皆绝其道，勿使并进。邪说之说灭息，然后通纪可一而法度可明，民知所从矣。”(《汉书·董仲舒传》)在这里，董仲舒以“六经”为标准，提出了“罢黜百家，独尊儒术”的思想。他把意识形态定于一尊，使之更加适应地主制经济、宗法——专制君主政体的需要，其独尊儒术的主张不仅被汉武帝采纳，推行于当世，而且在汉至清的两千年间行之久远。经过长期教化以及历史的积淀，这种定意识形态为一尊的思想大一统逐步成为多数中国国民的共识，并进而转化为社会各阶层人的心理定势。

3. 民族一统

中国自古就是一个多民族的国家，要实现大一统，必须解决“夷夏之防”的矛盾。如何处理夷夏关系呢? “《春秋》内其国而外诸夏，内诸夏而外夷狄，王者欲一乎天下，曷为以内外之辞言之? 言自近者始也”(《春秋公羊传·成公十五年》。由此可见，大一统与“夷夏之防”并不矛盾，它不是将夷狄摒弃于中华之外。大一统既指“诸夏”一统，也蕴含着“夷夏”一统。以“礼”教化内外，无所谓“夷夏”之别。

这种民族一统观念到清代有了进一步发展。清人段玉裁撰《说文解字注》，在注释“夏，中国之人也”这句时说:“以别于北方狄，东方貉，南方蛮闽，西方羌，西南僬侥，东方夷也，”这是依据古义和传统观念作的解释。时人王绍兰在《说文段注订补》中对这条段注加以订补，谓:“案:京师为首，诸候为手，四裔为足，所以为中国之人也。”这一解释表明，在当时人们的观念中，中国疆域内的各民族皆是“中国人”，中国各民族是一个统一的整体。

大一统，是一种气魄，一种积极开拓奋发向上的气魄。大一统，是一种胸怀，一种兼收并蓄包容一切的胸怀。大一统，让我们的民族从分散归至凝聚，就算经历再多劫难，心中仍有一个祖国的轮廓。

历经秦朝、西汉、东汉（自公元190年“董卓之乱”首开分裂，遂进入到了东汉末年的军阀混战时期）、西晋（统一时间极为短暂，统一不过10年即进入了“八王之乱”和“五胡乱华”）、隋朝、唐朝（“安史之乱”后，唐王朝进入了漫长的“藩镇割据”状态）、明朝（北方蒙古高原的蒙古族军事力量长期与明对峙，直至明代灭亡）。为什么偏偏是中国人创造了中华大一统的奇迹？这与中华文化的传统有关，与中华民族的思维方式有关，我们今天研究探讨太极思维与中华文化的关系，就是力图揭示一个民族的思维方式在什么程度上影响到这个民族文化的发生发展及其特点的形成。只有在了解、理解并怀有一种同情和敬意的基础上，才能做好传统文化的创造性转化和创新性发展的工作，才能真正实现中华文化的复兴。

跋　二

太极思维：哲学、思维科学、文化学皇冠上的一颗明珠[①]

——读文叁先生的新著《太极思维》

陶伯华（中国思维学会[筹]学术研究中心学术委员会秘书长、无锡社会科学院研究员，享受国务院政府特殊津贴）

太极思维与中华文化研讨会围绕文叁先生的新著《太极思维》（九州出版社 2014 年版），在中央社会主义学院（中华文化学院）的召开，本身就说明了学术界对太极思维研究的重视，也表明了太极思维在中华学术研究中所具有的重要地位。我认为，太极思维是哲学思维科学文化学皇冠上的一颗明珠。提出这个命题的主要理由以下有三条。

① 本文为陶伯华先生在 2015 年 5 月 30 日中央社会主义学院“太极思维与中华文化”研讨会上的发言。

一、在哲学层面上，太极思维深刻触及了中华有机宇宙观与辩证法的精髓

1.中西思维方式的基本区别

中国是与埃及、巴比伦、印度、希腊并立的世界文明古国，又是唯一的将远古文明持续地推进到中古文明、在15世纪前一直保持着世界科技与经济领先发展地位的东方大国。伟大的文明创造必然要以自觉的逻辑思维为工具。爱因斯坦在作东西方文明比较时，惊奇地指出：“西方科学的发展是以两个伟大的成就为基础的，那就是：希腊哲学家发明的形式逻辑体系（在欧几里德几何学中），以及通过系统的实验发现有可能找出因果关系（在文艺复兴时期）。在我看来中国的贤哲没有走上这两步，那是用不着惊奇的。令人惊奇的倒是这些发现（在中国）全都做出来了。”

这就提出了一个十分深刻的中华古文明之谜：中国的先哲们没有走从演绎法到归纳法的西方形式逻辑发展之路，但中国古代伟大的科技发现与发明却全都做出来了。那么这些伟大的科技成果是借助什么逻辑方法来取得的呢？中国的先哲们为中国古代的科学巨匠们提供的那些执世界科技牛耳的逻辑工具又是什么呢？

英国著名学者李约瑟在尽其大半生精力研究中国科技发展史后指出：“当希腊人和印度人很早就仔细地考虑形式逻辑的时候，中国人则一直倾向于发展辩证逻辑。与此相应，在希腊人和印度人发展机械原子论的时候，中国人则发展了有机宇宙的哲学。在这些方面，西方是初等的，而中国是高深的。”李约瑟的论述深刻回答了爱因斯坦之问。

那么中国人一直倾向于发展的辩证逻辑，高深的有机宇宙的哲学，其核心是什么呢？就是文叁先生的书封面以醒目的字体标出的：太极

思维——事物发展的规律，中华民族的精神特征，人们心灵深处共通的自然法则，人类社会的文化精髓。

2. 中国传统的太极阴阳思维与马恩列毛对辩证法的探索

为什么只有太极思维才触及中国人一直倾向于发展的辩证逻辑、高深的有机宇宙哲学的核心呢?

这要从近现代哲学大师对辩证思维规律的探索谈起。

我们知道，辩证法在黑格尔那里才形成一个体系，黑格尔还猜测辩证逻辑最基本的范式应该是矛盾的“不可分离性”。马克思将黑格尔唯心的辩证法颠倒过来，建立在唯物论的基础上。恩格斯系统总结了辩证法的三大规律，并触及矛盾的“不可分离性”。他写道:“我记得正是同一和差异的这种不可分离，最初是怎样折磨我的，尽管我们每前进一步都不能不碰到这个问题。”列宁将辩证法的三大规律归结为最根本的矛盾规律。毛泽东的《矛盾论》继承了列宁的思想，并进一步揭示了矛盾问题的“精髓”——个性、共性，相对、绝对的相寓关系，尖锐指出不懂得矛盾问题的“精髓”就等于抛弃了全部辩证法。

正如文叁在书中准确表述的，太极思维的基本内容是阴阳互根、阴阳对立、阴阳消长、阴阳转化。你看中国古老的太极图，黑白阴阳鱼相拥相抱，此消彼长，互相转化，而且黑鱼有一只白睛，白鱼有一只黑睛，正说明阴在阳之内，阳在阴之内，阴阳互根，而不是外在的互相对立。这正触及了黑格尔辩证法的基本范式——矛盾的不可分离性与毛泽东矛盾问题的“精髓”。

3. 斗争哲学、和谐理论与当代的否定之否定

太极思维正因为在辩证法的基本范式与矛盾问题的“精髓”上有自已独特的理论建树，因而能在更深的层次上划清了辩证法与形而上学这两种宇宙观与方法论的界限。而忘记了这种根本界限，就会犯全局性的错误。“文革”时期，一切以阶级斗争为纲，只讲斗争，不讲统一，结果导致了十年动乱。改革时期，有人又片面理解建设和谐社会、和谐世界的战略目标，以和谐掩盖对丑恶势力的斗争，结果造成一些地区一些部门腐败成风，百姓怨声载道。这就必然导致当代的否定之否定，重新回到阴与阳、和谐与斗争不可割裂、辩证统一的正确轨道上来。

文叁先生在《太极思维》中专设《祛除“四风”》一节，这就使领悟经典与联系当下结合起来，大大增加了课题研究的现实指导意义。

二、在思维科学层面上，太极思维深刻触及了钱学森院士提出的大成智慧学与大成智慧工程的核心理念

1. 打造太极思维的青春版

20 世纪 80 年代初，我国著名科学家钱学森院士倡议创建现代思维科学学科体系，基础学科是形象（直感）思维学、抽象（逻辑）思维学、灵感思维学（后纳入创造思维学）、社会思维学。当时钱老还多次提到要重视辩证思维与特异思维的研究。1984 年由钱老亲自主持在北京召开第一次全国思维科学理论讨论会，成立中国思维科学学会筹备组，由张光鉴研究员任筹备组组长，田运教授、戴汝为院士任副组长。1985 年，上海体育学院罗以迪老师受钱学森讲话与南京大学天文系朱灿生论文《太极（阴阳）——科学的灯塔》影响，将两者结合起来，提出了“太极思维”的新概念，并应用于高等教育改革，引起很大反响，获得了上海体育教学奖，上海广播电台还作了专题报道。作者还在中国思维科学学会（筹）学术研究中心主办的《思维科学通讯》等杂

志上发表了关于“太极思维”的多篇论文。20 世纪 90 年代，武汉大学一位学者在花城出版社出版了《太极思维与预测》一书。该书责任编辑在《编者话》中向读者推荐此书时，把提出“太极思维概念”的首创之功，归于这位学者，由此引来罗以迪老师的反驳，并向中国思维科学学会（筹）学术研究中心投诉。

重提这段学术公案，我想说明两点。一是“太极思维”确是出现于 20 世纪 80 年代的新概念。中华传统学术只有“太极”“太极图”，“太极思维”则是中华传统学术与现代科学相交叉、相结合的产物。二是从一个新概念、新命题的提出到一个比较成熟的理论体系的形成，往往要经过数代人的艰苦探索。

从 1985 年“太极思维”概念的提出，到今天我们在这里讨论年富力强的文叁先生的《太极思维》一书，已过去了整整 30 年。由此也可见，今天举行的太极思维与中华文化研讨会是富有代际对话意味、富有新世纪新学术新进步意味的一次重要会议。我们要通过一代接一代学者的努力，打造好适应当今时代的太极思维青春版。

2. 太极思维的青春版深入现代思维科学发展的最高层面

继在 20 世纪 80 年代提出建立思维科学、人体科学、系统科学三大学科之后，战略科学家钱学森在 90 年代又超前提出创立视域更为广阔的大成智慧工程与大成智慧学的任务。

要创建视域更为广阔的大成智慧工程与大成智慧学，首要的问题是必须突破狭义的智慧观，搞清智慧究竟是什么?

在这个问题上，长期以来西方学术界往往把智力与智慧这两个概念交织在一起使用。中国古代的智慧观则明显不同于西方知识型的智慧观。中国的智慧虽然也不乏知识求索的成分，例如“知”与“智”

两个字可以通用互换，但在另一方面，人格的高尚和境界的追求，在中国哲人的眼中显得更为重要。

钱老认为“智慧并不仅仅是有知识”，“智慧是人脑更高层次的活动，聪明、机灵，以及所谓智力、智能都是在低层次，低一个或几个层次”。“要有智慧就必须懂得并会运用马克思主义哲学去观察分析客观世界的事物。”“科学技术体系包括了人类所认识到的客观世界规律的全部精华，它就是智慧的源泉。”“我还要说，一个有智慧的人，是懂得大道理的人，是有社会主义和共产主义理想的人，因而也是一个有道德的人。”他还说：“毛泽东的许多思想，都是从中国文化提炼出来的。毛泽东是用传统文化中的精华、诗人的气概，结成伟大的智慧，战胜了机械唯物论和唯心主义，成为中国革命的伟人。”“在这方面，毛泽东同志给我们作出了范例，他的智慧基本上来源于此，即实践加中国传统文化艺术。”钱学森在 20 世纪 90 年代讲的这些话，与隔了整整 20 年习近平针对中华传统文化提出的“四个讲清楚”完全一致。中华大道文化宏大构架的“大智慧观”是西方知识论的“小智慧观”不可比拟的。正是从这种宏大的学术构架与全球视野看问题，钱学森才能从大战略的高度得出“必集大成，才能得智慧”的重要结论。“大成智慧”的特点正是沉没在广阔的信息空间里所形成的网络智慧，正是在全球危机加深，在知识爆炸、信息如潮的时代里所需要的新型的思维方式和思维体系。

从“大成智慧”的核心理念出发，我们才能更深刻地认识中华太极辩证思维在大成智慧工程与大成智慧学中所居的重要地位，才能更全面地把握人类智慧思维的多维集成模式及其运行方式。

例如在人类智慧思维的目标设置上，以往的“哲学家们只是用不同的方式解释世界，而问题在于改变世界”。同马克思以前的旧哲学家一样，西方的心理学家也把人类智慧思维等同于认知思维，把智慧思维的目标限定为知识论框架中的认识世界、解释世界。

其实，认识世界、解释世界仅仅是智慧思维目标的第一境界。在认识世界的“物质变精神”阶段，智慧思维集成系统中的认知思维起着主要的作用。认知思维包括感性认识阶段的悟性思维与理性认识阶段的理性思维。由于人和动物共有的悟性思维都是形象思维，一些人误以为形象思维是低级的感性认识，抽象思维才是高级的理性认识。

据我们的研究表明，形象思维与抽象思维只是思维载体不同的两种掌握世界的基本思维方式，对于人类来说，好比鸟之双翼、车之两轮，具有缺一不可的同样重要的作用。

如果说在认识世界的“物质变精神”阶段认知思维起主要作用的话，那么在改造世界的“精神变物质”阶段，意向思维则起着主要的作用。在意向思维活动中，形象思维、抽象思维、创造思维、社会思维的基本规律同样都在起着作用。但意向思维从操作步骤讲，可分为价值评判思维、方案设计思维、决策择优思维与实施方案的动作思维。就人类的目的意向层次分，可区分为功利价值思维与审美诗性思维。

在匮乏社会中，利用世界、占有世界的功利思维总是占据社会思维的主导地位。迄今为止的人类社会都没有超越这一阶段，这可以看作智慧思维目标的第二境界。唯有在生产力极大发展、物质财富充分涌现的未来理想社会中，由人类的“内在目的”驱动、“内在尺度”规范、由“自由人联合体”为主体条件的诗性思维，才能以超越功利性的美化世界、全面发展自由个性为改造世界的最高目标，并占据社会思维的主导地位。也只有到这时，智慧思维才能在目标演进上进入最高的第三境界。

从智慧思维的目标演进三境界，我们可以看到面向客体，包括悟性与理性两个层次的认知思维，仅是一种认知智力，仅是一种基础性的智慧思维；认识世界的认知思维与改造世界的意向思维相结合，才有完整的人类智慧思维。在意向思维中，追求与设计“价值蓝图”的功利思维，仅是一种低智慧思维；使功利性受制于德性、并按照人类特有的“两个尺度”与“美的规律”运思的诗性集成思维，才是一种高智慧思维。理性思维、功利性思维、德性思维、诗性思维在实践基础上分层次集成为人类智慧思维的核心结构。由此可见，把智慧思维等同于逻辑理性、局限在认识论框架，是片面的；把智慧思维等同于实用理性、局限在功利谋划的价值论框架，也是短视的、有害的。

而正如我们在下面要展开论述的，文叁先生的新著《太极思维》其重心正放在改进思维品质、追求人类幸福的人生太极思维系统、社会太极思维系统的建构上。十三个鲜活案例，更是毫不留情地批评当今社会生活中流行的狭隘的功利性思维，倡导更高层次的德性思维与诗性思维。

此外，太极思维的辩证方法，更为我们全面把握人类智慧思维的多维集成模式中成对出现的悟性思维与理性思维、形象思维与抽象思维、认知思维与意向思维、功利思维与德性思维、个体思维与群体思维提供了方法论基础。

三、在国学与文化学层面上，太极思维深刻触及了中华优秀传统文化的合理内核

国学与中华文化学的经典源头在《周易》。被东方学者称为“天书”，被西方学者称为“东方圣经”的《周易》，是中华文明最古老的智慧宝典，是儒道两家共同的思想源头，是规范民族文化基本特征的思维“基因”。它雄踞六经（易、书、诗、礼、乐、春秋）之首、三玄（易、老、庄）之冠、世界三大经典（易经、圣经、吠陀经）之巅。

《周易》的成书经历了漫长的观察、思考、提炼、深化过程。班固在《汉书·艺文志》中说：“《易》道深矣，人更三圣，世历三古。”相传是上古时的伏羲制卦，中古时的文王系辞，下古时的孔子作十翼。由于《周易》经传体大思深、蕴含巨大的学术文化发展空间，这就为后世各派易学的注疏、发挥、深化创造了文本条件。一部《周易》，从经到传，短短六千余字：从原典到诸说，洋洋三千余册，几乎调动了中国历史上所有思想家的才智。可以说《周易》与易学是世界历史上最宏大的一项智慧工程，是华夏先民对人类辩证思维发展作出的杰出贡献。

如前所述，太极思维因为抓住了辩证法最核心的矛盾阴阳规律，抓住了矛盾阴阳规律的精髓，因而也就深刻触及了中华优秀传统文化的合理内核。而文叁先生作为《周易》世家的第四代传人，则进一步提出太极思维的核心构架，在继承传统的同时还从当前实践出发，积极进行中华传统优秀文化的创造性转化工作，以弘扬生命的正能量。

文叁先生提出的太极思维的核心构架由秩序、交换、平衡三部分构成。

1. 秩序是基础：上下相生，左右相克。

这里的秩序反映了自然规律、社会伦理，强调上下相生，左右相

克，有无转化，内外兼顾，而剔除了传统文化，特别是儒家文化中错误的天尊地卑、男尊女卑、君尊臣卑等等级观念。

2. 交换是过程：有无相生，此消彼长。

文叁先生提出交换的态度三层次——榜样：主动给予，长久发展；普通：眼前交易，当下利益；反面：只想索取，阻碍前程。这既是现实生活的提炼，也是人生价值观的展示。

3. 平衡是目标：内外兼顾，和谐共生。

同样，平衡既是我们的生活状态，又见我们的人生追求。文叁提出要养成“主动平衡，心静神清”的习惯，形成“储蓄祝福，改善人生”的意识，达到“小爱伤己，大爱受益”的境界，这也是在弘扬生命正能量。

文叁先生在自己的理论体系建构中提出的一个核心理念是：人类思维是一个强大的信息加工创造、能量交换控制系统（利用互联网、物联网技术，最近上海交通大学机械与动力工程学院硕士研究生李广晔在导师张定国的指导下，成功利用人类的大脑意念遥控活体蟑螂行为，就是证明）。

在社会太极思维系统与人生太极思维系统的互动中，正负思维信息能量在上下之间、左右之间、前后之间、内外之间不断进行交流、交换，从而决定人的各种行为选择与事业作为。据此可以科学地进行各种社会与人生行为的预测与干预。

文叁新著中提供的极有新意的十三个预测案例，未用流传的易经占卜法，也未用释家的果报说，只用新的太极思维理论进行逻辑推理就得到了很有说服力的结果。为此我们建议文叁先生在今后的研究中运用“太极思维”理论，充分展开说明人类思维是一个强大的信息加工创造、能量交换的控制系统，从而进一步为太极思维的核心构架——“秩序、交换、平衡”的内在运作机制，提供现代科学的理论支持。

中华传统文化博大精深，“太极思维”探索未有止境。

我们预祝年富力强的文叁先生在生命、事业、文化、幸福的探索中获得更大的理论成果与事业建树。

跋　三

太极思维理论体系的探索之路

文叁（太极思维研究院院长，全国道德教育宝山示范基地副主任）

“甚爱必大费。”

“德不孤，必有邻。”

几十年来，我一直在思考几个问题，并努力寻找答案。

一、我们中华民族历史悠久、文化深厚，人民勤劳勇敢、聪明智慧，但无论是饥不择食的年代还是衣食无忧的年代，我所感受的现实是：很多官员、学者、民众、商人基本上处于焦虑而艰辛的状态。

二、科技进步、社会发展，为什么人类的混乱与战争从未间断？

2005 年起我继承祖业，应用中华民族的瑰宝《易经》来为自己，同时也为大家解答情感、财富、事业等方面的疑惑。

为了精益求精我经常拜师求学，在为客户排解人生困惑、改善环境风水、调整生命气场的过程中逐步发现——烦恼源于错误：有的错在观念，有的错在行为，有的错在父母，有的错在子女，有的错在无意间，有的错在有意中……在大连、北京、深圳等全国各地不同场合与有缘人分享我的工作心得、人生感悟的过程中，我对生命规律的认识不断有新的发现。

2011 年 10 月以来我的工作地点大部分在上海，在中国社会科学院考古所实习基地、上海国际展览馆、中华企业大厦、金茂大厦、招商局大厦、聚隆阁饭店……都曾留下我讲课的身影。我难以忘怀上海和泰花园小区，那是思想成果“太极思维”从雏形到系统的理论整理期间我所居住过的地方。那段时光五味杂陈，但回头看，无限美好，无比美妙……

太极思维是中华文化的继承与发展，是我在淡泊名利、不计得失的心态下，对自然和社会进行持续地观察、思考、归纳、综合，反复提炼和不断实践的结晶。

艰辛探索中，最先在大连提炼出人生的四种需求：地位、名誉、自由、利益。当发现采用太极模型可以表述它们之间的运行规律之后，我内心自然就有了形成一个学说的想法，经过深思熟虑命名为“太极思维”。后来有了人生太极思维系统，社会太极思维系统，进而有了核心架构：秩序、交换、平衡。

理论永远发展，实践永无止境。太极思维定义是历经不计其数次的提炼修改最后才完成的。2013 年 11 月、2014 年 4 月，我对太极思维理论体系又作了更进一步的完善，提炼出事物和现象的能量转化模型。2014 年末，太极思维理论体系形成。2015 年再次修订。之后经过 2016 年的实践，又不断完善。

“甚爱必大费。”我的妻子阎冠伊深明大义，每当太极思维受益者感谢我的时候，我就更加感恩她的大爱情怀。

“德不孤，必有邻。”非常荣幸，有识之士一直在关注和支持太极思维的发展，并对太极思维的社会价值给予了积极的肯定。董学林、韩孝平、王京、李之朋、杨伟才、傅平、苏君、邵章鸿、贺云龙、刘叶杰、刘艳丽、穆士全、陈刚、李春淼、郭咏军、路凯、胡开建、吴飞、周荣芳、高飞、王静、刘恬、陈达良、刘东辉、王红岩、凌文元、顾惠平、梁红、姜晓卉、叶庆、程小平、李震华、郭捍卫、田兰英、张耀伟、刘镇中、李道湘、周家、葛春波、马筠、刘长春、黄文涛、和龑、姚强、何朗等都是需要铭记的朋友。

感谢著名书法家董绪纯先生为本书题名并书写文叁格言。感谢养山堂水墨画院院长、国家一级美术师单文锋先生为本书插图提供相应素材。

在太极思维的理论研究和理论完善过程中，以下三位前辈的指导和关怀意义重大，在这里特别感谢——

中共中央委员、全国政协常委、中央社会主义学院党组书记、第一副院长叶小文先生。

吉林省原省长、全国人大法律委员会副主任委员、第十五届十六届中央委员、中纪委委员洪虎先生。

民进中央原副主席、全国政协常委、社会学家邓伟志先生。

人生事业的最高境界：职业与兴趣结合。弘扬中华太极思维，改善人类思维品质，增进你我人生幸福，永远是我孜孜不倦的事业追求。

2017 年 3 月于上海

附一

幸福之树

1= F $\frac{4}{4}$

♩=75

作词：文叁 李黎
作曲：文叁 于茜

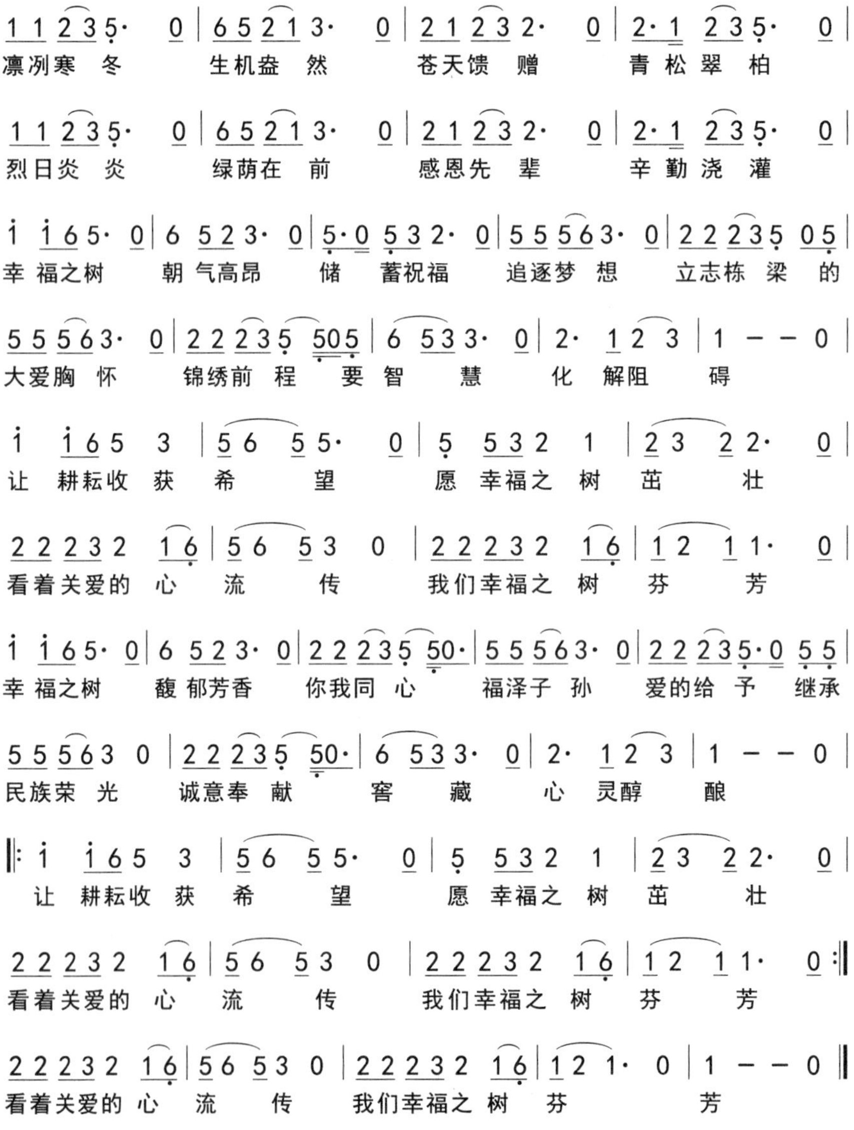

附二

今生相逢

1= A $\frac{4}{4}$

♩=44

词曲：凌文叁

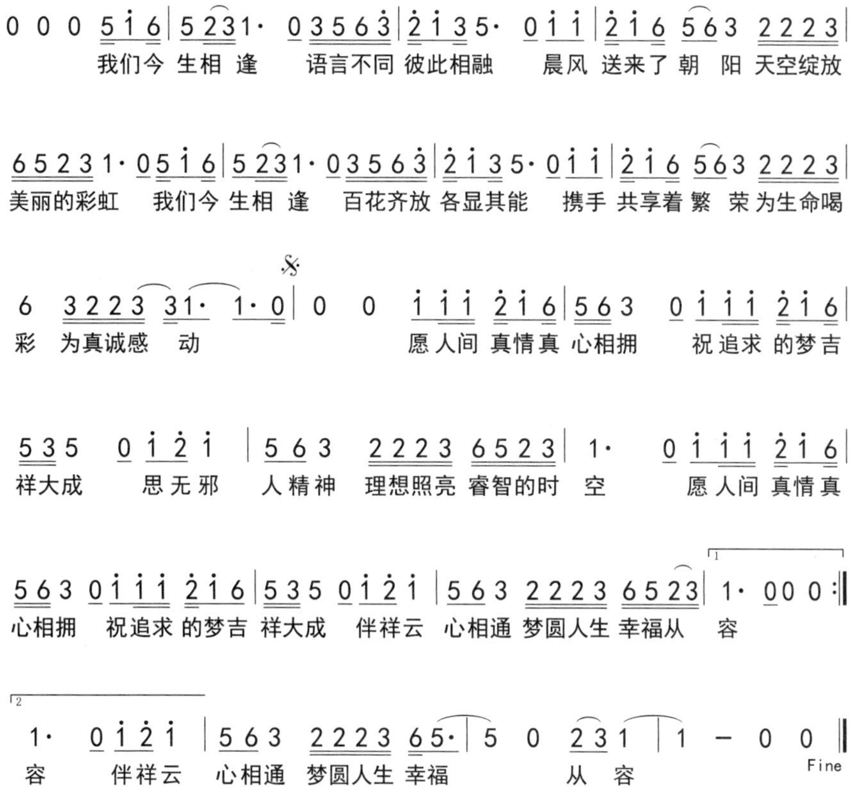

太极思维在中国思想史，乃至人类思想史上都占有重要的一席。

——苏　君

人要有太极思维，花要有阳光雨露，世事要公正平衡，方可立足于天下也。

——凌光报（文叁父亲）